シンプルな政府

〃規制〃をいかにデザインするか

キャス・サンスティーン［著］
田総恵子［訳］

Simpler

The Future of Government

NTT出版

SIMPLER

サマンサ・パワーと
リチャード・セイラーに捧ぐ

各省庁は一般の人々たちから見て、負担を削減し、柔軟性と選択の自由を保持する方法をかんがえなくてはならない。こうしたアプローチには、警告、適切なデフォルトルール、情報開示、その他、一般にわかりやすく、明快な形での情報提供が含まれる。

「規制と規制見直しに関する大統領令」第一三五六三号

スカウトは何度も、「がたいがいいんだよ」とか、「ドラフト選手の中では一番がたいがいいんだ」などと繰り返した。そして、彼らがそう言うたびにビリーは、「ジーンズの宣伝をするんじゃないんだ」と言って、スカウトらが熱愛する、誰もが欲しがるような選手をお蔵入りにしていった。

マイケル・ルイス『マネーボール』

目次

シンプルな政府

――〝規制〟をいかにデザインするか

はじめに

規制のコックピットに乗り込む

本書は「シンプルにすること／簡素化」をテーマにしている。特に政府は、人々の日常を容易にし、要らぬ面倒を取り除ければ、より良いものになり、もっと良いことができるようになる。その方法を考えたい。たとえば、最新のコンピュータやタブレットを考えてみよう。複雑な仕組みの機器で、ほんの一〇年前には想像もできなかった代物だ。しかしユーザーにとっては、簡単で直感的に使える。マニュアルさえ必要ない。すでに知っていることをもとに使うことができる。政府もそうあるべきだ。

小さい政府であるべきだと言っているのではない。領域によっては小さい方がいいものもあり、その場合は政府は小さくすべきだ。しかし、それが本書のテーマではない。そもそも政府がなければ、それをシンプルにすることもできない。〝ユーザーフレンドリー〟というのは、必ずしもユーザーにフレンドリーというわけではないが、シンプルであれば必ずフレンドリーであり、複雑であればそうではない。複雑さにもそれなりの意義はある。しかし、これからの政府は、その規模がどうであれ、シンプルなものでなくてはならない。私がなぜこうした見解に至ったのか、すでにどれほどの進歩があったのか、さらに、将来何が待ち受けているのかを理解するのに、まずは一歩下がって、少し前の話から始めたい。

二〇〇八年、私は現在の妻サマンサ・パワーと初めてデートした（もしかしたら、デート前の面接だったかもしれない）。彼女は、私をテストするために（本当にデートなのか確かめるように）、「大学教授以外で、世界でどんな仕事でもできるとしたら何をしたい？」と尋ねてきた。後でわかったのだが、彼女は、ブルース・スプリングスティーンのバックバンド、Eストリート・バンドで演奏したいとか、ボストンの野球チーム、レッド・ソックスでショートを守りたいとかいう返事を期待していたらしい。ところが私は、夢見るような、遠くを見るような表情で、これ以外にやりたいことがあるわけないだろうといった口調で、こう答えた。「絶対にOIRA」。

彼女の反応は、「OIRAっていったい何なのよ」（「いったい」どころか、もっと汚い言葉を使ったかもしれない）。それでも、奇跡的に二回目のデートができた。

「OIRA」（発音は「オアイラ」）は結構大きな影響力を持つわりには小さな部署を表すワシントン用語で、行政管理予算局情報・規制問題室を指す。一九八〇年に「文書業務削減法」にもとづいて設置された（本当に、こんな法律があるのだ）。「文書業務削減法」によれば、連邦政府機関はどれも、OIRAの許可なくアメリカ国民から情報を収集したり、書類に記入させたりすることはできない。一九八一年にロナルド・レーガン大統領は、ＯＩＲＡにさらに重要な役割を与えた。連邦規制の監督である。レーガン大統領はまた大統領令により、「予想される規制の社会的効果が社会的コストを上回るのでない限り、規制を実施してはならない」という、物議を醸す、しかし重要な条項を加えた。そして、ＯＩＲＡがこの条項を遵守させる責務を担うことになった。

同じ年、私は偶然に若手法律専門家として司法省で働いていた。幸運に恵まれたというか、その後のＯＩＲＡの責務を確定する法的業務に深く関わっていた。効果とコストについて定めた、先の条文の起草にも加わっていた。だから、ＯＩＲＡを率いることは、それまでの三〇年間ほどの私の夢だったのだ。

二〇〇九年から二〇一二年まで、私はＯＩＲＡ室長を務めた。その立場にある間に、私は二〇〇〇以上の連邦規制の施行を監督した。オバマ大統領の指示の下では、わかりやすい言葉を使う、官僚主義的な煩雑な手続きを削減する、複雑な規制を読みやすくまとめる、さらに正当な理由がなく、コストがかかる要件を取り除くなど、シンプルであることを目指した改革を促進した。私が強く主張したのは「ナッジ」の活用である。ナッジとは、行動経済学から生まれた、単純で低コスト、自由を堅持するアプローチで、経費削減や人々の健康や長生きを約束するものだ。また、やはりオバマ大統領の指示の下、費用対効果についても重視し、政府の行動が直感やたとえ話、特定の信条《ドグマ》、あるいは強力な利益集団の意向にとらわれず、事実と証拠に基づいたものになるように努力した。

本書では、私がＯＩＲＡ室長だった頃に進んだ米政府の大変革を描く。簡素化を促進する数々のイニシアティブを検討するが、その中にはすでに実行されているものもあるし、近い将来に見えているものもある。まだまだ遠い将来のものもある。こうしたイニシアティブは世界中の政府だけでなく、大小の企業や民間団体、さらには私たち個人が毎日の生活で活かせる。私たちは皆、シンプルにすることの恩恵にあずかれるが、何よりも私たち皆が物事をシンプルにできるのだ。

コックピットの役割

ＯＩＲＡはよく、アメリカ政府における「規制のツァー（皇帝）」と称されることがある。これはかなりの誇張だ。行政府を率いるのは大統領であり、アメリカ合衆国に皇帝は（本当に）存在しない。だが、この表現からＯＩＲＡの権限と影響力のほどを推し量ることはできる。ＯＩＲＡは規制のコックピットのようなものだ。

ＯＩＲＡは大気や水質の浄化、食の安全、財政の健全化、国家安全保障、健康管理、エネルギー、農業、職場の安全、性差別、人種差別、高速道路の安全、移民、教育、犯罪、障害者の権利などの問題についての連邦政府による規制を監督する。原則的には、ＯＩＲＡの許可なくして運輸省、財務省、国務省、環境保護庁などの連邦政府各省庁は重要規制を発布することはできない。

もちろん、ＯＩＲＡは独立機関ではない。それどころか、ＯＩＲＡ室長は大統領に責任を負うものであり、行政府の多くの関係者が重要な役割を果たしている。たとえば、ＯＩＲＡ室長は行政管理予算局長官の下に置かれるが、長官は閣僚メンバーである。通常は予算に関することを主に扱うが、時に規制についても発言権がある。加えて、国家経済会議（NEC）や国内政策会議（DPC）（共に本部はホワイトハウス西棟〔ウェストウィング〕に置かれている）も連邦規制についてはそれなりの意見を持っている。これらの機関の立場を無視はできない。

科学的な問題になると、科学技術政策局が中心的な役割を担う。経済問題では、大統領経済諮問委員会が専門知識を有しており、連邦のルール作りには不可欠だ。副大統領執務室も重要な情報を補足してくれる。ホワイトハウスを仕切るのは大統領首席補佐官で、どの大統領の下でも、大統領の優先順位が遵守されるよう監視する責務を担う首席補佐官の役割は限りなく重要だ。ＯＩＲＡはチームの一員であって独立機関ではない。そして、そのチームのリーダーは他の誰でもなく大統領である。

とはいえ、ＯＩＲＡには規制を延期したり、中止したりする――つまり、閣僚メンバーにノーをつきつける――権限が与えられているため、その室長は規制の内容を決めるにあたって大きな役割を果たすことになる。たとえば、ＯＩＲＡが高速道路での人々の安全確保について、もっといい方法があるはずだと考えていたとする。新しい方法としては、もっと緩やかな、あるいはもっと厳しい規制も考えられるし、よりシンプルな規制や、単純に違う発想もある。ＯＩＲＡがそう考えるとしたら、その可能性を探るために運輸省とＯＩＲＡが一緒に働くチャンスになる。だが、もしＯＩＲＡが、たとえば水質浄化のための規制についてこれ以上進めるべきではないと考えたとしたら、その規制は日の目を見ない可能性が大きい（私が室長となってから数年経ってのこと、閣僚の一人が私のオフィスに現れて、私の補佐官に「キャス・サンスティーンの下で働いている者だが」と言ったことがある。もちろん、それは事実ではないが、そう言われても仕方ないか）。

ＯＩＲＡはもう一つ、大統領の考え方に大きな影響を与える役割がある。大統領と政権高官の賛成を得てのことだが、政府をこれまでと異なる方向へ動かす手助けをすることがあるのだ。複雑でコストのかかる規制を拒否できるし、ナッジすることもある。中小企業をコストの高い規制の対象外にするよう関係省庁に働きかけることによって、保護することもできる。人権擁護や食の安全の強化、性的暴力の防止、自動車の燃費改善などのために新たな規制を奨励することもできる。テロ攻撃を防止する努力を支援することもできる。時代遅れでコストがかかる規制を撤廃して、規制緩和を省庁に求めることもできる。わき見運転の防止、性的指向による差別禁止、（コスト削減や救命につながる）健康管理記録のデジタル化の促進などの努力を奨励することもできる。様々な方法で、ＯＩＲＡは人々の命を救う手助けができるのだ。

実を言うと、私はオバマ大統領とは一九九一年以来の長年の知り合いだった。その年、大統領は（四半世紀以上私の仕事場であった）シカゴ大学ロースクールで教え始めた。その一年ほど前シカゴ大学の同僚の一人が、彼も一緒に仕事をしたことがある『ハーヴァード・ロー・レビュー』の編集者ですごい奴がいる、ぜひシカゴ大学に迎えるべきだと話してくれたことがあった。その会話はよく覚えている。編集者の名前が変わっていたことも覚えていた理由かもしれない。結局シカゴ大学はバラク・オバマを雇い、それから彼は私の同僚であり、友人となった。この幸運のおかげで、私は夢見ていた仕事にありついたのだ。

規制はマネーボール方式で

規制へのアプローチの一つに次のようなものがある。政府関係者の中にはこの方法に魅《ひ》かれるものもいるかもしれない。その規制に賛成するのは誰か、反対するのは誰か、満足するのは誰か、不満に思うのは誰か、そして、支持者を満足させつつ、不満を持つ人も作り出さないような規制が作れるかを判断基準にする方法だ。こうした疑問は、規制に無関係ではない。役人はこれらに応えなくてはならない。しかし、重要かと言えば決してそうではない。稀ではあったが、部下の中に圧力団体の見解を指摘する者がいたこともあった。そんなとき私は、（ユーモアを込めて、しかしポイントは逃さないようにして）こう答えた。「それはくだらない話だ。余計なことは考えるな」。

ＯＩＲＡ室長として私が心がけたのは、次のような問いかけだった。規制案から予想される効果について、実際にわかっていることは何か。人的側面への影響はどんなものか。費用と効果はどうなっているか。政府が当て推量や直感に頼らずにするにはどうしたらいいか。すでにある規制が実際に国民のためになっているのかどうかについて私たちは把握しているか。シンプルにするにはどうしたらいいか。

こうした疑問に答えるのに科学は不可欠であり、連邦政府内外の科学的専門家の知見も不可欠である。規制の予想される効果についての議論では、経済学者が絶対に必要だ。最先端の社会科学は有用な知見をもたらしてくれる。特に、従来の経済学が前提とする人々の行動ではなく、実際の行動を明らかにしようとする行動経済学に学ぶことは多い。すでに研究成果を取り入れてはいるが、まだまだこれからである。

意味を成さないことではなく意味あることを求めたり、極寒の日ではなく陽光あふれる日を求めるように、実証的根拠を求めるのは当たり前に思える。そう思うなら、ベストセラーとなった（そしてアカデミー賞ノミネート映画ともなった）『マネーボール』を見てみよう。新しくオークランド・アスレチックスの監督となったビリー・ビーンが、数字オタクの助手ポール・デポデスタと一緒にチームを大リーグのトップレベルに押し上げるまでの話だ。ほんの短い間に二人は、球界の伝統だった教義や直感、逸話にもとづいた決定から、実証データにもとづいた判断に切り替えることによって、球界そのものを変革してしまったのだ。

以下のようなやり取りがある。

「あいつはスポーツマンだよ、ビリー」、と昔ながらのスカウトは言った。「いいところをいっぱい持っている」。

「でも、打てないだろう」、とビリー。

「バッターとしては悪くない」、とスカウト。

「でもな、速球が来ることがわからなかったらどうなる」、とビリー。

「色々使える奴だよ」、とスカウト。

「でも、打てるかい」、とビリー。

「打てるさ」、とスカウトは言っても、説得力はない。

ポールは選手の大学野球時代の数字を読み上げた。ヒットやフォアボールの数がどう見ても少ない。

「私の質問は一つ。それだけいいバッターなら、なぜもっと打っていないんだ」、とビリー。

スカウトは何度も、「がたいがいいんだよ」とか、「ドラフト選手の中では一番がたいがいいんだ」などと繰り返した。そして、彼らがそう言うたびにビリーは、「ジーンズの宣伝をするんじゃないんだ」と言って、スカウトらが熱愛する、誰もが欲しがるような選手をお蔵入りにしていった。[1]

規制についても、ビリー・ビーン登場以前の古いスカウトのような考え方をする人が、あまりに多かった。スカウトは「使える奴」とか「がたいがいい」とか言っている。規制についても、賛成、反対それぞれの立場からこんな発言をする。「人々は心配している」「世論調査によれば、過半数の人々が大気汚染防止を求めている」「業界は強固な意見を持っている」「環境保護団体は激怒する」、「大物上院議員の一人はいたく立腹するだろう」「事故が起こったら、とんでもない代償を伴う」などなど。

政府内で私はこんな発言を毎週聞かされた。

このようなポイントはどれも、正しい疑問の答えにはなっていない。正しい疑問とは、政策や規制は実際に何を達成するのかである。これから見ていくように、この疑問に答えるためのいい道具を私たちは手に入れつつある。世界のどこでも、規制システムにはそれぞれのビリー・ビーンとポール・デポデスタが必要だ。現実を前にして、規制には何ができるか、規制実施後は何ができたのかを慎重に評価し、時には規制関係者お気に入りの、切望される規制をお蔵入りにすることもする人間だ。

私たちはジーンズの宣伝をしているわけではないのである。

「やる、やらない、やり直す」

二〇〇九年から二〇一二年までの間、新しい規制が数多く制定された。これから見ていくように、それらは命を救い、資金の節約に貢献している（中にはかなり複雑なものもあるのは確かだ）。しかし、特定の団体だけが支持した規制案の多くは日の目を見ていない。また、新たな規制が制定されると同時に、既存の規制もその多くが、合理化、簡素化を経ており、中には廃止されたものもある。

費用と効果について慎重な分析を重視し、乗用車とトラックの燃費を向上させる規制を作成した。この規制は歴史に残るもので、消費者に対しては何十億ドルもの節約をもたらし、エネルギー安全保障は改善、大気の浄化にも寄与した（その他にも消費者にとって恩恵と言っていいものがある。ガソリンスタンドに行く回数が減り、その時間を節約できることだ。面倒なことが少なくなっただけでも、大きな恩恵と言えるだろう)。高速道路の安全性を向上させ、わき見運転を防止するために、前例のない措置を取った。エイズウィルス陽性の人々の入国を可能にするルールも作った。旅客機での乗客の安全についても新しい保護措置を制定した。たとえば、三時間以上の遅れの禁止、隠れた手数料の公表、定員を超えて予約を受けることへの罰則、そして滑走路で二時間待機した場合、乗客に適切な食事と飲み物を提供することなどである。

冷蔵庫や食器洗い機、洗濯機などの家電のエネルギー効率も向上させた。発電所による大気汚染にも厳格な規制を制定し、その結果、年間何万人もの人々の命を救った。学校での栄養摂取を改善し、小児肥満を削減するためにいくつもの措置を実行した。タバコ税を上げ、健康への害についての警告をかなり生々しい描写でパッケージに印刷することも義務化した。障害や性別、性的指向による差別に対抗する強力な措置も施行した。

その一方で、進歩的な団体が支持する規制の数々について、実施しないこともあった。その主な理由は、経済的に困難な時期にそのような規制は正当化できないということだった。事実、オバマ政権の最初の四年間に制定された規制の数は、レーガン、ジョージ・H・W・ブッシュ、クリントン、ジョージ・W・ブッシュの四人の大統領のそれぞれ最初の四年間に制定した規制の数より少ない。私たちはルールの数やコストを綿密に検討し、続行するのをやめたこともあるが、その意図は、負担の増加を防ぎ、無用な複雑さをシステムに持ち込まないようにするためであった。大統領自身が環境保護庁に対し、オゾンガスの排出削減につながる大気汚染防止規制を支持しないと告げたことがある。相当な反論もあったが、結論としては間違いなく正しい決断だった。

法が許す限り、私たちは費用と効果について慎重に検証した。経済成長と雇用創出が最重要課題であり、規制がこの二つの目的の妨げにならないよう注意した。私たちは、民間部門に高いコストを課すことになれば、その代償を払うのは抽象的な概念としての「ビジネス界」だけではないことを理解していた（重要な点なのだが、時に革新派の団体はそれを見過ごすことがある）。消費者も値上げという形で支払うことになるのだ。そして価格が上がることは、使える金があまりない人々にとっては特に大きな負担となる。労働者も、賃下げや労働時間の縮小、そして職の減少という形で被害を受ける。大企業へのコスト増は多くの人々を苦しめる。中小企業は多くの職を創出するが、規制が過剰な負担となると、経済も人々も苦しむことになる。

私たちは、賢明な規制を制定することに専念したわけではない。規制の緩和にも努力した。現在だけでなく将来にわたって、意味のある規制緩和は最優先事項だ。現代の政府にとって継続的な課題であり、「マネーボール式規制」では中心的な関心事となる。そのために私たちは、歴史的とも言える「規制の見直し検討」に着手した。過去に制定されたルールを詳細に検討し、合理化、簡素化、廃止ができるものがないかを確かめたのだ。この見直しですでに、費用がかかり、意味のないルールや規制の多くが廃止された。そうする中で、何十億ドルも節約でき、毎年書類作成に費やしてきた何百万もの時間も必要ではなくなった。これらの数字はほどなく、さらに増加するものと期待している。

既存のルールを「見直し（遡り）分析」にかけることは、何が効果的で、何がそうでないかを評価する際の、米政府の標準的技法となってきた。その動きは世界から注目されており、規制関連政策の分野では、レーガン大統領がOIRAという方法を三十年以上前に初めて取り入れて以来、最大の革新だと言ってもいいだろう。シンプルな政府の中心的要素である。

今後誰が大統領になっても、この変革は続くだろう。なぜなら、この変革は政治的にはどの方向にも傾斜していないからだ。確かに、規制は人々を政治的な考え方に沿って分断する。しかし、そうしないものも多い。共和党も民主党も、リベラルも保守派も、右翼も左翼も、費用と効果を慎重に検討し、過去のルールを再検討しつづけることには賛成できるはずだ。

変革はまだ終わっていない。システムの簡素化、安全強化と健康促進、そして経済的繁栄をもたらすには、もっともっとやることがある。

ナッジと選択アーキテクチャー

すでに、規制の方法の一つとして「ナッジ」を挙げた。私は長年、（面白くて、創造力あふれる同僚兼友人のリチャード・セイラーと共に）これについて研究してきた。〔2〕ナッジは、誰に対しても何も強制することなく、選択の自由を堅持するアプローチで、それでいて、人々をより健康に、豊かに、そして幸福にする可能性を秘めている。たとえば、自動車メーカーに対し新型車の燃費の公表を義務化するとか、運転中の携帯メールの使用を控えさせるキャンペーンとか、雇用者に対し従業員が自動的に預貯金プランに加入できるような方法を奨励する、などである。ナッジはシンプルであることの極みとも言える。セイラーはお経のように「もっとシンプルにしよう」と唱えている。

ナッジ支持派は、選択の自由の重要性をよく知っている。自由市場と個人の自由を尊重し、人々がそれぞれ望む方向に向かうことを認める。同時に、人々が時に間違いを犯すことにも注目し、ちょっとした手助けが必要になることがあることも理解している。そして、選択とは、公的、私的を問わず何かしらの制度が作り出した状況を背景に行われることを信じている。ナッジは、私たちに見えても見えていなくてもそこら中に存在する。

良いナッジはシンプルさを追求するにあたって、また「マネーボール式規制」において極めて重要である。人間の思考や行動について、想像ではなく、正確な理解に基づいているからだ。綿密な実証に基づいて検証される。課題は、効果を上げられるかだ。最良のナッジは、低コストで最大の効果を上げるものだ。

選択アーキテクチャーは、私たちが決断を下す際の社会環境を指す。社会環境を無視することは不可能で、つまり、選択アーキテクチャーは私たちの人生で（目に見えないことが多いが）避けることのできないものである。書店には選択アーキテクチャーがある（最初に目に入る本は何か）。ウェブ書店も同様だ（スクリーン上の表紙はどのくらいの大きさか）。選択アーキテクチャーは様々な場面——コンピュータを起動する、レストラン、病院、青果店などに入る、ローンや車、健康保険、クレジットカード会社を選ぶ、お気に入りのホームページを開く、免許証や建築許可、社会保障を申請する――に登場する。私たちにとって重要なのは、時々の選択アーキテクチャーが役に立ち、単純なものか、それとも、有害かつ複雑で利用者につけこもうとしているものか、である。良いナッジは、選択アーキテクチャーを良いものにする。

私がオバマ政権で働いていた時期に実施された新たな政策の多くはナッジを活用したものだった。以下はその例である。

- **人々の選択の簡素化**――大学進学、定年後のための貯蓄、学校での栄養充分な食事、医療保険の契約などについて、人々の選択をシンプルにする
- **公表の義務化**――学生、消費者、投資家が「実際に借金などをする前に（事実を）知る」ことができるようにして、そうした人々を保護する
- **選択の自由の優先**――自由を最大限尊重する規制方法を促進する
- **官民パートナーシップ**――喫煙、わき見運転、肥満による死亡や疾病の削減を目的とする
- **費用と効果についての厳格な評価**――その効果によってコストが正当化できるかを重視する
- **人間の尊厳の尊重**――刑務所内での性的暴行の削減や、障害、性的指向による差別の禁止を目的とする
- **規制に関する国際協力**――国ごとの規制における無意味な違いを排除する

規制をシンプルにする

人々の中には、特にオバマ大統領をあまり信頼していない人々の中には、規制の簡素化を重視する私の主張を「?」と感じる向きもいるかもしれない。そうした人々は、「オバマ政権は、何をするにも規制の強化、複雑化を進めてきたのではないのか。オバマケアは訳がわからないほど複雑で、めちゃくちゃになっているのではないのか」と言うかもしれない。ウォール街(金融)改革は確かに、消費者を守り、金融破綻の再来の危険を削減する役には立ったかもしれないが、シンプルな改革とはとても言えない(と、彼らは言うだろう)。なんと言っても、ここで扱っているのは、何千ページにも及ぶ法律の話だ。簡素化は、自由市場とレッセフェール主義を支持する人々や、政府を縮小し、民間の決定に任せることを望む人々の目標ではないか。オバマ政権の役人だった人間がどの面下げて、シンプルなやり方についての本を書くのか、というところだろう。

それに答えるにあたって、一つ区別しておきたいことがある。一部に、連邦政府の機能の根本的な、大幅な縮小を望んでいる人々がいる。彼らはフランクリン・ローズヴェルト政権のニューディール以前に、あるいはそれに近いところに戻りたいと願っている。だが、アメリカ国民の多くはそれには大反対だ(私もその一人である)。しかし、ここではっきりさせておきたい。この本は、簡素化促進やその他の目的のために、ハーバート・フーヴァー大統領の時代に戻るべきかとか、政府の機能を大幅に縮小すべきかという問題に取り組むものではない。それも重要なトピックではあるが、私の目的ではなく、この本でそれについて探求するつもりもない。私の目的は、政府の現在の機能を大幅に縮小することなく、政府を効率化し、よりわかりやすく、より生産的に、より役に立つものにできると論じることだ。ただし、そのためにはできる限り、シンプルなやり方を追求しなくてはならない。フーヴァー時代に回帰するという目的に比べれば大した変革ではないと思われるかもしれないが、これはこれでかなり大きな変革となると考えている。

シンプルにすることについてはもう一つの考え方がある。これもまた、現在の政府の権限に関するものだ。この考え方によれば、私たちに必要なのは、ルールを減らして、もっと自由な裁量に任せることだ。政府は人々に「何をせよ」だけでなく、「どうせよ」まで指示することばかりに時間を費やしている。学校、教師、病院、雇用者に対し、何をすべきかについてバカバカしいほど細かく言ってくる。目指すところを説明し、それに向かってどうすべきかについて個人がそれぞれの創造力やイニシアティブを発揮することを許さない。つまり、ここで主張されるのは、ルールを減らして、常識を信頼せよということだ。

多くの場合、これは耳を傾けるべき正論だ。オバマ政権でもこれは真摯に受け止められ、小児肥満、わき見運転、消費者保護の分野では、柔軟性に欠ける規制を避け、官民のパートナーシップを活用してきた。オバマ大統領は各省庁に対し、厳格な「設計基準」〔デザインスタンダード〕ではなく、柔軟な「達成基準」〔パフォーマンススタンダード〕を用いることを求める大統領令を出した。これは歴史的なもので、今では規制のミニ憲法のような意味合いを持つようになっている。私たちは民間部門が社会的目標達成のためにそれぞれ歩むべき道を見つけられる方法はないかと、探索を続けた。このアプローチなら、コストを削減できるし、自由を尊重できる。こうしたやり方で進められることは他にもっとある。

しかし、「常識」を優先し、不要な指図を批判するのは、言うは易しであることがわかってきた。OIRA時代、私は度々、民間部門から「お願いだから、何をしてほしいのかはっきり教えてください」と懇願された。企業はルールを真摯に遵守するつもりなのだが、遵守するためには具体的に何をしたらいいのか知りたいという場合が多かったのだ。常識をもとに動けばいいという話であっても、企業はどっちにも解釈できたり、曖昧であることを嫌った。その理由の一つは、法的トラブルを避けたいということだ。具体的に示されれば、正しい立場を判断できるというのだ。もう一つの理由は、何をしたらいいのか、細かいところまでわからず、詳しく指示されれば助かるということだ。常識だけでは充分ではなかった。また、政府の立場からすれば、民間部門の裁量に任せることには問題がある。職場の安全や大気浄化の分野では、重要な目標を裏切るようなアプローチを選んでしまう可能性があるからだ。

もう一度、最良のコンピュータとタブレットの例で考えてみよう。こうした機器は、どうすればいいのかを人々の常識に任せてしまうことはしない。それでは、人々を大海原に放り出すようなものだ。これらを簡単に使えるのは、ルールが明確で、わかりやすく、すぐその通りにできるからだ。三歳の子どもでも使える（私には三歳の息子がいるが、実際に使っている）。

もちろん、企業は大きな裁量を求めることも多い。必要以上に具体的なのは確かに厄介だ。必要以上に複雑で、手続的には悪夢となることもある。さてここで、誤った考えとして次の二つをまとめておこう。第一に、政府の未来は、ルールを減らし、自由裁量を多くすることにあるというもの。第二は、政府の未来は、ルールを増やし、裁量を減らすことにあるというものである。

この問題に答えるにあたっては、抽象的な議論や大言壮語は避けなくてはならない。個々の状況が重要となる。たとえば、自由裁量を大きくすることで、コストを削減し、柔軟性を促進したいと考え、それが不確実性や言い逃れ、混乱を招かずにできるのであれば、政府は裁量の範囲を大きくすべきだ。明確なルールを策定することで、コストを削減し、簡素化を促進したいと考え、それがコスト高を生んだり、柔軟性を損なったりすることなくできるのであれば、政府は明確なルールを策定すべきだ。シンプルにするためには、裁量を大きくすべき分野もあり、明確なルールを定めるべき分野もあるということである。

政治的バランスを取る

政治はどう関わってくるか、と尋ねる人もいるだろう。

政治的動向に常に敏感でなければ、ワシントンで仕事はできない。最悪の場合はこんなことも起きる。共和党議員がオバマ大統領が支持するアイデアに反対したのは、そのアイデアが良くないと考えたからではなく（実際にはいいアイデアと思っていたかもしれない）、オバマ大統領が支持するアイデアだから反対した場合がある。第4章でとりあげるが、人は個人的には党の立場が間違っていると思っても、支持政党の方針に従うことが多い。連邦議員も含めて保守派や共和党員の人々は内々には、シンプルにするための私たちの努力を褒めてくれて、ナッジはいい方法だと私に言ってくれた人もいる。しかし、公には決してそれは口にしない。

ここにガバナンスという面で、民主党、共和党に共通した、深刻な問題がある。大統領なら誰でも知っていることだが、大統領が支持する政策にはただちに反対派が多く現れる。政権としては、黙っていた方が議会を通りやすい法案があるのは皮肉な話だ。

この本でとりあげるアイデアは、政治的には様々な信条の人々に支持してもらえるものだ。イギリスのデイヴィッド・キャメロン首相〔当時〕は保守党所属だが、ここで紹介するイニシアティブには大きな関心を寄せていた。彼はナッジの大ファンで、私も英政府で私と同様の立場にある人々と一緒に仕事をしたことがある。主に保守党員だったが、皆、綿密な実証分析、簡素化、煩雑な手続きの撤廃、そしてナッジに興味を持って働いていた。セイラーの助言を受けたキャメロン首相は閣内に「行動洞察チーム」なるものを設置するまでになり、綿密な実証分析とナッジに専念させた。このチームの通称は「ナッジユニット」だ。その公式ホームページによれば、このチームは「行動経済学と心理学の分野では、決定を下す際の枠組みの微妙な違いがいかに大きな影響を持つかについての研究が盛んに行われている。このチームはそこからの知見を活用する」とある。チームはそうした知見を活用して、禁煙、エネルギーの効率化、臓器提供、消費者保護、法令遵守などの分野で新たなイニシアティブを創出した。資金の節約にもつながり、大きな前進を遂げている。

実際、ナッジは世界的な傾向になりつつあり、大韓民国、オーストラリア、デンマーク、ドイツ、その他多くの国々の官民双方の機関が採用しはじめている。

シンプルさを追求することは党利党略に左右されるものではない。経済的苦境の時期には、これは広くアピールする力を持っている。ビジネス界全般、特に中小企業にとって、また、私たちの日常生活において、複雑さを避けることは大事なはずだ。ナッジはまた、政治的信条の異なる人々も含めて、様々な人々が共有する目標の達成にも役に立つ。ナッジは命令や禁止令を使わずに済むため、柔軟性と選択の自由を保持したい保守派にもアピールできる。

これまで、費用対効果分析と既存の規制の再検討と縮小について論じてきたが、すでに、従来の政治的対立を乗り越える可能性についても、その根拠が見えてきたような気がする。費用対効果分析は過去三〇年以上、共和党、民主党両党合わせて五人の大統領に支持されてきた。今後消えてしまうことがないのは明らかだ。アメリカ政府における規制についての非公式憲法の一部を形成しており、世界中でも支持を集めている。確かに、規制は、人々を政治的立場で分断することもある。しかし、そうしないものも多くあり、民主党も共和党も、リベラルも保守も、右翼も左翼も皆、綿密な費用対効果分析と過去の規制の再検討の継続については、賛成できるはずだ。

主たるテーマに戻ろう。経済的苦境を迎えている時代、最近の政策には、政府に対しても新しいアプローチを示唆するものが見えてきた。二一世紀のグローバル経済の中で繁栄を目指す民主主義国家だからこそ活きてくるアプローチだ。二〇〇九年から二〇一二年の間にも、多くのことが行えたが、それはまだ始まりにすぎない。政府など大規模組織は、自動化、簡素化を進めるためにもっとできることがある。そうすれば、人々が自然に、直感的に使える製品やサービスに転換させることができる。本書は、政府だけでなく、学校や病院、大小様々な規模の企業などの民間セクターにとっても、この先長く活きる教訓を探し出すことを目指している。

第1章 規制はどうあるべきか？

経済的苦境に直面した政府にとって、適切な役割とは何か。金融システムの安定、大気浄化、消費者や投資家の保護、国家安全保障の確保、医療保険制度の改善、エネルギーの対外依存の縮小などの課題に、官僚はいかに取り組むべきか。クリエイティブなアプローチなら、革新力や競争力を損なうことなく、人々が使える金を増やし、命を救えるだろうか。経済成長と職の創出を促進しつつ、人々の安全と健康を守れるだろうか。よりオープンで透明な政府が、把握していること、しないことを公表したら、それは役に立つだろうか。

過去半世紀の間、こうした疑問をめぐって多くの議論が行われてきた。選挙戦中や抗議運動の最中に目立つことが多いが、実は毎日のように戦われている論戦だ。企業の重役会議、ワシントンのシンクタンク、大学、高校、そして家族の食事の席でも見受けられる。これまで三〇年近く、私は仕事としてこうした話題について書いたものを発表してきた。ほとんどは誰も知らないような学究誌や専門誌で、たとえば、『リスクと不確実性（*Journal of Risk and Uncertainty*）』、『環境資源経済（*Environmental and Resource Economics*）』、『哲学と公務（*Philosophy and Public Affairs*）』『政治哲学紀要（*Journal of Political Philosophy*）』など、興味をそそられる（?）誌名が並ぶ。

私が展開した主張は主に、「大きい」政府か、「小さい」政府かという、使い古された、不毛な、言い回しだけの議論を超えて、最適な手段を発見し、証拠に細心の注意を払って、本当に結果を出すにはどうするかを学ぼうということだった。この点で、ナッジは大いに有望である（政府内で、私は正しい手段を選ぶことの重要性を痛感したが、同時に、「大きい」か「小さい」かという、使い古された、不毛な、言い回しだけの議論が未だに幅を利かせていることも思い知らされた。この議論は長生きしそうで、もしかしたら不滅なのかもしれない。吸血鬼か、いや、ゾンビに違いない）。

様々なことに取り組んだなかでも、私が特に注目したのは、費用と効果を考慮することの重要性だ。レーガン大統領は他の誰にも増して、費用対効果分析を米政府の慣行とすることに貢献したが、彼の例にならって、私は規制関係者は「純効果（純益）」、つまり費用を差し引いた後の効果に着目する必要があると考えた。たとえば、エネルギー効率化に関する規則にかかる費用が五〇〇〇万ドルで、一億五〇〇〇万ドルの効果が出るならば、これは、数字が正しいとすれば、いいアイデアだ。私は、体系的な費用対効果分析が政策決定には不可欠で、官僚を適切な方向に向かわせるナッジとしても必要だと主張した。

運送会社に新たな安全装置の設置を義務化する、航空会社にパイロットの休憩時間を長くすることを要請する、農場主に食のリスクを削減することを求める、発電所に新たな環境規制を課す、などの事例を考えてみよう。こうした決定は、二ヵ月前に起きた事故や出来事とか、用心が必要だと思われるから、などの理由でなされてはならない。強力な圧力団体の懸念や不満に配慮して、あるいは、もし来月まずいことが起きたら大変なことになるから、というのも根拠にはならない。このような、あまり生産的でない問題を検討するのではなく、様々な可能性の費用と効果を一覧にし、最小の弊害で最大の効果をもたらすアプローチを選択することを、私は論じた。

私が強調したのは、費用対効果分析と民主主義政府は補完関係にあるということだ。費用と効果についての情報公開は民主的な政策決定に寄与する。どうなるかがはっきりとわかっていなければ、微妙な選択は非常にむずかしいものになる。時に不可能とさえなるかもしれない。費用と効果を一覧にし、それを官僚や一般に公開すること自体が、一種の選択アーキテクチャー――選択アーキテクトのための選択アーキテクチャー――となり、公的決定を著しく改善できる。もしルールや規制がわかりにくかったり、複雑すぎたりすれば、人々は文句を言うだろう。それこそが、人々の眼による吟味で、これは無意味どころか充分意味のあることであり、不明瞭さを排してシンプルなありかたへの歩みを進めるものである。

戸別訪問

二〇〇八年一月、私はオバマ上院議員（当時）の側近のオースタン・グールズビーとサマンサ・パワーと一緒にアイオワ州デモインにいた。寒い夜に家々を回る選挙運動をしていたのだ。ご存知の通り、この時期アイオワ州は家々のドアをノックして回る運動員であふれている。当然、温かく迎えてくれる家ばかりではない。住民は何度ノックに応えてドアを開けなければならないことか。しかめ面の年配の女性は、私の目の前でドアをピシャリと閉めそうになった。私が、あなたに用があるのではなくて娘のアシュリーさんとお話ししたいと言うと、彼女は即座に娘を呼んでくれた。「アシュリー、ここへ来て、彼の目の前でドアを閉めちゃってくれる？」（その通り、アシュリーは眼の前でドアをピシャリと閉めた）。

そんなふうに閉まったドアもあったものの、オバマ上院議員はアイオワ州予備選挙に勝利した。その後、さらにドアをノックし続けた結果、民主党の大統領候補となり、ついに大統領職を手に入れた。

投票日の後まもなく、私は短い時間だったが、次期大統領となったオバマにお祝いの言葉をかける機会があった。一二月初め、行政管理予算局長に就任予定のピーター・オーザグから連絡があり、ワシントンで政権移行に関わる仕事をしないかと招待された。かなり大人数のチームが、小さなオフィスに分かれている建物に押し込められていた。次期大統領、次期副大統領、閣僚候補や側近もチームのメンバーに入っていた。全員、国家が大恐慌以来の経済的苦境の只中にあることを肝に銘じていた。状況はかなり深刻、実際アメリカ国民の多くが思っていたよりはるかに深刻で、さらに悪化する可能性もあることに私たちは気づいていた。

クリントン大統領時代のＯＩＲＡ室長だったサリー・カッツェンと彼女の特別顧問だったマイケル・フィッツパトリックと共に、私は規制関連政策の問題に専念した。オバマ政権は、ブッシュ政権のレガシーにどう取り組むか、過去の失敗をどう正すか、廃止すべきは何か、継続すべきは、新たに追加すべきは何か、新たに取るべき方向はどれかといった課題に直面していた。私たちのチームはこうした課題に取り組んだ。まずは、オバマ政権の最初の数日以内に発令する大統領令の内容だ。その大統領令により、政府をオープンにする、規制の考え方を再検討する、そして、今後行われることへの舞台を準備することを目指していた。

一二月前半ピーター・オーザグから、次期大統領が私にホワイトハウスの情報・規制問題室の室長として政権に加わってほしいと言っていると聞かされた。もちろん、断るわけはない。ホワイトハウス西棟でブッシュ大統領の下でＯＩＲＡ室長を務めたスーザン・ダドリーと昼食を共にしたが、そのとき彼女は「ワシントンで最高の仕事よ」と語った。そして、彼女は一日に回ってくる仕事について話してくれた。国土安全保障、大気汚染、エネルギー、環境保護、市民権などなど、それを聞いて、彼女の後を継ぐことがいかに幸運なことか、はっきりとわかった。生涯最高の名誉ではないか。

国家が深刻な経済的苦境を迎えているなか、ＯＩＲＡの役割は非常に重要なものになると私は思った。二〇〇八年一二月当時、本格的な不況もありえなくはなかった。複雑で費用のかかる、無用な規制は大小の企業に悪影響を及ぼし、状況をさらに悪化させるかもしれなかった。だが、金融制度改革と保険制度改革は大統領の優先事項で、賢明な規制であれば、将来の経済破綻やその他の大惨事に対する防御装置となるかもしれない。高速道路の安全から食の安全、大気浄化まで、新たな規制で人々の命を救える分野が数多くあった。当時私は、規制関連政策の基盤となっていたスローガンや教条主義を排して簡素化を促進する、ナッジ方式を採用したり、最新の手段を活用して、想定外の副作用の発生を避け、証拠とデータを積み上げれば、多くのことが達成できると信じていた。振り返ってみて、私の信念は正しかったと思う。しかし、ＯＩＲＡには私が知らなかったことがいっぱいあり、間違っていると思ったこともたくさんあった。

私はやる気満々で、ＯＩＲＡ室長就任に同意した。大統領就任式の数週間前の一月初め、ホワイトハウスは私を室長に指名する予定であることを発表した。私は、数週間のうちに公式の指名があり、その後に指名承認手続き、そうすると、まもなく仕事を始められると期待していた。なんと浅はかだったことか。

革新派の団体の中には大統領の人選にかなり不満を感じたものもあった。私が費用対効果分析を重視し、費用のかかる、行きすぎた規制に慎重であることが主な理由だった。革新派の多くは、私が公衆の安全に必要な対策を妨害することを恐れ、その懸念を公に論じた。「オバマ政権の新しい規制のツァーは規制緩和派か」という恐ろしげなタイトルの記事で、環境保護団体「クリーン・エア・

ウォッチ」代表のフランク・オドンネルは、共和党の大統領が私のような考え方の持ち主を選んでいたら、革新派は「大声で叫ぶだろう」として、「オバマに指名された人物だからといって、すぐに承認されるべきではない」と主張した。

また、民主党からＯＩＲＡに指名された者は、共和党上院議員たちと一戦交えずにはすまない。共和党は長い間、ＯＩＲＡこそが、金がかかり、職を脅かす、非常識な規制に抗する唯一の防御装置だと考えてきた。民主党政権下では、その役割が極端に弱体化すると思うのも無理はなかった（二〇一一年頃には、「職を脅かす規制」という用語がワシントンのいたるところで使われるようになった。あまりによく聞くので、私は、英語から「規制」という言葉が消えて、「職を脅かす規制」がその代わりとなったのかと思ったほどだ）。

身体検査をされる

私の指名が正式に上院に送られる前に、私は「身体検査」と呼ばれる悪夢のようなプロセスに晒されることになった。「身体検査」とは、ホワイトハウスが候補者の背景について入念に検査することで、これまでに発表したスピーチや論文、著書から、個人的な事柄、税金に関するものまで対象となる。国税庁（ＩＲＳ）より強い権限を持ったチームに、これまでの人生のすべてを聴取されるようなものだ。人生のあらゆることが人目に晒される。

私を聴取したチームにとっては不幸なことに、私は数え切れないほどのスピーチを書いてきたし、論文も四〇〇本以上、本もかなり数多く発表してきた。チームは何千ものページに目を通し、私が過去にわけのわからないことや不穏当なことを言っていないかを確かめていった。スピーチに関してはコピーがないし（スピーチは手書きのメモを見ながらする）、四〇〇本もの論文に目を通すことなど普通はありえないから、身体検査は決して楽しいものではない。それでも、私を担当したチームは少人数で、勇猛果敢に最善を尽くした。直ちに不適格を示すものは何もなかったが、注意すべき点はいくつも見つかった。たとえば、動物の権利について書いたものがあって、その中で私は、弁護士は虐待された動物を代表して動物愛護法違反の罪を問うことができると論じた。また、スポーツとしての狩猟は禁止すべきだと発言したときの様子がビデオに撮られていた（おっと、これはまずいアイデアでした。重々承知しています）。インターネットの公正さを確保する原則のようなもので、政治的に対立するサイトを相互にリンクさせるというアイデアを、特に支持する立場からではないが論じたこともある（再びおっと。支持したわけではないし、後で撤回したのだが、まずいアイデアであることに変わりはない）。その他、妊娠中絶、同性婚、ポルノ、クローン人間、銃器などについて書いたものもある。大統領の指名について難癖をつけたい人間にとっては、私は格好の標的で、獲物の方からやって来たというところだろう。

こうした資料の確認はくたびれたし、うんざりしたが、税金に関することの方がもっと厄介だとわかった。問題がありそうだったからではなく、大統領から指名された者は、過去十年以上にわたって何も問題がないことを確認するために相当の時間と労力（とお金）を注がなければならないからだ。税の問題で指名された人物が不適格とされた例は、指名した党がどちらであるかにかかわらず、たくさんある。だから、私の納税記録も入念に調べられた。

問題はこうだ。過去数十年の間、税の徴収に何かしらの問題が起きていた可能性は高い。一九八〇年から納税しているとして、正直に慎重にやってきたとしても、どこかで間違った、あるいは完璧に正しくはなかったことはある。そうすると、国税庁から納税の要請があるかもしれない。それは別に悪いことではない。しかし、上院での承認についていうと、承認されるチャンスが危なくなることがある。

私の場合、基本的に問題はなかった。でも、すべてを覚えていたわけではないし、私の会計士は当時八〇代前半に達していて、彼がホワイトハウスから、時に十年以上前のことも含めて、質問攻めに合うなかで、段々と不安になってきた。調査が厳しくなるにつれ、国税庁から何か通知が来て、指名承認の可能性が潰れ、公の場で恥をかく羽目になるのではないかと、毎日心配するようになった。実際には、息子の保育係の失業手当についてコロンビア特別行政区に支払うべき税金の支払いが少し遅れていただけで、幸いにも大惨事とはならなかった。

何とか聴取を乗り越え、四月後半に正式に指名されることになった。

アメリカ一危険な男

身体検査は始まりにすぎなかった。大統領の指名を受けた者や、大衆の目に晒される立場にある者ならわかるが、現代はまさに、思ったことが語られてしまう時代である。

革新派団体のなかには私について、懐疑的か、あからさまに反発するものもあった。彼らにとって、OIRAは障害どころが、悪魔や凶悪犯と同じで、人々を守るのに不可欠な規制が潰される場だった。彼らは、OIRAの役割を根本的に変革し、環境保護庁やその他省庁を彼らの思い通りに動かしてくれる立場に立つことを望んでいた。医療保険や安全、環境関連について綿密に調査することなどしてほしくない。私が彼らが望むような変革を推し進める人間ではないことを、彼らは知っていた。大統領が費用対効果分析を重視し、規制についてコストに配慮して、穏健な姿勢で臨む人間を選んだことに深く失望していた。ナッジは左翼には不人気なことがわかった。左翼は確固たる義務化を好むのだ(後に見るように、そのような義務化が必要な場合もある)。

だが、深刻な問題をもたらしたのは右翼の側だ。私が動物の権利を主張する極端な主張の持ち主で、狩猟や肉食の禁止、陰謀説の禁圧、結婚の非合法化、言論の自由の廃止を推進し、売買目的で臓器を盗み出すことを認めていると言われるようになった(臓器の窃盗はナッジとは無関係でないことが、後に判明する。これについては後で述べることになるだろう)。保守派の間では私のことを、過激派、社会主義者、マルクス主義者、トロツキー主義者、警察国家を信奉するファシスト、そして、ロスチャイルドもどきのシオニスト(これは何の意味だかわからない)などと呼んだ。私の考えや計画について、とんでもない噂が飛び交った。皮肉というか、運命のいたずらというか、私はちょうど、嘘がどのように広まるかについての本を数ヵ月前に書き終えたばかりだった[1]。

動物や動物の権利は大きな問題となった（私から言えば、これは私の研究課題としては時間的にも関心の度合いから言っても、ちっぽけなものだった）。一月一五日、全米消費者連盟が、私には「動物の権利について過激な主張をホワイトハウスに持ち込む秘密の意図がある」と書いた。それによると、「サンスティーンはスポーツとしての狩猟を禁止し、動物が訴訟を起こす権利を認め、肉の消費を段階的に廃止する公規制を支持している。……彼の業績を見ると、畜産業や肉、乳製品の販売、狩猟や釣り、生物医学的研究、ペットの飼育、動物園や水族館、旅回りのサーカスなどなど、アメリカ国民が当たり前と思っていたことがなくなるかもしれない」。オーマイゴッド。

これだけではない。一五の保守派団体や狩猟関連団体が私の指名を承認しないことを求めた共同書簡を上院に送った。全米野生七面鳥連盟は特に、私を承認させないことが大事だと考えたらしい。全国スポーツ愛好家団体は私を「狂信的な動物権利主義者」と呼んだ。この団体はスポーツマンたる者「武器を取って、規制のツアーを阻止せよ」と訴えた。そうしなければ、こいつは「こうした考えを人々に押し付けて、我々共通の遺産を破壊する」のだそうだ。マイク・ハッカビー、アーカンソー州知事は全国テレビで、鹿の狩猟解禁に合わせて私にサウス・アーカンソーに来るよう呼びかけた。そうすれば、狩猟禁止という提案に対する「私にとっては不快となる反応」がわかるというのだ。ブログの見出しでこの頃よく見られたのは、「規制のツアーのサンスティーン、治る見込みのない患者から臓器を盗むことを擁護」などというものだ。「殺人狂」と呼んだものもある。

私がアメリカ人全員を菜食主義にすること（私は菜食主義ではない）を主張していると思い込み、全米農業会は議会に対し強い懸念を表明した。公開書簡には私に反対する根拠が並べられていた。読んでみて、私は沈み込んだ。農業会の反対はかなりの威力を持ち、連邦上院も無視するわけにはいかない。会の懸念を払拭するために、私は二度彼らと話す機会を持った。彼らは真面目で、感じが良く、礼を逸することなど決してなく、よく勉強していて、現実的な人々だった。ただ、少しながら疑念を抱き、不安を感じてもいた。私は本当に肉食を禁止するのだろうか。牛肉業界に新たに様々な規制を課すのだろうか（私のモットーは「牛ファースト」になるのだろうか）。あの状況では、そういった質問が出てくるのも当然だと思ったし、今でも思う。しかし、私はそんなことをやるつもりはまったくなかった。なんといっても、OIRA室長は法を遵守し、大統領の意思に従う存在で、室長がそんな方向に動きたいと思っても、そうする権限はないのだ。私の主たる目的の一つは、規制が経済回復を阻害しないようにすることであり、そのためには、農業に負担を強いるような、高コストの規制を綿密に検討し、真剣にコスト削減の努力をすることが必要だ。農業会はきちんと話を聞いてくれて、最終的には私の承認を支持してくれた。

そうした展開があったにもかかわらず、賽《さい》は投げられてしまった。対立の激しい、見苦しいプロセスとなりそうだった。まず、共和党上院議員の一人が承認プロセスを中断した。フィリバスター（議事妨害）のようなもので、これで私の承認を投票にかけることができなくなった（たった一人でも議員がそう言えば、これは可能になる）。問題は上院のルールでは、――中断は当初匿名で提案されるため――その議員が誰かを見つけ出すのがむずかしいことだ。それで、その議員と会って、話し合うことができなかった。数週間後、パット・ロバーツ上院議員（カンザス州選出）が中断を提案したことがわかり、私は彼に会えた。彼は、ＯＩＲＡには費用対効果分析を重視する人間が必要なのだと（わかったような、いたずらっぽいような目つきで）切り出した。寛容で、おかしくて、親切な人物だった。私のことは候補として適切で、いい仕事をするだろうと思っているとも言ってくれた。それでも、もちろん反対票を投じると言う。農業界や農業そのものについていくつか質問をし、私の答えを聞いた後、中断を撤回することに同意してくれた。これで、採決に行けるかもしれない。

だが、すぐに二度目の中断が起きた。今度も誰が言い出したか、探し出すのがむずかしかった。それでも、サクスビー・シャンブリス議員（ジョージア州選出）であることがわかり、面会を申し出たが、彼のスタッフが当初敵意むき出しで（農業問題が原因だ）、面会の設定どころか承認のことを話すことさえ拒否してきた。ホワイトハウスからの数回の求めに応じて、シャンブリス議員はやっと、私と会うことに同意してくれた。礼儀正しく迎えてはくれたが、話し合いは厳しいものだった。農業界の賛否はともかく（未だに反対している団体もあった）、彼は私が精肉・鶏肉業界を脅かす使命を負っているのではないかと心配していた。それは、私には現実離れした話だった。結局シャンブリス上院議員は中断を撤回し、これで、採決に進めると私たちは思った。

ところが、ジョン・コーニン上院議員（テキサス州選出）が新たに中断を申し出た。これでは彼とも話をしなくてはならない。当然、彼の予定はいっぱいで、私に会うことなど彼にとっては大して重要ではない。結局会えることにはなったが、彼の関心は牛や菜食主義の問題ではなく、銃器と憲法修正

第二条に関する質問をぶつけてきた。修正第二条についての私の立場が主流派と同じで、――第二条によって、個人が銃を所持する権利は保障されているという考え方――議員はそれを公式の文書にしてほしいと言った。私は文書を書き、議員は納得した。

一方で、全米商工会議所や全米製造業者連盟など共和党寄りの強力なビジネス団体は私の指名承認を支持してくれていた（私が費用対効果分析を重視し、金のかかる規制をむやみに認めないことが条件だったが）。彼らは比較的静かにしていてくれた。彼らの支持が民主党員や革新的団体の間で問題になるかもしれないことに配慮してのことだ。しかし、そろそろ立場を公にしてもいい頃だとなり、いよいよ、採決に向けての準備が整った。

ところが、再び。承認手続きが進んでいる最中、保守派のラジオ・パーソナリティでベストセラー作家でもあるグレン・ベックが私のことを執拗にとりあげ始めた（番組で一〇〇回以上私のことをとりあげたらしいので、言葉は慎重に選んでこのように表現しておく）。当時彼は、フォックス・ネットワークで自分のテレビ番組を持っていた。彼はナッジという考え方を忌み嫌っていた。彼によれば、ナッジは人心操作であり、狡猾で卑劣、人を恐れさせ、秘密主義で、いやらしい、うさんくさい、いかがわしいものだ。全国放送では私の写真を指して、「アメリカ一危険な男」と決めつけた。時には「危険」という形容詞だけでなく「悪意に満ちた」という言葉も使い、「悪意に満ちた危険人物ナーバーワン」とも言った（国内には殺人犯も数多くいることを考えると、これはかなりの表現だ）。

暴露記事や陰謀説らしきものを並べ、関係者の顔写真を矢印でつないでいき、最後にＯＩＲＡ室長は「世界で最も影響力の強い任にある」と主張する。「ナッジから始まり、次は力づく、最後には銃で脅される」というのも繰り返した。私は「ナッジを通じてすべてを支配する」のだそうだ。ジョージ・オーウェルが書いた小説『一九八四年』では、「二分間憎悪」の情景が鮮やかに、力強く描かれ、その恐ろしさを伝える。党員たちが国家の敵が登場する映像を見せられる場面だ（偶然だが、ここでの国家の敵ナンバーワンはゴールドスティンという名だ）。私の笑い顔の映像を使ったベックの攻撃は、この場面に似てなくもない。「ストップ・サンスティーン・コム」（stopsunstein.com）という新しいサイトが立ち上がり、過激に思える表現が時に文脈に関係なく引用され、あたかも私が否定したり、単に説明していただけの立場を支持しているように見せかけた。

ヘイトメールも殺人予告さえも、非公開の自宅アドレスに数多く届けられるようになった。「私なら、今すぐに降りる。銃を持った人間が大金で雇われた。そいつはお前の住んでいるところを知っている」というものもあった。それでも、未だに解明できない理由で、私は上院での採決を迎えられないでいた。

一方、議会では？

殺人予告も承認をめぐる争いも、私が政府内で働く妨げにはならなかった。オバマ政権初日から、私はアメリカ史上最もむずかしい時期に行政管理予算局の上級顧問として働く幸運に恵まれた。この役職は承認の必要がないもので、ＯＩＲＡ室長としての仕事に踏み込まないよう気をつけてはいたものの、やるべきことはたくさんあった。

上級顧問という立場から、私は高官級の話し合いの数多くに参加できた。扱ったのは、自動車業界の将来、政府のオープン化、医療保険制度改革、金融部門の規制、環境保護など、当時の重大課題だった。オバマ大統領がゼネラル・モーターズとクライスラーを救済する決断を下した話し合いの場に同席できたのは、幸運としか言いようがない。金融危機の再発防止を図る「ドッド・フランク法」につながる議論にも頻繁に参加した。この法律の主たる内容は、ナッジと言えるものになっている。

ＯＩＲＡに関することでは、その運営に関わることはできなかったし、政府外の人々と会うこともできなかったが、スタッフのミーティングに出席することはできた。今のうちに学べることはすべて学んで、承認されたら、直ちに全力でとりかかれるようにしておこうと思っていた。経済成長と職の創出を阻害しない方法でアメリカ国民の安全と健康に真に寄与するＯＩＲＡ運営のための最適の改革を見出し、実施することを目指した。

一方、私の承認が採決にかけられる可能性はますます低くなっていった。夏の終わりが近づく頃には、共和党上院議員らはオバマ大統領の指名の多くに強硬な姿勢を見せるような雰囲気になっていた。ＯＩＲＡに対しては、共和党議員が次々に中断を申し出る「輪番制中断」に入ったかと思うくらい、中断が一つ撤回されると、直ちに次の中断が始まる状態が続いた。ロバーツ、シャンブリス、コーニンの各議員が中断を撤回してくれても無駄だったと私は思った。後になると、オバマによる指名承認は共和党によって妨害されることが当たり前になる。指名された人物が問題なのではなく、オバマが選んだということが厄介を引き起こすようになったのだが、この時期ではまだ、そのような組織的な妨害は珍しかった。

私たちに残された唯一の打開策は、討論終結動議を提出してフィリバスターを終わらせることだった。これには六〇票が必要で、さらに上院は、重要法案の審議の最中、私のことで三〇時間を費やさなくてはならないことになる（これも現実離れしていると言っていいだろうか）。ハリー・リード民主党上院院内総務はその採決をやると言ってくれた。動議の採決は二〇〇九年九月九日に予定された。その日、私は立場を決めていない議員らと電話で話をし、私が狩猟を禁止したり、銃をとりあげたり、ネズミの権利擁護に躍起になったりしないことを確約して、説得した。最終的に、上院は六三対三五で私に有利な投票結果となり、承認採決に進む道が開けた。

グレン・ベックは投票を生中継し、上院の進行状況を見せながら、私が承認されたら国民は「危険に晒される」とコメントした。そして、「（サンスティーンは）危険人物ナンバーワンだから、今こそあなたが知っている議員に電話しよう」と呼びかけた。

九月一〇日、上院は承認採決に入り、五七対四〇の僅差で承認した。社会主義者のバーニー・サンダース上院議員（ヴァーモント州選出）は、私があまりに右寄りだという理由で反対票を投じた。投票日に彼とはそこそこ楽しい会話を交わしたが――思い返すと、それほど楽しいものではなかったかもしれない――、その時彼は多少憤りながら、私のことを大銀行寄りで、その規制を妨害していると糾弾した。彼が何からそんな考えに至ったのか、未だにわからない。

投票が終わってまもなく、お祝いの挨拶のためにホワイトハウスに来るよう、大統領に呼ばれた。当時大統領首席補佐官だったラーム・エマニュエルが出迎えてくれて、皮肉たっぷりに「五七対四〇とは、圧勝じゃないか」と言った。

現在の承認プロセスの本当の怖さはどう表現していいかわからない。人生聴取、公衆の面前で恥をかく危険、繰り返し行われる評判を貶める試み、誹謗中傷、嘘（真実を尊重しない態度）、脅迫、懐疑派を説得するむずかしさなどなど。ここから学べるのは、納得はできないが、非難のほとんどはどれほどひどい個人攻撃であれ、決して個人に向けられたものではないということだ。対象となった個人とは何の関係もないことなのだ。ある日オバマ政権の官僚の一人に、私が「調子はどう」と尋ねると、彼はこう答えた。「君が気にするような文句は何もない。先に進もう」。そういうことなのだろう。

学者と官僚、二足のわらじ

二〇〇九年九月一〇日から二〇一二年八月一〇日まで、私はOIRAを率いるという幸運に恵まれ、大恐慌以来最悪の経済不況という状況でオバマ政権が下した重要な国内政策に関する決断を総括する一翼を担うことになった。個々の規制や決定について日常的に関わるだけでなく、これまでと違う、新たなことができるか、節約につながり、人々の命を救う役に立つことは何かについて、幅広く考えるという役目もあった。しかも、それは不況のどん底から抜け出し、将来のために確固たる基盤を固めるという最重要課題に合致する、あるいは矛盾しないものでなければならなかった。

本書の目的の一つは、私がＯＩＲＡにいた時期に実際に行われたことを明らかにすることだ。連邦の規制関連政策の方向を大幅に変えることになった、と私は考えているイニシアティブや変化について述べていきたい。その過程で、連邦政府がその中心のところで、どのように動いているかについて理解のヒントになるようなことも見せられればと考えている。そうしたヒントは一般の人々にとっても興味のあることだと思うし、それによってよくある誤解を少しでも解消したい。政策決定の中心では、官僚は何らかの立場に「妥協する」ものだとしばしば非難される。しかし実際にはほとんどの場合、正しいことをしようと努力しているだけであることはあまり知られていない。たとえば、オバマ大統領が環境保護庁のオゾンガス規制を承認しなかったことはすでに述べたが、これは、規制そのものの効果を考慮しての決断だった。報道されたような、政治的な動機によるものではなかった。

学者と官僚の仕事は天と地ほども違うことをそれまでわかっていなかったとしても、室長就任の最初の週には、いや初日に、思い知らされることになった。その違いは誇張しても誇張しきれないほどだ。学者は独自のアイデアを追求するものだ。ほとんどは一人で、たまに数人の共同研究者と一緒に、仕事をする。実現可能性を考慮する必要はないし、そんなことはそもそも気にするべきことではない。そのアイデアが面白く、新鮮で、人々が頭をひねるようなものであれば、それを主張してかまわない。後で振り返ってみたら、どうしようもない、奇妙奇天烈なアイデアであるとわかってもかまわないのだ。政府について何も知らなくても（学者のほとんどは、法学や政治学の分野の学者でも、政府についてはまったくと言っていいほどわかっていない）、面白くさえあれば、どんなにバカバカしいアイデアでも論じることが許されている。政府の一員であった時期、時に友人の学者たちから、彼らの最新のアイデアを聞かされたことがある。その多くは、創意にあふれ、人を夢中にさせるものだ。しかし、なかにはバカバカしいものもあったし、実際的な視点で見ると、聞いた途端に却下というものも少なくなかった。

ここで、但し書きが必要だ。官僚の中には、学者を始めからバカにしている者もいる。学者の名やその提案を聞くとやれやれといった表情を見せるが、それもわからないわけではない。官僚の責務や、それを遂行しなくてはならない速さを考えると、やれやれというのは正しい反応だろう。しかし、バカバカしく見えたり、聞いた途端却下というアイデアも、ほどなく採用されることがある。一九六〇年代から七〇年代、大学の経済学部では費用対効果分析がもてはやされたが、ワシントンの権力の中枢では注目されていなかった。だが、一九八一年にレーガン大統領が費用対効果分析を義務化し、二〇一一年にはオバマ大統領がその役割を確固たるものにした。ジョン・メイナード・ケインズの次の言葉を忘れてはならない。「経済学者や政治哲学者のアイデアは、それが正しかろうが、間違っていようが、人が思う以上に大きな影響力を持っている。世界はそれに支配されていると言ってもいいくらいだ。いかなる知的風潮にも惑わされないと思っている現実主義者は大体、過去の経済学者に隷属している」。

世界的金融不況の時期〔二〇〇〇年代後期から二〇一〇年代前期まで〕に政府で働いた人々の考えがケイ

ンズの思想に大きく影響されていたことを考えると、この言葉の持つ意味は重い。

政府では、上司である大統領に対して説明責任を負う。アイデアがまずいものだったり、多少なりとも常軌を逸していたり、あるいは実現可能性がない場合は、たとえ知的に面白いものであっても受け入れられない。自分一人で行動することはできないし、許可なく公に発言することもできない。そして発言も制限される。リーダーが明確に決まっているチームの一員であり、何を始めるにも進めるにも、チームの判断と目標に合致したものではなくてはならない。公的書類は認可手続きを経なくてはならず、それは時間がかかり、イライラするものではあるが、チームの行動が一貫していることを確実にする重要な手段でもある（特にイライラさせられた認可手続きの後、政府の同僚に「認可」という言葉と「糞」という言葉は不思議なくらい似ていると言ったことがあるが、私が何を言いたいのか、誰もわかってくれなかった）。
一、二ヵ月仕事をした後でも政府についてわかっていないのは致命的だ。この時期私が犯した間違いの一つに、非常に忙しいとわかっている重要人物の二人を会議に招待しなかった例がある。重要人物でしかも忙しいのだからと思ったのだ。それが大間違い。二人は驚き、立腹して、当然ながら私以外の人間にその不満を伝えた。結婚式での礼儀は政府でも同じで、招待しないのはまずい。
研究生活を経て官僚になった人間は、学究的な考えを政府に押し付けてはならない。上司は大統領であり、アメリカ国民に奉仕する、滅多にない栄誉を与えられているのだ。ＯＩＲＡが動物の権利を主張する活動家に率いられるとしても――私は動物の待遇については大きな関心を持っているが、の権利を主張する活動家ではない――、その人物がその立場で動物の権利拡大を推し進めることは不適切だ。学者として、私は陰謀説をとりあげた論文を共同執筆したことがある。陰謀説はどのように生まれてくるのか、人々はなぜそれを信じるのか、そして、暴力行為につながる可能性がある場合に政府はどのようにしてそれを正すかなどを論じたものだ。学界では、論文は大した話題にならなかった。しかし一部では、これが攻撃の対象となり、呆れるほどに誤った描き方がまかり通った（特に、九・一一のテロ攻撃にアメリカ自身が関与したことを隠蔽したと信じる人々の間でのことだったが、それ以外にもあったようだ）。この論文は、私の政府での行動とは何の関係もない。

実際、私が書いた学究的論文のほとんどは、政府での仕事には何の関係もなかった。ほとんどそうだが、すべてがそうではない。

政府に参加する前から、私は費用対効果分析の重要性は固く信じていた。この信念は一瞬たりとも揺らいでいない。その信念は今、以前よりも強いものになっている。

政府に参加する前から、私は過去のルールを慎重に検討することの重要性を信じていた。機能するのは何か、しないのは何かを探し出し、機能しないものを合理化、簡素化、修正することの大事さを確信していた。その信念は、官僚時代にさらに強いものになった。

政府に参加する前、参加している間、そしてその後を通じて、私はルールの評価や見直しに一般の人々を関わらせることの重要性を信じてきた。政府外の人々が官僚より多くを把握している場合はよくある。推進すべきは何か、修正すべきは何か、そして、途中であっても中止すべきは何か、彼らの方がいいアイデアを持っているかもしれない。政府での経験は、私のこの考えを揺るがすことはなかった。逆に、その確信は強められた。民主主義政府というのは人々の意見に耳を傾けることが必要だからではなく（もちろんそうである）、もっと根本的な理由として、政策決定は人々の間に分散した知識から得るものが多いからだ。

政府に参加する前から、ナッジについては確信していた。今でも、ナッジについては確信している。

ＯＩＲＡは何をしているのか？

ＯＩＲＡは規制のコックピットだと書いた。実際には何をするところだろうか。

一言で言うと、ＯＩＲＡの主たる責務は、連邦規制の発布の全体面の調整を補助することである。連邦議会は数々の法を法制化する。大気浄化法、労働安全衛生法、医療保険制度改革法（通称オバマケア）、高齢者医療保険制度（メディケア）、低所得者医療保険制度（メディケイド）など、その数は知れない。こうした法律の条項は、各省庁が規制を発令するまで実際には施行されない。連邦議会は時に大きな隙間を残すため、省庁には、法律を実践する方法についてかなりの裁量が与えられることになる。大気浄化法では、連邦議会は環境保護庁（ＥＰＡ）に対し、公衆衛生の保持のため「安全に適切に配慮した」規制を発布するよう求めている。環境保護庁はこれが意味することを判断しなくてはならない。労働安全衛生局（ＯＳＨＡ）に対して、連邦議会は労働者の安全を確保するために「適切かつ必要な」ルールを発布することを求めた。ＯＳＨＡは、どうとでも解釈できそうな、この言葉の意味を決定しなくてはならないのだ。

連邦議会がもう少し具体的なときもあるが、それでも省庁が決めるべき余地は残っており、その意味で、省庁は政策について重要な決定を下さなくてはならない。議会が省庁に規制発布の権限を与えることは通常、省庁がその政策の実施が賢明ではないと考えたときは権限の施行を拒否することも認めていることになる。つまり、連邦議会は基本的な枠組みを設定するが、重要なのは省庁がその内容を決める規制の実施段階なのだ。

ここでＯＩＲＡの出番だ。省庁が規制を提案したり、最終案をまとめる前に、その草稿をＯＩＲＡの審査にかけることが、これまでの政権で義務化されてきた。ＯＩＲＡ職員はキャリア官僚で、どんな政治的信条にも左右されない。草稿を受け取ると、彼らはそれを丁寧に読み、行政府全体を対象として職員たちに草稿を回覧する。ホワイトハウスにも関心がある内容の場合もある。たとえば、大統領直属の立場にある国家経済会議（ＮＥＣ）議長が、何かしらの考えや懸念を抱えているかもしれないし、国内政策審議会（ＤＰＣ）も同様かもしれない。行政府の一機関である科学技術政策局（ＯＳＴＰ）は、省庁が下す科学的判断について意見があるかもしれない。

ホワイトハウスの外でも、省庁の間で規制について白熱した議論が戦わされる。農務省は規制が農家に及ぼす影響については熟知しているし、運輸省は運送業界への影響について、エネルギー省はエネルギー部門への影響についてよくわかっている。ＯＩＲＡの仕事は、規制案作成官庁以外の部署の視点や懸念、反対意見を反映させることだ。規制作成官庁が行政府内の様々な人々（多くはキャリア官僚だ）の専門知識を受け取れるようにするのが、ＯＩＲＡの責務の一つである。

私は、これが主たる責務だと捉えていた。ＯＩＲＡは毎日、専門知識や一定の見解を持った人々がちゃんと考慮されているかに気を使わなければならなかった。「手続き的ファウル」という政府内用語があるが、それは、政府内の議論から不当な理由で排除された人間がいた場合を指す。手続き的ファウルは本当にまずい状況で、これだけはぜひとも避けたい。私の仕事の大半は、様々な意見を持った人に耳を傾け、関係者の妥当な懸念を解消するような解決策を見つけ出すことだった。

もう一つのＯＩＲＡの責務は、州政府や地方政府、大小の企業や利益集団が参加し、きちんと機能するパブリックコメント制度を促進することだ。規制案が提案された場合、ＯＩＲＡはパブリックコメントを求めるために、その重要事項や代案を明確にするという仕事もする。省庁と緊密に協力して、必要であれば規制案の関連条項を修正するなどして、パブリックコメントで表明された意見が確実に最終決定に反映されるようにする。ＯＩＲＡの最大の任務は、行政プロセスをきちんと機能させることで、法の遵守に止まらず、必ずしも義務ではないが、広く言えば「良き政府」という理念の下に含まれる手続き的規範にも沿ったプロセスを堅持することである。その任務のなかで大きな部分を占めるのが、複雑さを排し、効果を上げ、コストを最小化することである。

ＯＩＲＡや連邦政府内の他の省庁が規制草案に対して大きな懸念を持っている場合は、そのような省庁と一緒になって、そうした懸念に答える、いい方法があるかを考える。解決方法が見つかれば、当初の目標通りに事を進める。見つからなかったときは、状況に応じて規制案を修正する。その結果たとえば、規制案のアプローチが複雑すぎるとか、わかりにくいとか、中小企業は除外されるべきだなどの結論になるかもしれない。大多数の場合、そうした議論は本質を外すことなく、専門的で、政治的配慮を排除したもので、友好的に行われる。閣僚自身など高官が関与することもあるが、それは稀に事務レベルでは解決できない事例が出てきたときだけである。

ＯＩＲＡは行政府の規制の優先順位を設定するのにも関わる。たとえばオバマ大統領が過去の規制を見直すことを目的に、規制の再検討を命じたときはＯＩＲＡがこの再検討プロセス全体の監督を手助けした（規制の再検討については第7章を参照）。ＯＩＲＡが大幅な簡素化が適切だと判断した場合は、それを押し通していいことになっていて、後で見るように、実際に私はそうした。ＯＩＲＡが何かしらのイニシアティブが適切だと思えば、関係官庁にそのように伝える。すべての場合で、ＯＩＲＡは、省庁が法に即して、大統領の優先順位と熱意を尊重して動くように、ホワイトハウスの他の部署と緊密に連携して動く。時間の大半はこれに費やした。

規制は唾棄すべきものなのか？

「必要なのは何か、規制だ！　いつ必要か、今だ！」などと叫ぶ者はいない。政治デモで、「規制しろ」と書いたプラカードも見られない。

人々は安全な食べ物を望むし、きれいな空気や水もほしい。なのに、抽象的な考えとしての規制は不人気だ。経済的に大変な状況では、規制は惨状をもたらすように思える。大小の企業は長い間、政府による規制や監視は行きすぎだと主張し続けており、深刻な景気後退に直面して、その懸念は顕著だ。リバタリアン的な傾向が強いアメリカでは、規制は特に政治的な攻撃対象になりやすい。

オバマ政権一期目の代表的な成果となった医療保険制度改革と金融制度改革に反対する人にとっては、これらは明らかに、徐々に規制を強化していくオバマ政権の邪なやり方で、規制が最も害を及ぼすこのタイミングに行うことで経済成長と雇用の創出を脅かすものだった。規制は富と雇用の創出に逆行するものとして反対する向きは、ビジネス界の一部に特に強かった。そしてある程度は、国全体にも広がった。一般的に規制に反対する理由は、規制手段としてのナッジへの反対理由ともなった。

一般的な規制批判の議論には正しいところもある。後に見るように、私はそれを肝に銘じて政府の仕事に取り組んだ。シンプルにするという目的は、この批判がもとになっている。だが、ここで気をつけなくてはならない。市場経済は契約と私有財産という根本原則なしには成り立たない。もちろん刑法も必要だ。こうしたルールは一種の規制である。官僚が設定し、実施する。道路に関するルールなしに市場経済は成り立たない。社会主義と行きすぎた国家の権限を痛烈に批判したフリードリヒ・ハイエクはこう言った。「合理的に擁護できるシステムで、国家が何もしていないということはありえない。効率的な競争制度は、賢明に組み立てられ、常に適切な修正が加えられ続ける法的枠組みを必要とする。それはどのような制度でも同じことだ」[2]。

このような規制に反対する人間はいないだろう。競争と私的財産制度を大事に思うなら、市場や繁栄を可能にする規制が必要だ。「規制」や「政府の介入」に声高に、強硬に反対する人こそがしばしば、そうした規制によって大きな恩恵を受けている。

本当に反対しているのは、ある一部の規制なのだろう。「効率的な競争制度」のために絶対に必要な範囲を超えた規制、自由市場制度の確立には関係のない社会的目標を達成するために、公的権力、特に国家権力を行使することを許す規制のことだ。

ここでも、気をつけるべきことがある。食の安全の確保を自由市場に任せてしまっていいのだろうか。大気浄化についてはどうか。市場を最も強く擁護する経済学者でも、市場の失敗の存在は認めており、それは規制を正当化する根拠になっている。食の安全と大気浄化に関する規制が多くの命を救い、しかも低コストで実施できるとしたら。あるいは、そうした規制で多くの人の命は救えるが、コストがかかるとしたら。レーガン政権以来、アメリカ大統領は、効果（恩恵）から費用を差し引いた「純効果（恩恵）」を生み出すことに努力してきた。これが高ければ、規制について抽象的なレベルでは懸念があろうとも、規制を進めるべきもっともな理由になる。

オバマ政権では、費用対効果分析と同じように、「純効果」の最大化にも重きを置いた。実際、政権最初の三年間の規制の純効果は、ブッシュ政権の同時期の二五倍、クリントン政権の同時期の六倍だった。次の図を見てほしい[3]。

純効果としての九一億三〇〇〇万ドルの中には、燃費とエネルギー効率に関する規制の効果としての消費者への恩恵、大幅な規制緩和など費用削減ルールによる恩恵としての大小企業での数千万ドル規模の節約、大気浄化や高速道路や食の安全を目的とした規制によって救われた命、事故や疾病の防止の効果、などが含まれる。二〇一〇年に食品医薬品局（FDA）が施行した規制のおかげで、サルモネラ菌による年間死亡件数が多数減少し、その他の疾病件数も年間七万九〇〇〇件も減少した。[4] こうした規制の効果を見れば、費用はわずかなものになり、そうした規制を推し進めることは重要である。

過去一〇年間で連邦規制の費用が最も高額となったのは二〇〇七年、ブッシュ政権時代である。オバマ政権の最初の三年間では費用がそこまで上がることなく、この時期の費用は（効果は非常に高かったにもかかわらず）歴史的な標準のレベルに止まった。経済的に大変な時期であったからこそ、高額の費用を課すことには細心の注意を払った。オバマ政権一

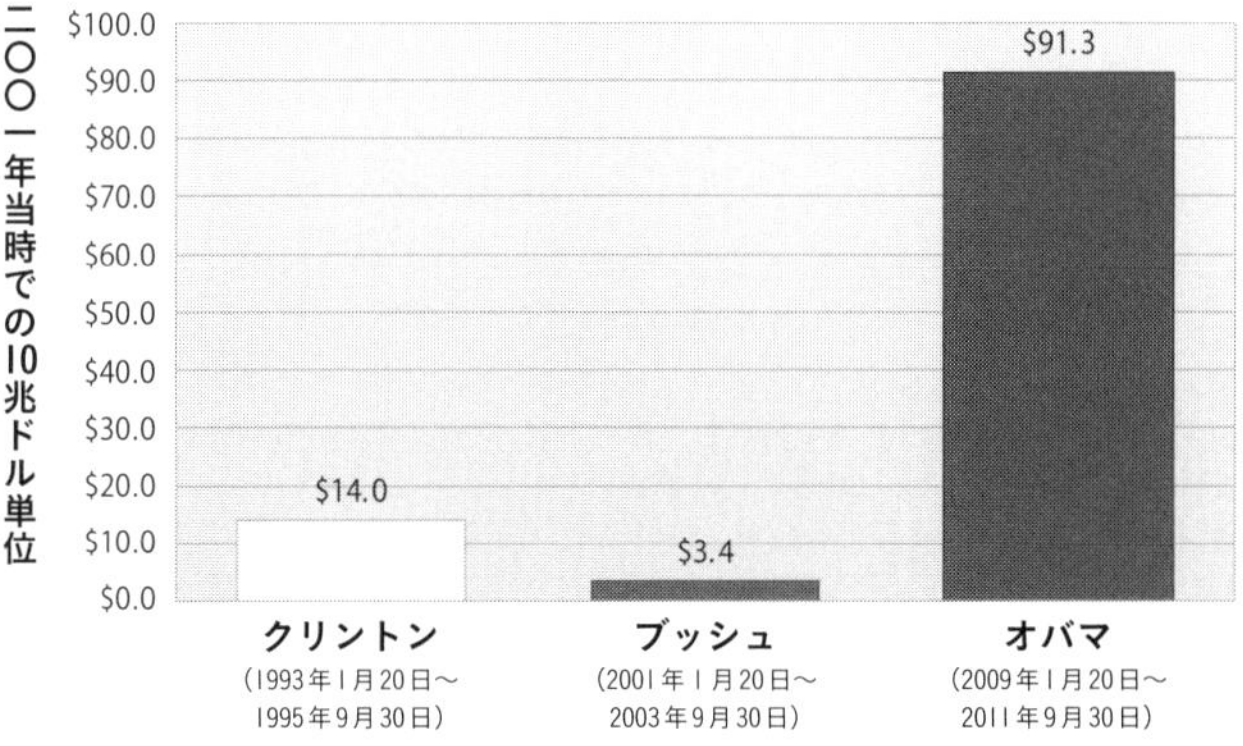

図1.1　過去３人の大統領の下で第３財政年度までに実施された主要規制の年間純効果

出典：行政管理予算局「2012年度連邦規制及び州、地方、部族行政府に対する権限行使についての議会報告原案」(Draft 2012 Report to Congress on the Benefits and Costs of Federal Regulations and Unfunded Mandates on State, Local, and Tribal Entities), 54, figure 2-1, www.whitehouse.gov/sites/defaults/files/omb/oira/draft_2012_cost_benefit_report.pdf.

期目四年間の数字が確定すれば、その恩恵は九一億三〇〇〇万ドルを大きく超えるものになると確信している。

だからといって、ビジネス界やその他の人々が行きすぎた規制について文句を言うのが間違いだと言っているわけではない。彼らの言い分が正しい場合も多い。規制はわかりにくく、一貫性に欠け、重複するものも多く、行きすぎも少なくない。シンプルにし、縮小するためにできることはたくさんある。オバマ大統領が一期目に認めた規制の数はジョージ・W・ブッシュ大統領より少なく、さらには近年の他の大統領に比べても少ない。それは偶然ではない。オバマ大統領が過去の規制を廃止したり、合理化するのに努力したのも偶然ではない。適切な選択アーキテクチャーは規制当局者を規制する。選択アーキテクト（設計者）のための選択アーキテクチャーが必要なのだ（これについては、後でさらに論じる）。規制は国家規制でも何でも、禁じられている四文字ワードのように扱うのは大きな間違いだ。それについては、これから検討していく。

世界中で、政府の適切な役割についての議論が白熱してきている。しかしその議論は、段々役に立たなくなってきている決まり文句とか用語を使い続け、行き詰まっている。「大きい」政府の危険とか「社会主義」の脅威とか、あるいは「汚染企業」や「銀行」の脅威などといった表現に固執している。本当の問題はそんなところにはない。アメリカだけでなく世界中で必要とされているのは、何よりも証拠を重視し、機能するものとしないものを区別できる、革新的な戦略と手段である。二〇〇九年から一二年までの間、私たちはそのスタートを切った。やるべきことは、まだまだたくさんある。

第2章

人々の本能にのっとった規制とは？

チョコレート

二〇〇九年に連邦政府で働き始めた。そのとき私のオフィスの隣に陣取ったのが、ジェフリー・ジエンツだった。彼は当時、行政管理予算局の管理部門副局長の立場にあった。有能な管理職であるだけでなく、とても気のいい人物でもある。私たちのオフィスは行政府アイゼンハワー棟にあっ

出典：Salina Hainzl

た。その二人のオフィスをつなぐ共通エリアに、彼はチョコレートをあふれるほど入れたボウルを置いてくれた。ボウルはいつも、すぐそこにあり、しかも結構目立っていた。オフィスに出入りするたび、美味しそうなチョコレートの山が私の目に入ってきた。

二部屋続きのオフィスを使っていたのは私とジエンツだけではなく、マギー・ワイス（ジェフリーのアシスタント）とジェス・ハーツ（私の顧問）もいた。ということで、私たちは皆、チョコレートをたくさん食べてしまうことになった。初めはありがたがった。チョコレートが胃袋に溜まっていくようになっても、その気持ちは変わらなかった。しかしほどなく、私たちはチョコレートの山がどこか別のところにあってくれれば、と思うようになった。時が経つにつれ、どうしても手が出てしまう、その山が呪いのように思えてきた（お察しの通り、私はそれを憎むようになっていた）。

多少必死な思いで、私はそのボウルを共通エリアからジェフリーのオフィス内に移動した。距離にすれば、二メートル弱動かしただけだ。マギーもジェスも拍手喝采、任務達成である。私たちが食べるチョコレートの量は減った。

だが、これが謎だった。気のいいジェフリーであれば、チョコレートを取りに来るためだけに誰かが自分のオフィスに入ってくることを気にはしない。それなのに、ほんのちょっと場所を変えただけで、大きな違いが生まれた。私は、オフィスを出入りするたびにチョコレートを目にすることがなくなった。ジェフリーのオフィスは目と鼻の先なのに、マギーもジェスも私も、わざわざ彼のオフィスに入って行かなくてはいけないというだけで、チョコレートを食べることに時間をかける気がなくなったのだ（確かに、時々は人の目を盗んでジェフリーのオフィスに行くこともあったが、数週間するとボウルそのものが消えていた。ジェフリー自身がチョコレートを食べすぎるようになってしまったのかもしれない）。

チョコレートを共通エリアに置くことで、ジェフリーは選択アーキテクトとなり、そのチョコレートをいっぱい食べてしまった私たちは彼のアーキテクチャーに影響された。ボウルを移すことで、今度は私が何らかの選択アーキテクチャーに関与したということだ。選択アーキテクチャーは、人々の選択に影響を及ぼす社会環境デザインと考えることができる。たとえば、親近感やアクセスの良さを変えたり、情報を提供したり、状況を明確化、特徴を顕在化、あるいは可視化するなどのデザインである。

選択アーキテクトは、官民どの部門にもいる。カフェテリアの内装やレストランのメニューのデザインは（強烈な色彩、大音響の音楽、目立つ写真、特徴的な名前、カロリー表示など）、人々が何をどのくらい食べるかに大きな影響を及ぼす。医療保険や大学の奨学金、住宅ローンや学資ローンなどの申込書の様式もデザインする。ホテルのチェックイン、レンタカーの手続き、商店選び、納税、医療保険の選択、運転免許や社会保障の申請などの方法も設定する。親、教師、医師、設計士、ウェブサイト管理者など、皆選択アーキテクトである。簡単で自動的にできるということを強調したスティーヴ・ジョブズは、史上稀に見る偉大な選択アーキテクトの一人だった。

選択アーキテクトは、人々を「ナッジ」する。複雑さもシンプルさも、どちらも推し進めることができるし、人々を混乱させることも、物事をシンプルにすることもできる。夕食の皿やグラスの大きさも決められるし、店に入ったときに最初に目にするものがキャンディとナッツ類であることも決められる。お気に入りのレストランで聞こえる音楽がフォークミュージックか、車にバックミラーカメラが付いているか、燃費の表示が見やすいか、融資関係書類が長くて複雑か、さらには航空料金に付随する手数料がわかりやすく見えているかなど、選択アーキテクトが決定することは色々ある。

「ナッジ」という言葉は、様々な意味で使われ、普通は罰金や税金まで含む幅広い行動を意味する。ここでは、「選択の自由を保持しつつ、決定に影響を与えるアプローチ」と考えてみよう（定義については、第9章で世話焼き国家について検討するときに、さらに述べることにしたい）。この理解に沿って考えると、下記のようなことはすべてナッジに含まれる。

・担保貸付はもっと簡単に、手短に、わかりやすくなることを消費者に周知する活動
・健康的な食生活について、新しい図像を使って明確で、わかりやすい情報を提供する活動
・退職後、月額どのくらいの年金を受け取れるか、退職年金制度運用者に対し情報公開を義務付けること
・医療保険制度への自動加入ルールの設定
・プライバシー保護のため、利用者の了解がない限り、オンライン上の動きを追跡することはできないことにするルール設定
・本人が直接、具体的に指示する場合を除いて、医学的に絶望的な状況でも臓器を、それを必要と

する人に提供することができないとするルール

・店内で健康にいい食品を目立つように陳列すること
・健康的なメニューを選択し、肥満のリスクを減少させられるように、学校のカフェテリアのデザインを新しくすること
・タバコのパッケージに鮮明な警告を載せること
・エネルギー消費量が隣人と比較してどの程度かをわかりやすくすること
・有権者に対し投票前に、自分の投票実績（投票回数）が同じ郡や州の人々と比べるとどのようなものかを知らせること
・有権者に対し投票日当日に、投票所に行くにはどうしたらいいかを知らせること
・利用者に対し、月間利用額を超えそうであることを電話やメールで通知すること
・運転中のメール使用を控えさせるために民間部門と協力して働くこと
・人々が自分たちのエネルギー使用や医療保険の選択や保険料などを追跡できるよう、新しいアプリケーションを利用するなどして、機械読み取りが可能な方法で情報公開すること

一方、シートベルトを着用しなければ刑罰を科すと脅すのは、ナッジではない。タバコ税増税も、経済的インセンティブを改変するものである以上ナッジではない。罰金はナッジではない。温室効果ガスに関する排出枠取引もナッジではない。政府が医療保険に加入しなかった人々に課税することは

ナッジではない。経済的インセンティブには大小があるが、小さければ小さいほどナッジに近くなる。政府はナッジの手法だけを用いるべきだと、言っているわけではない。マネーボール式規制を目指すのであれば、ナッジは大きな役割を果たすが、それがすべてではない。政府で働いていたときはナッジを多用したが、それ以外のことも行った。オバマ政権も、それまでの政権同様、禁止や義務化、経済的インセンティブを伴う法律や規制を施行した。連邦職員や危険物を運搬するドライバーに対しては、運転中の携帯メールの使用を禁じた。消費者が節約できるよう、冷蔵庫、小型モーター、洗濯機のエネルギー効率の改善を義務化した。事故を防ぎ、命を守るために、トラックの停止距離を短縮することを製造業者に義務付けた。第6章では命令や禁止が正当化される状況について述べるが、ここでは、それより柔軟なアプローチには明らかな利点があり、それはそれで一つの方法となると言うに止めておこう。

確かに、イニシアティブの中にはナッジと考えていいのかどうか、はっきりしないものもある。たとえば政府が、納税書類の署名欄を、書類の最後ではなく最初に置くことにしたとしよう。最初に署名すれば、その後虚偽の申告をする可能性が低くなるという前提だ。[1] これは選択アーキテクチャーを変えることで、ナッジと考えられる。社会環境の小さな変化が大きな違いを生むからだ。しかし、これでは選択の自由が保持されないから、厳密に言えば、ナッジの定義とは合わない。だが、政府がタバコ一箱の本数が一五本以上、炭酸飲料一缶の量が四五〇ミリリットル以上の製品の販売を、メーカーに対しては禁止しつつ、人々が購入する量については何の制限も課さないとしたら。厳密に言えば、これは経済的インセンティブに手を加えるものであるから、ナッジとは言えない。しかし、ナッジの性格を帯びたものでもある。

近年、社会科学分野の研究によって、人間の行動について多くのことが明らかになってきた。人はいかに情報に対応するか、何によって人は変わるのか、何を恐れるのか、何が人を幸せにしたり、悲しくさせたりするのか。人は、経済学の教科書が言う「合理的アクター」のように行動するわけではないというのは、何も目新しい話ではない。私たちは「ホモ・エコノミクス（経済人）」ではなく、「ホモ・サピエンス（知性人）」なのだ。だが、新たに発見されたことには驚くべきことが多い。選択アーキテクチャーの微妙なところが、結果に大きな効果を及ぼすことが見えてくる。その一つが、複雑さは相当深刻な問題になるということだ。

たとえば、数千人の学生が経済支援を受けられず、大学に進学することができない理由が、単純に経済支援申請書類が長く、複雑すぎるということなのを知っていただろうか。高齢者の多くが不適切な処方箋で大金を払う羽目に陥ってしまう理由が、選択肢がありすぎて、適切な薬の選択がむずかしすぎることだというのはどうだろう。あるいは、体重を減らす最良の方法が、冷蔵庫に脂肪分たっぷりの大好物を入れておかないということは、レジ袋にわずか五セントの使用料を課すだけで、レジ袋の使用量削減に大きな効果があることは、術後五年の死亡率が一〇パーセントと言われるより、術後五年の生存率が九〇パーセントと言われる方が、人が手術を選ぶ確率が上がることは、どうだろう。

このような新事実が、世界中の家族、ＮＰＯ、大小の企業や政府が、手に負えないと思われていた、昔からある問題に新たな解決法を見出そうとする際に助けとなる。官民双方の部門が抱える問題に関連している。医療保険制度改革法、通称オバマケアでは、州が保険変更手続きを設定することになっている。このときどのように提示するかが重要問題だ。良い（単純な）方法なら、納税者にとっても消費者にとっても数十億ドル規模の節約となる。[2] 悪い（複雑な）方法では、人々は同じくらいの金額の損を被る。

規制とその効果について考える際に役立つヒントは手に入れた。そうしたヒントは、人に何かを強制することなく、結果を生み出す方法の利点を見せてくれている。つまり、行動科学の知見を利用すれば、金のかからない、ちょっとした政策イニシアティブで大きな効果が生まれる。それが、ここでの教訓である。

「やる意味あるの？」

本書の目的の一つは、政府規制の根拠を探り、最近実施されたことや改善策を整理し、それらが規制関連政策に対してどのような意義を持つかを論じることである。だが、もう一つ、より一般的な話もしてみたい。政策が現実に根ざしたものであることの重要性に関わるテーマで、そうした政策のためには、事前の入念な分析と、成果を出したものと出さなかったものについて事後に検討することが不可欠である。

ワシントン時代のある会話で、今でもよく覚えていることがある。有力な圧力団体がどれも反対していた議案があった。誰かが「皆が反対しているのに、やる意味あるの」と言い出した。すると、別の誰かが（私だったかもしれない）あることを思い出させてくれた。褒めてほしくてやるのではなく、これが、全体としては、みんなのためになる、いいことだからやるのだと。

少し話を先取りすれば、今の私たちには、適切な疑問に答えることができる手段がある。科学と経済学に基づいて、費用と効果について仔細に分析することは、マネーボール式規制の一つの形である。政策や規制の効果を理解する際は、医学や科学の分野で行われているランダム化比較試験は基本である。最近では政府でも重視されるようになってきた。

先ほどの例に戻って考えてみよう。署名が冒頭にあると、末尾にあるより、人は虚偽の申告をしなくなるという話だ。これを確かめるのに最適な方法は、ランダム化比較試験だ。本当に意味のある効果が出ているのかどうかを見せてくれる。オバマ政権内も含めて多くの人々が、運転中の携帯使用に伴う危険について心配している。どのような危険があるのかを確かめるにはどうしたらいいか。反応時間への影響について、試験場で実験した結果は確かに役に立つ。しかし、それが事故や負傷の発生率の増加について何か教えてくれるかというと、よくわからない。有用な情報は、ランダム化比較試験で得ることができる。

「速い思考」と「遅い思考」

社会科学では、人間の思考には二つの「認知システム」があると考えるのが普通になってきた。この二つを理解できれば、単純さがいかに大切かがわかるだろう。

社会科学の分野でこれを論じた名著に、ダニエル・カーネマンの『ファスト&スロー』がある。[3] この中で二つのシステムは、「システム1」と「システム2」と呼ばれている。システム1は自動的で、システム2は熟慮、思索的なものだ。システム1は素早く機能し、感情的、本能的だ。大きな音を聞くと、走り出したくなる。不快にさせられると相手を殴りたくなる。こうしたことはほとんど、自動操縦のようなものだ。習慣に導かれるもので、美味しそうなブラウニーは食べてしまう、物事を先延ばしする、直感で動く。必要以上に恐れたり、のんきだったりする。頭より体が先に動く。欲しいものは欲しいときに手に入れたい。複雑なことは大の苦手だ。

システム2は、コンピュータか、『スター・トレック』のミスター・スポックに似ている。こちらは熟慮し、計算する。大きな音を聞くと、その音は心配すべき性質のものかどうか検討する。ありそうなことかどうか、慎重に、時に時間をかけて考える。不快になることはない。そのような言動に理由があると判断すれば、すべてを考慮して、どう対処すべきかを慎重に見極める（仕返しではなく、抑止を優先する）。美味しそうなブラウニーを見ると、すべてを考慮して、食べるべきかの判断を下す。

図2・1　箱の色

出典：Brian Games, Watch This! Pictures, http://channel.nationalgeographic.com/channel/brain-games/galleries/brain-games-watch-this-pictures/at/optical-illusions-37418/.

自制を重んじ、体より頭を働かせる。複雑さにも対応できる。

図2・1は、システム1とシステム2の機能を映像で示している。二つの箱を見ると、あなたのシステム1はすぐに、二つは違う色だと見る。上の方が濃いグレーで、下はシルバーだ。だが、それは間違い。指を二つの境目に置いてみると、箱は二つとも濃いグレーであることがわかる。錯覚の原因は異なる背景の色だ。上の箱の背景は明るく、下の背景は暗い。指を境目に置くと、システム2が二つの箱が同じ色であることを認識する。しかし、指を離すと、システム1が「うっそー！」とでも言うかもしれない。

このような錯覚は楽しいだけでなく、色々なことに気づかせてくれる。もう一つ、試してみよう。図2・2で白のナイトはどこにあるだろう。おそらく、チェス盤の真ん中にある方だと思うだろう。当然だ。

図2・2　黒のナイト

出典：Mig Greengard（エドワード・H・エーデルソンの「チェッカーシャドウ錯視」を元に作成）
1995, http://www.chessbase.com/puzzle/puzz10b.htm

でも、間違いだ。二つのナイトは同じ色だ。錯覚の原因は、（またしても）背景とのコントラストだ。システム2にはわかるが、システム1にはわからない。

　これらは視覚的錯覚だが、政策に直接関わるものも含めて、人間が犯す間違いの多くは、これによく似ている。ここで、システム1とシステム2の関係を示す驚くべき（そして意味の深い）事実をお示ししよう。私がここでも論じているような誤認の中には、外国語を使うとなくなるものがあるのだ[4]。母国語ではない言語で問題を解決せよとなると、人は間違いを犯しにくくなる。よく知らない言語だと、正しい答えにたどり着きやすい。これはどういうことだろうか。

　答えは単純明快。母国語を使っているときは、考える速度も速く、努力も必要ないから、システム1が優勢に働く。外国語を使っていると、システム1はちょっと圧倒された感じになり、システム2が動きだす。完全にマスターしていない言語を使っているときは、素早い、直感的な反応が鈍り、熟慮し、計算して正しい答えを探し出そうとするようになる。外国語では、直感とは距離が生まれ、その距離があなたに有利に働く。

政策や規制に対するアプローチでは、費用と効果についての慎重な検討を重視することの大切さを教えてくれる教訓がここにある。そうしたアプローチでは（厳密には）外国語を使用するわけではないが、人々の当初の判断や直感とは距離を置くことになり、システム1に付随する間違いを抑制できる。事実、私が政府で学んだことの一つが、費用対効果分析は外国語のような働きをし、正しいことに集中する助けになるということだ。人の安全を図る策を検討していた政府高官が、少しイラつきながら、こう聞いてきたことがある。「どうやって、人の命に値段をつけるのか」。人の命を守るという使命に対する彼の熱心さには敬服するが、官僚が民間に対して、一つの命を守るために無制限の資源を費やすことを求めれば、経済を破綻させてしまう（同時に多くの人々の命も道連れにする）。システム2は折り合いをつける必要を理解し、リスクを下げるためにどれだけの費用を費やすべきかについて、たとえそれが人の生死に関することであっても、最後には結論を出さなくてはならないことを知っている。

あるルールについて確信が持てない官僚に対して、費用と効果に注目してルールの効用を説明すると、説得に成功する場合もあった。費用をかけずに、多大な効果が期待できるからだ。逆に、費用と効果に注目して考えると、慎重に検討して、ここで中断した方がいいと思わせてくれる場合もあった。

費用がかかりすぎ、効果が少ないからだ。

時には「思い切って」、「度胸を据えろ」と言われる。確かに、場合によっては、思い切って、度胸に任せて、言い換えればシステム1に委ねて、うまくいくこともある。一目見ただけで、その人や物が好きかは大体判断できる。雇用者は求人に応募してきた人物について、面接では大してよくわからない、あるいはまったくわからないのが普通だ。[5] ところが、残念なことに、実際より多くのことがわかると彼らは考えている。インタビューでわかるのは、実際にはその面談相手が好きになれるかどうかだけだ。重要な局面では、特に複雑だったり、初めてのことだったり、よくわからない状況の場合は、思い切って動くことはやめた方がいい。度胸だけを信じるなどとんでもない。

恐怖感や嫌悪感、欲望や魅力を直感的に強く感じる状況はもちろんある。その感覚が正しいこともあり、ほんの少し見直してみて、その直感が正しいことが確認できたりもする。だが、一瞬でも考えなおしてみると、その直感が間違っていて、立ち止まって再検討する方が賢明であることがわかる場合の方が多い。貯金をどのように運用しようか考えていると、直感が語りかけてくるかもしれないが、それは無視しよう。

システム1は、選択アーキテクチャーの中でシステム2から見ると無関係に思われるような要素に影響されやすい。自分はそんなことに左右されないと本気で信じているかもしれない。でも、そうなのだ。私たちは自分が何に影響されているかを本当には見ていない。快晴の日は、雨模様の曇り空の日より、リスクの高い投資に打って出てしまうことが多い。寄付の意思を表すチェック欄は、赤より緑色の方がチェックしてしまいがちだ。預金の種類や医療保険制度への加入を決めるときは、手続きが一分で済むか、一〇分かかるかで大きな違いが出る。どの立候補者に投票するか迷っているときは、候補者の名前が投票用紙の最初に出てくるか、最後に出てくるかに左右されるかもしれない。

システム1は感情的だと述べたが、感情的な側面はリスクもチャンスも生み出す。人はある種のリスクには、直ちに恐れを感じる。たとえば、テロに関連するリスクとか、株式市場で損をするリスクなどは、統計的に見て心配する必要がない場合でも心配する。人は、製品や活動、他人を評価する際には「感情ヒューリスティック」を通じて判断することを示す研究が多くある。[6] 感情ヒューリスティックが作動していると、効果や費用、可能性について判断するときも、人は数字ではなく、気持ちに頼る。原子力発電が嫌いで、再生可能燃料が好きな場合、それら二つの費用と効果の判断にもその好き嫌いが影響を及ぼしているかもしれない。ここでは、すべての面でシステム1が作用している。

実際、製品や活動の中には「感情的負担」とか「感情的支援」を伴うものがある。それに対する感情や感覚が原因で、もっと好きになったり、嫌いになったりすることだ。広告業者や官僚はこうした感情的負担や支援を作り出そうとする。たとえば、禁煙や運転中のメール使用削減を目的としたキャンペーンがそれに当たる。政治的キャンペーンの多くは同じことを目的としていて、反対派に感情的負担を課し、感情ヒューリスティックが賛成の方向に作用するよう仕向ける。政治的キャンペーンでは、システム2ではなくシステム1に直接呼びかけるものもある。

さてここで、この二つのシステムとはいったい何なのかという問いが出てくるかもしれない。これらはエージェント〔コンピュータ用語で日常的なタスクを自動的に行うプログラムのこと〕なのか。脳の中でどのように機能するのか。独立したシステムなのか。対立が起こったら、誰が決定を下すのか。これらの疑問へのベストアンサーは、二つのシステムというのは、機械的で面倒のない情報処理プロセスと、複雑で面倒くさい情報処理プロセスを区別するために、単純化した考え方だ、というものだ。一プラス一は、と聞かれたときや、寝室から浴室に行けと言われたとき、親友の表情から気持ちを読み取れと言われたときは、知的活動は簡単で素早い。ところが、九八プラス九九は、とか、初めて行く地域で運転しろとか、自分に最適な退職金プランを決めろ、などと言われると、知的活動はむずかしく、時間がかかる。

　面倒がないタスクを行っているときと面倒なタスクを行っているときでは、脳の中の明らかに異なる部分が活発化している。ゆえに、二つのシステムにはそれぞれの場所があると言ってもいいかもしれない。「機械的な処理と制御された処理を区別するには、それが脳のどの部分で起きているかを見れば大体のところはわかる」とする有力な説もある。[7] 前頭葉皮質は脳の中で最も進化した部分で、人類と他の生物とを分ける最大の部分だとされるが、そこが、思考に関係する部分で、つまりシステム2に関係する部分である。小脳葉は恐怖感など、機械的な処理の多くに関連する。たとえば、人の多くは、長期的な視点を無視して短期的なものの見方をしてしまうが、それはなぜか。脳の動きが答えのヒントになるとする、注目すべき研究がある。人が自分自身のことを考えるときは、脳の特定の部分が活発化する。辛抱強い人が一年後の自分を考えているとき、その部分は活発化するが、せっかちな人が一年後の自分を考えるときはあまり活発化しない[8]。せっかちな人が将来の自分を考えるときは、赤の他人のことを考えるのと同じなのだ。この発見は、世界中の規制関係者が直面している課題に対して大きな意味を持つ。人が将来大きな問題となりえる行動——喫煙、飲酒、過食——を続けているとき、私たちはどうしたらいいのだろうか。

一方、脳の異なる部分は相互作用しており、面倒がない情報処理と面倒な情報処理を区別するために、神経科学の専門的な話や論争を持ち出すまでもないとも言える。システム1とシステム2は、二つの違いを説明しやすくするために考えられたものだ（それは、システム1によってすぐに理解できる）。

この二つのシステムを理解すると、なぜ、政策や日常生活に関することを考える際に、ある疑問を持って当たらなければならないかが多少なりともわかるようになる。何もしなければどうなるか、という疑問だ。これが重要なのは、人は普通何もしないからだ。人類は、習慣にとらわれるものだ。現状を変えるために行動を起こすことは、それが最終的には自分のためになることであっても、なかなかしない。一番簡単なのは何もしないこと。何もしないというのは、結構魅力的なのだ。

確かに、その行動の長期的な効果が長期的な費用をはるかに凌駕するものであれば、システム2が働くかもしれない。だが、システム1が「今こんなに楽しいのだから、なぜ、わざわざやらなくてはいけないのか」と言い出すかもしれない。システム1が優勢になりそうなことは、聖アウグスティヌスの次の言葉にも表れている。「我に貞節と自制を与えたまえ。でも、今はまだ」。この「貞節と自制」を、「適切な年金プラン」とか「健康な食事」「歯医者に行くこと」などに置き換えてみると、多くの人々が何を望んでいるか、理解できるだろう。多くの人にとって、幸福は、自分たち自身が何もしなくても自分たちを豊かにしてくれる社会環境にかかっている。

「一人で作ったわけではない」

個人の決断についてはここまで。ちょっと視野を広げて、貧困という問題に目を向けてみよう。貧しい人々が置かれた状況とそうでない人々の状況の違いは何だろうか。選択アーキテクチャーはその違いの一つだ。貧困問題の専門家の一人として世界でも有名な一人、エステル・デュフロは次のように述べている。これは世に知らしめるべき文章だ。

私たちは貧しい人々については上から目線で考えがちだ。特に、「彼らはなぜ、自分たちの生き方にもっと責任を持とうとしないのか」と思ってしまう。だが、豊かになればなるほど、すべてやってもらえるようになり、自分の生き方について自ら責任を持つ必要がなくなるということを、私たちは忘れている。そして、貧しければ貧しいほど、自分の生き方に自分で責任を持たなくてはならないことも。……責任を持っていないと叱責するのはもうやめよう。そのかわり、多くの決断を下してもらえるという私たち皆が享受している贅沢を、貧しい人々にも提供できる方法を考えよう。私たちは何もしなくても、正しいプロセスに乗っている。しかし、貧しい人々は、何もしなければ誤ったプロセスに乗ってしまう。[9]

ここで、最も重要なのは最後の二つの文章だ。デュフロの主張は、豊かな人々は、様々なことで自ら責任を持つ必要がない、誰かが、彼らの益になるように決めてくれるからだ、というものだ。人生の重大局面にあたっても、ことは簡単だ。こうした人々は何もしなくても、問題はない。汚染されていない飲み水や空気、有能な警察、それなりの街並み、私有財産の保護、契約の履行、健全な憲政など、すべては当たり前のことだ。改めて考える必要もない。なぜ当たり前なのかと言えば、そうしたことは数多くの人々が決めてくれ、動かしてくれているからだ。

もちろん、豊かな人々はいくつか素晴らしい選択をしたからこそ豊かになったわけで、貧しい人々は壊滅的な選択をして、そのために貧しくなったというのも真実だ。二〇一二年の米大統領選中オバマ大統領が「一人で作ったわけではない」だろう、と言って、問題になったのを覚えているだろうか。オバマ大統領は、人々のそれぞれの起業努力や経営手腕を否定したのではない。彼が言ったのは道路や橋などのインフラのことだ。インフラがあってこそ、人々は繁栄する。ここで、大統領の発言の全文を載せておこう。

成功して裕福なアメリカ人で私に同意してくれる人は大勢いる。みんな、何かお返しをしたいと思っているからだ。彼らは知っている。つまり、自分が成功したとすれば、それは自分一人で達成したものではないということを。自分一人で達成したのではないのだ。頭が良かったから成功したのだと思っている人には、いつも驚かされる。頭のいい人間なんていっぱいいるじゃないか。あるいは、自分は他の人より一所懸命働いたからだと言う人もいる。一所懸命働いている人は世の中にいくらでもいる。

成功できたとすれば、それはそこまでの道のりで手助けしてくれた人がいるからだ。人生のどこかで、素晴らしい先生がいたはずだ。誰かが、このアメリカの、驚くべきほど素晴らしい制度を作るのに力を尽くしてくれて、そのおかげで私たちは繁栄することができた。誰かが道路や橋に投資してくれたのだ。自分で起業できたとしても、一人で作ったわけではない。それを可能にしてくれた人がいる。インターネットは自然に生まれてきたわけではない。政府の研究がインターネットを発明し、そのインターネットを利用して、企業は利益を上げることができたのだ。

デュフロと同じく、オバマ大統領も、人々の助けとなり、繁栄を可能にする基盤になるものとしての社会環境に注目している。もし、あなたがビジネス界で成功した人物なら、もちろん、それはあなたの努力の成果だ。それでも、オバマ大統領の言い分は正しいし、デュフロの指摘も当たっている。数え切れないほどの状況の中で、「何もしない」ときに置かれた立場に、人は助けられたり、逆に相当の困難に直面させられたりしているのだ。

二つの思考は移動しあう

これまではシステム1とシステム2を、別個の独立したシステムとして扱ってきたが、時間が経つと、理解の仕方がシステム2からシステム1に移動することがある。運転を習い始めたときはシステム2が一所懸命作用している。運転は複雑だから、システム1は面食らっている。しかし、経験を積んでくると、運転は習慣的になり、本能的で機械的になる。同じことはスポーツについても言える。テニスの素人は、トップスピンのフォアハンドを打つにはどうしたらいいか、一所懸命考えなくてはならない。しかし、プロのテニス選手にとっては、お安い御用だ。システム1がパターンをすぐに学び、意識的な思考は必要なくなる。チェスの名人はパターンを機械的に認識し、チェス盤を一目見ただけで最適の手がわかるという。これは奇跡ではなく、訓練の成果だ。ミュージシャンも同じで、いったんギターの奏法を学んでしまえば、後の多くは機械的で、一所懸命考える必要はなくなる。

政府での仕事を始めた当時、私はまるっきりの素人で、同僚にとっては機械的なことも私は色々考えなければならず、疑問だらけだった。大気浄化ルールについての会議には誰を呼ばなくてはいけないか。首席補佐官のところに相談に行くのはどういうときで、どうしたらいいのか。誰に公式書類を回覧したらいいのか。大統領執務室は、いったいどこにあるのか。労働組合から面談の要請が来たらどうしたらいいのか。一年経つと、こうしたことの多くが習慣的になり、簡単になった。

システム2からシステム1への移動は、スキルを身につけるとはどういうことなのかの要点を示している。逆の移動も可能だろうか。残念だが、可能だ。テニスの名手であっても、長い間プレーしていなければ、再開したときは一所懸命考えなくてはならないし、いいプレーもできないだろう。前は機械的であったことが、意識して、考えなくてはならないことになってしまったからで、考えると、動きは遅くなり、下手になる。アスリートの多くも、ほんの少しプレーしなかっただけで、反応が的外れになることにイライラしたり、困惑したりする。もっと厄介なのは、「チョーキング（息詰まり）」と呼ばれる状況だ。[10]その原因は何か。一つ考えられるのは、アスリートが素早く、無意識に反応できなくなって、頭で考えすぎるようになったときに、「チョーキング」が起こるということだ。スポーツでは、考えすぎは致命的だ。バットの握り方についてよく考えろと言われた野球選手はたちまち、三振するようになる。システム1が動かなくなり、それをカバーするためにシステム2が働きだす。だが、残念なことに、システム2は遅いのだ。

バスケットボール界の不滅の（そして抜け目のない）名選手、ボストン・セルティックのラリー・バードの作戦を例にしよう。一九八六年のオールスターゲームの試合前、スリーポイントシュート対決で、そのシュートのスペシャリストだったレオン・ウッドと対決したときのことだ。[11]バードはまず、ウッドにこう言った。「ヘイ、レオン。最近シュートの打ち方を変えたかい？　見違えるぜ」。もちろん、ウッドはシュートの打ち方を変えたりはしていない。だが、この言葉にウッドは考え始めてしまい、動揺した。バードの次の作戦は、その対決のためだけに特別に使う、赤白青の新しいボールに関してだ。バードはそのボールが「滑りやすい」と申し出た。ウッドはさらに動揺した。この二つの挑発で、バードはウッドのシステム1を妨害、ウッドはシュート対決では最下位に近い成績に終わった。

もちろん、勝ったのはバードだ。

第3章 間違いを逆手に取る

ドリームチームとの対峙

私がシカゴ大学で働き始めた一九八〇年代初め、シカゴには、ハイド・パークを根城とした巨人たちがいた。野球で言えば、ベーブ・ルースがいた頃のニューヨーク・ヤンキース、バスケットボールで言えばマイケル・ジョーダン時代のシカゴ・ブルズだ。彼らは、ミッドウェイのモンスター（アメリカンフットボールのシカゴ・ベアーズの別称。一九四〇年代のチームを指したのが始まりだが、一九八〇年代のチームにも使われるようになった）と呼ばれた。真のドリームチームである。

私はシカゴ・ベアーズの話をしているのではない。私がモンスター、あるいは巨人と呼ぶのは、ジョージ・スティグラー（一九八二年ノーベル賞受賞）、ロナルド・コース（一九九一年同受賞）、ゲーリー・ベッカー（一九九二年同受賞）、リチャード・ポズナー（法経済分析の第一人者）、そして、フランク・イースターブルック（当時の全米随一の法経済学者）といった経済学者の面々のことだ。その影響力は国内に止まらず、全世界に及んだ。レーガン政権は彼らの思想に傾倒していた（政権内にはその知的潮流を汲む人々が多くいた）。当時のシカゴ大学の信条は、人は合理的であるというもので、すべての会話がその言葉で始まっていたと言ってもおかしくない。合理的というのは、人は自分の満足感を最大化する決定を下すという意味だ。要するに、人は与えられた問題に対して、見事な選択を行うものだ。

もちろん、巨人たちの意見がすべての面で一致していたわけではない。だが、人間は、経済的な意味で合理的であるという前提に疑問を呈しようものなら、巨人の誰か一人から必ず、こちらがひるむような目つきで睨まれた。その目つきはまさに、合理的という前提に疑問を呈するような輩は合理的ではないと語っていた。

若輩者の法学教授として、私はシカゴ大学の信条に対しては畏敬の念と同時に疑念も感じた。スティグラー、コース、ベッカー、ポズナー、イースターブルックらは、頭の回転が速く、面白くて機知に富み、頭脳鋭敏でタフ、自信満々で、時には容赦ない人々だ。問題が消費者の選択であれ、政府の行動であれ、人種差別や障害、貧困問題、さらには依存症でさえ、巨人たちは、人間の合理性を論拠に答えを導き出してしまうように思えた（たとえば、人は中毒になるようなものが好きだから、依存症になってしまう、とか）。だが同時に、彼らの答えは、間違っているものが多いと私には見えた。人間は、本当はそんなものではない、と私は思った。

だが不運なことに、私の疑念は雑なもので、間抜けなものだった。巨人たちが参集した大教室の前に立ち、論文を発表したことがある。私が発表した論文としては初期のもので、その中で私は、人には嗜好があるが、それだけでなく、どういう嗜好がいいかについての嗜好もあるから、そちらについても考慮すべきだと論じた。タバコを吸いたいかもしれないが、吸いたくないと思いたいのかもしれない。どうしたいと思いたいのかについても、耳を傾けるべきだ。それに対して、スティグラーが、バカにしつつ、かつ楽しそうに、私の主張は満足感を上位と下位に区別したジョン・スチュアート・ミルの主張に似ている、そして、ミルの主張もバカバカしいが、私の議論はそれよりさらにバカバカしいと言った。その一言で、私は口をつぐんだ。

一九八〇年代半ば、頼もしい応援部隊が登場した。その若き指揮官の名はリチャード・セイラー。コーネル大学の経済学者で、人間が本当に好むのは何か、そして、人間はいかにして、合理性についての経済学的理解から外れるのかについて、見事な論文を数本書いていた。[1] たとえば、人間は同じ物でも、自分が所有しているときの方が、他人が所有しているときよりもその価値を高く評価する。マグカップや宝くじをもらうと、その価値は、自分で買おうとするときに払ってもいいと思うより高い値段でないと手放そうとしない。この発見は、自由市場理論を込み入らせ、巨人の一人（ロナルド・コース）がノーベル賞を受賞するきっかけとなった業績に大きな痛手を与えるものだった。

セイラーはまた、金銭は代替可能物ではなく、異なる「心理口座」に蓄えられると論じた。休暇用、緊急出費用、定年後用、子ども用、クリスマス用、各種料金支払い用などだ。従来の経済学の前提では、一ドルは一ドル、金銭を代替不可能と考えるのは合理的ではないとされている。セイラーの研究はあっと驚くようなもので、そのおかげで、ダニエル・カーネマンとエイモス・トヴェルスキーというイスラエル人の心理学者二人が行った、決断や意思決定に関する研究に私の目は向かった。この研究が私の世界を、文字どおりひっくり返した、いや、正確に言うと、正してくれた。

一九九五年セイラーはシカゴ大学に赴任、私たちはすぐに親しくなり、人間の行動についての正確な理解が法律や公共政策にどのように役に立つかについて研究し始め、論文の共同執筆を始めた。およそ一年後、ダニエル・カーネマンが電話をしてきて、共同研究を提案された。私はその場で、「ずっと憧れてたんです！」と叫んでしまった。そんな不安な始まり方だったが、彼は話し続け、結局二人で一連の論文を執筆することになった。

行動経済学は長い間、経済学科やロースクールでは注目を浴びる存在ではなかった。合理的選択論の牙城だったシカゴ大学ではもってのほかだ。一九九〇年代後半、セイラーと私は、シカゴ大学ロースクールのセミナーで、初期の論文の一つを発表した。行動経済学に基づいて、法律や公共政策について考えなおすべきだと主張し、既存の法学規範の中には、すでに人々の本当の嗜好を直感的に取り込んでいるものもあると論じた。すると、巨人たちが不機嫌な様子で、全力で襲いかかってきた。議論は白熱、緊張したものになり、時に見苦しくさえあった。だが、緊張し、見苦しかったせいもあって、記憶に残るものにもなった。当時ロースクールの院生で、後にホワイトハウスの同僚になった人物は、あの場の雰囲気を決して忘れることはないだろうと言っていた。だが、社会科学の研究者は証拠を気にするものだから、これだけ証拠を積み重ねられた以上、セイラーや他の行動経済学者が言っていることを無視はできなかった。

ジョージ・アカロフは、行動経済学の分野で大きな影響力を持ち、それを実践した重要な人物で、一九九一年にノーベル賞を受賞した。カーネマン自身もその翌年に受賞した。二〇〇五年の受賞者はトーマス・シェリングで、行動科学研究の推進に寄与した（人間の嗜好についての嗜好に関して、ジョン・スチュアート・ミルよりも優れた研究もある）。『行動経済学とその応用』を編集したピーター・ダイアモンドは二〇一〇年のノーベル賞受賞者である。行動経済学は今や主流だ。経済学分野の主要な研究誌には、行動科学の影響を受けた研究が定期的に掲載されるようになった。

一方、（シカゴの巨人たちの中でも最も恐れられた）ジョージ・スティグラーは一九九一年に亡くなったが、二〇一二年現在で、他の巨人たちは健在だ。コースは一〇一歳〔二〇一三年に逝去〕、中国に関する本を共同で著し、人間の行動についての新しい学術誌を創刊するつもりでいる。ベッカー〔二〇一四年に逝去〕は今でも経済学分野の中心人物である。ポズナーとイースターブルックは研究者としてだけでなく、連邦判事としても現役で活躍している。

セイラー、カーネマン、トヴェルスキーらの研究は、人間の意思決定に関する研究が雪崩のように出てくるきっかけを作った。私に言わせれば、彼らの業績こそ、社会科学の分野でこの半世紀に起こった出来事の中で最も重要なものだ（私のえこひいきは認める。だが、行動経済学を使えば、えこひいきの源泉も解明できる)。

カーネマンの『ファスト&スロー』など、多くのベストセラー本が行動科学による発見について解説してくれている。モリス・アルトマンの『バカでもわかる行動経済学』という本もある(実はいい本だ!)。最近の本は、主要な実証結果を詳しく説明してくれている。[2] だが、本書の関心はもっと狭い。政策、シンプルな方法、そして政府の未来について考える際、何が大事かを把握することが目的だ。

内なる他者? 打ち破れない惰性

引き延ばすことの問題点

標準的な経済理論によれば、人は短期、長期の双方で考えるという。私たちは、不安定要素を考慮する。未来は予測不可能で、時間が経つと大きな変化が起こることもある。将来のことは軽く考えがちだ。一週間後に金があるとか、幸せな時間を過ごせる方が、一〇年後にそんなことがあるよりいい。今日一〇〇ドルある方が、一〇年後に三〇〇ドルあるよりいい。だが同時に、今日の一ドルより、明日の一〇〇ドルを求める。システム2はこうした点をすべて考慮する。

しかし実際には、システム1が機能していることが多い。未来は外国——「レイターランド(後の国)」——のようで、そこに行くかどうかもわからないように感じる人もいる。確かに、後の国に住んでいる人が自分たちの名前と体を持っていても、本当に自分なのかどうか、わからないかもしれない。後の自分は、今の自分にとっては他人なのかもしれない。

これが少し極端な例に思えるとしたら、人が自分自身について考えるときは、脳内の一定の領域――腹内側前頭前野（vmPFC）――が活発化するという発見を思い出していただきたい。そして、辛抱できない人間は、未来の自分を考えてもこの部分があまり活発化しないということも。現在の満足を遅らせる、または、未来のより大きな見返りのために現在の見返りをあきらめることができる人は、未来の自分を考えている際に vmPFC が活発化する。だが、すぐに見返りを求める人は、未来の自分を思い描くときに vmPFC が活発化しない。これを証明した研究者によれば、「近視眼的な意思決定は、人が将来の利害を自分に関係するものだと考えられないことが原因の一つとなって、発生する」[3]。未来の自分について他人事のように想像してしまう人がいるということだ[4]。

政府で働く人も含めて多くの人にとって、最大の関心は今日、明日、せいぜい来週までのことだ。長期的には大きな利益をもたらすが、短期的にはコストがかかることは延期するか、無視することがあるだろう[5]。たとえば、年金貯蓄制度に加入する、エクササイズを始める、医者に行く、禁煙する、節約につながる有用なテクノロジーを利用する、などは、なかなか始めようとしない人もいる[6]。

その理由の一つは、長期のことは今すぐ認識できるわけでなく、特に、短期的な利益やコストに強い思い入れがある場合は、長期的なことには関心が向かないということがある。短期的な利益というのが、美味しかったり、楽しかったりするものだと、それ以外に考慮すべき点などどうでもよくなってしまう。同じように、短期的なコストが高すぎる場合、たとえば医者に行くとか、ダイエットを始

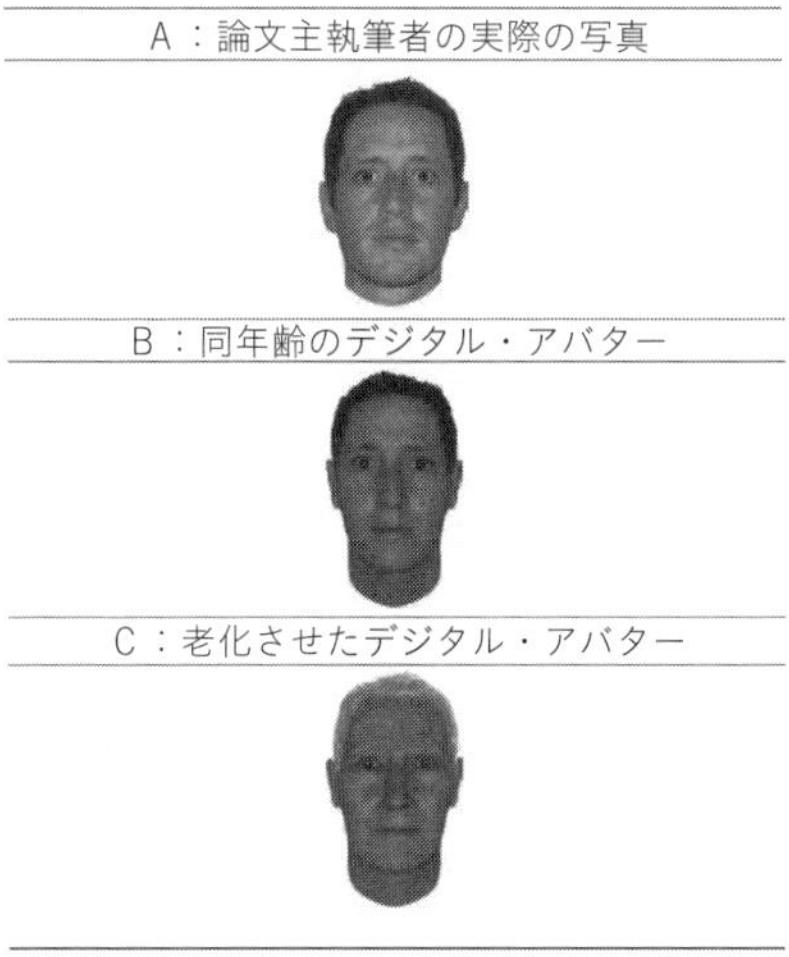

図３・１　デジタル処理による老化

出典：Hal E. Hershfield et. al., "Increasing Behavior Through Age-Progressed Rendering of the Future Self," *Journal of Marketing Research* 48 (November 2011) :S23, S26 fig.1

めるとかであると、コストのことだけを考えてしまうようになる。

この問題の根底にあるものを示す、面白い例がある。数十年後の自分の姿を描いた写真を見せると、人は将来のために貯蓄する気になるというのだ。[7] 同じような実験では、自分のデジタル版、いわばアバターを作って、それを七〇歳に老けさせた後に、本人に見てもらった。例を図3・1に示す。

結果は驚くべきものだった。未来の自分に対面した人は、年金貯蓄のための資金を二倍に増やしたという。その傾向は、大卒でも、そうでない様々な背景の人々でも変わらなかった。

介入要因としては、写真は至極単純なものだ。それなのに、それほど大きな違いを作り出したのはなぜか。未来の自分を実際に見ると、「後の国」が現実味を帯びてくるからだ。システム1が作動し、未来の自分の必要性や望みが突然見えてくる。未来の自分がよく見えると、引き延ばす傾向は弱くなる。

だが、普通は未来の自分が見えることはない。「後の国」に住む人は他人でしかなく、そんな他人のことはあまり気にかけない。つまり、短期的な利益はあるが、長期的にはコストがかかる選択をしがちだということだ。不健康な食生活や喫煙がその例になる。他方、短期的にはコストがかかるが、長期的には利益をもたらす選択をしないということにもなる。たとえば、エネルギー効率の高い製品にするかどうか、選択するときだ（それを選べば、節約できるかもしれない）。

未来に関心を持てないという側面から、いくつか説明できることがある。自動車の修理をしたり、医者に行ったり、投資先を見直したりするといったことは、やっても面白くないから引き延ばすということがある。明日でも、来年でもいいじゃないか、と思う。引き延ばしと近視眼的見方には、短期的なことだけに集中するという意味で密接な関係がある。[8]同じことは、惰性についても言える。夫婦の時間を楽しんだり、テレビを見たりできるときに、なぜ投資プランをわざわざ見直さなくてはならないのか、というわけだ。価値を過小評価するというのも問題で、これは、未来のコストを無視し、自制についても問題を引き起こす。[9]短期的な、小さな利益（チョコレートを一つ余計に食べたときの喜び）のために、長期的で、深刻な損害（肥満や虫歯、あるいは両方）を被ってしまう場合がそれだ。

個人のレベルで直面する問題は、官僚にとっても問題となる。政策によっては、短期的にはコストを課すことになるが、長期的には大きな利益になるというものもある。だが、残念なことに、現在の有権者には、したがって現在の政治家にも、そうした政策をとりあげるインセンティブは小さい。財政赤字問題に取り組んでも、今の市民たちには評価してもらえないのに、なぜ努力しなければいけないのか、というわけだ。

人々の多くは、オバマ政権が一期目に、気候変動問題について、国内的にも国際的にも、もっと多くのことをしてくれると期待していただろう。確かに、乗用車やトラックの燃費改善など重要な規制で、温室効果ガスは大幅に削減できるはずだ。しかし、連邦議会が温室効果ガス関連法案の成立を拒否し、国際的な努力がわずかな成果しかもたらさなかったことにがっかりしている人も多い。その一因は時間に関するものだ。気候変動の深刻な影響を経験するのは、「後の国」の住人だ。経済危機の真っ只中にあっては、「後の国」のことは後のことと考えた人がいた。そして、今でもそう思っている人はいる。

引き延ばしたがる人へのヒント

長期的なことに関心を向かせるにはどうしたらいいか。シンプルなアプローチこそ最良の方法だ。人が引き延ばしたりして、自ら未来の自分を守ることができない場合は、適切なプランに自動的に加入させるのはいいアイデアだ。政府の介入などなしで、自らの惰性に任せてうまくいくような選択をすればいい。自動的に投資の見直しを行うというプランを選べば、自らは時間と手間をかけずにすむ。民間組織も手助けできる。雇用者が、従業員が自動的に適切な貯蓄プランに加入できるようにすれば、従業員が自ら加入手続きをしなくてはならない場合よりいいかもしれない。

複雑な要件や不便、長々とした申請書類などは面倒くさい話だが、状況をさらに悪化させることもある。アマゾンは、「ワンクリック」購入制度で、会社も顧客も大いに利益を得ることになった（ワンクリックで衝動買いの問題が起こりやすくなった点は確かにあるが、ここでは、その問題は置いておこう）。ワンクリックは、二度も三度もクリックするよりははるかに簡単だから、人は多くの本を買うようになるだろう。企業にとって、このワンクリック方式は大きな違いを生む。政府も同じだ。政府関係の書類でもワンクリック方式は考えられる（オバマ政権でこの方向でいくらか前進があったことは、後に述べる）。

健康管理プログラムには、官民両方とも高い関心を寄せている。だが、雇用者がそのプログラムへの従業員の参加をむずかしくしていたら、従業員は参加しないかもしれない。ブッククラブが、一ヵ月に一冊の本を買うよう顧客を仕向けるのには理由がある。毎月最初の一冊は一セントだが、しばらくすると、多くの本に何十セント、何百セントを払ったことになっているのだ。

デフォルトルール

官民双方で、「デフォルトルール」が作られることが多いことについては、すでに触れた。人が明確な選択をしない場合にどうするかを決めるルールのことだ。このようなルールが重要であるとする

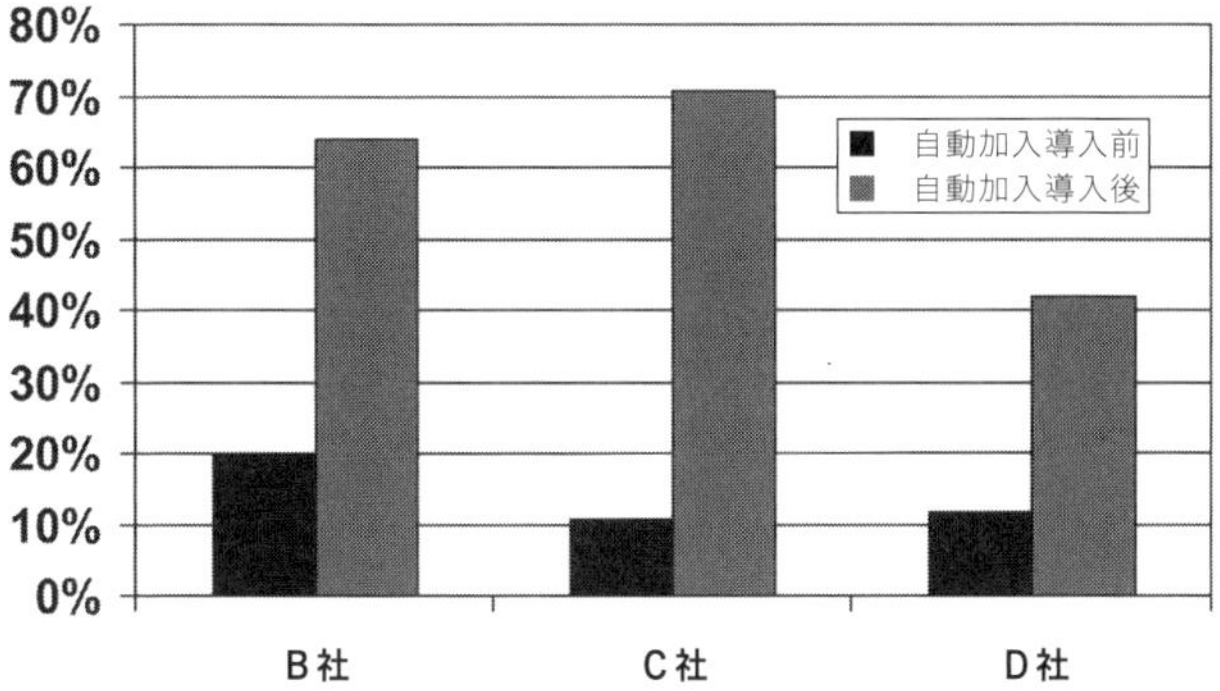

図3・2　自動加入制度導入前後の401(k)加入率の変化

出典：Richard Woodbury, "How to Increase 401(k) Saving," *NBER Bulletin on Aging and Health,* (Fall 2002), at 3,3 fig.1, http://www.nbr.org/bah/fall02/401kSaving.html

のは、惰性の力を尊重していることの証だ。年金貯蓄制度加入を選択するかと聞いた場合、その制度からの脱退を選択するかと聞いた場合より、加入率ははるかに低くなる。[10] 自動加入で、加入率は激増する。図3・2を見てみよう。これは、自動加入方式に変えた企業の結果を示している。

図に表れたように、自動加入は貯蓄増加には最適の方法だ。臓器提供にも同じようなことが言える。[11] 臓器を必要としている人のための提供数を増やそうと思ったら、人々に、死亡の際の臓器提供を拒否する選択肢を残しつつ、同意を前提とした方法を考えればいい。これが正しいやり方だとは言っていない。ただ、臓器を必要としている人にもっと提供できるようにするためには、デフォルトルールの有用性を私たちはもっと意識すべきだと考えている。クリーンエネルギーについても同じだ。デフォルトであれば、人は長く使い続けるだろう。[12]

明確で、単純な経路

ホワイトハウスで働き始めて少しの頃、インフルエンザについての討議が盛んに行われた。（当時深刻な問題となる可能性があるとされた）新型インフルエンザH1N1が国内に及ぼすリスクについてだけでなく、誰もに関係する通常のリスクについても話題になった。自分自身も同僚も守るため、予防接種が奨励され、行政府ビル・アイゼンハワー棟の一階で接種を受けられると繰り返し、伝えられた。接種は無料だ。

私はH1N1問題に関わっており、どうしたら人々に予防接種を受けてもらえるかについて取り組んでいた。だが、当然のごとく、自分の予防接種となると先送りにしていた。注射をしてくれる部屋はどこなのか。どうやって行けばいいのか。それに、注射は痛いし、だいたい忙しい。明日まで延ばしても、来週まで延ばしても、大した害はないだろう。そうやって、接種をどんどん先送りにしていった。

ある日、アイゼンハワー棟の一階で、大統領顧問補佐で友人のダン・メルツァーに出くわし、どこに行くのか尋ねた。彼はこれから予防接種を受けに行くところで、行くべき場所についても正確に知っていた。それで、私は彼の後について行って、予防接種を受けた。

ここまでは単なるたとえ話で、ここからが調査になる。予防接種の効果について知っていれば、接種を受ける確率は高くなる（ここまでは当たり前だ）。だが同時に、予防接種の場所を示す地図をもらえば、その確率はさらに高くなる。[13] 経路を示す地図があると、大きな違いがある。

他の条件が同じであれば、健康的な食生活の方が不健康な食生活よりいいことには、ほとんどの人が同意するだろう。だが、「健康的な食生活」とは何だろう。ほとんどはよく知らないし、健康的な食事をしましょうと言われても、その通りにすることはないだろう。もっと具体的な話をする方が役に立つ。

たとえば、牛乳を買うなら全乳ではなく、乳成分一パーセントの牛乳を買うことを奨励するとかだ〔14〕。カロリーや脂肪分の摂取を減らしたいのなら、一パーセントの方がいい。健康的な食生活では、そのような情報が、明確で単純な地図となる。

「実行即可能」という言葉は、良くない官僚用語だが、人々が助けを必要としたり、被害を避けたいときにどうしたらいいかについて、明確で具体的な指示を与えるという状況では、重要な意味を持つ。健康についてのメッセージは、政府発であっても民間企業発であっても、実行即可能なものでなくてはならない（同じことは、組織でのリーダーシップについても、教育についても、もちろん子育てについても言える）。ある行動に伴う利益やリスクについて知らされた場合、同時に、それに対してどう対応すればいいかについても明確な情報を与えられると、人ははるかに行動を起こしやすくなる〔15〕。

多くの場面で、具体的で、明確、誤解の余地のない経路やプランが、私たちの決定に重要な影響を及ぼしている。曖昧さは行動にはつながらない。たとえ、リスクや状況の改善の可能性について知らせていても、それでは人は動かない〔16〕。猜疑心、頑固、強情などは、もしかしたら曖昧さに対する反応にすぎないのではないか。「それはいいアイデアじゃない」と考えているのではないかもしれない。

そうした反応の真意は、「何をすべきだと言われているのか、よくわからないから、忘れてしまおう」ということなのかもしれない。

　多くの商品は、単純で直感的だからよく売れる。システム1はそれにうまく対応できて、混乱することはなく、システム2が作動する必要はない。アップルの成功の主因は、製品の単純さにある。グーグルの新製品についての次の評価を見てみよう。この部分以外では、かなりの高評価を得ている製品だ。「ネクサス・フォーンにネクサス・タブレット、ネクサス・スフィア。いったいグーグルは何を考えているのか。本当にアップルを見習うなら、混乱を最小限にすべきで、逆に生み出すようなことをしてはならない[17]」。

　この問題について言うと、イケア店舗の混乱は絶望的で、それで店には行かないという人もいるだろう。私は店舗に一度行って、目が回る（恐ろしくて、今でも思い出すと多少震えてしまうような）経験をした後、二度と行ってはいない。しかし、イケアの混乱はおそらく意図的で、目的があるものなのだ。システム1に訴えかける、巧妙な選択アーキテクチャーである。ある観察によれば、「絵に描いたような、非の打ち所がない居間のディスプレーが並ぶ迷路をさまよい歩いていると、客は『衝動買いをしていいんだ』という気になってくる。つまり、客は迷子になり、へとへとになって、安物のワイングラスを買ってしまうのだ[18]」。

　政府での私の目的の一つは、人々が政府関係で何かするとき、混乱する迷路をさまよって、迷子になってしまわない（または、へとへとになって、物を買ってしまわない）ように、できるだけのことをすることだった。行動科学での発見を胸に、オバマ政権の多くの人々と一緒になって、私はさまよったり、イラついたりする経験を減らす任務にとりかかった。

フレーミング

「人は情報の伝えられ方、つまり、情報がどのような枠組みで伝えられるか（フレーミング）に左右される[19]」。システム2は情報の内容にこだわり、プレゼンの仕方にはとらわれない。大切なのは伝えられる内容であり、伝えられ方ではない。だが、システム1は「フレーミング」に大きく左右される。ちょっとした違いが重要なのだ。

エネルギー効率のいい製品を使うと節約になることを、多くの人に伝えたいとしよう。効率のいい冷蔵庫と乾燥機能付き洗濯機を買うと、三〇〇ドルの得になると言うか、買わなければ三〇〇ドル損をすると言うか[20]。効果としては、後者の方がはるかに高い。手術を考えている患者も同じような行動をする。術後五年の生存率は九〇パーセントと言った方が、術後五年の死亡率は一〇パーセントと言うより、手術に同意する可能性は高い[21]。この結果は基本的には医者に関しても同じで、「生存率九〇パーセント」というフレーミングの方が、手術を薦める可能性が高くなる。

これは、「脂肪分九〇パーセント減」というラベルの方が「脂肪分一〇パーセント」のラベルより、人の気を引くというのと同じだ。システム1は「脂肪分九〇パーセント減」に注目し、これは健康的な製品だと思う。だが同時に、「脂肪分一〇パーセント」にも気づき、心配する。「このグラスに最近ゴキブリは接触していません」といったような言葉のあやにも、システム1は警戒感を示す。

これは公共政策には大事なことだ。たとえば、定年後について考えるときに重要な問題は、自分の寿命がどのくらいかと考えることだ。健康な人間が、八五歳まで生きている可能性はどのくらいかと聞かれれば、結構大きい数字を挙げるだろう。おそらく五〇パーセント以上の数字だ。しかし、八五歳までに死亡する可能性はと聞かれると、五〇パーセント以下の数字を挙げるだろう。実証研究によれば、「～まで生きる」というフレーミングと「～までに死ぬ」というフレーミングとでは、結果は大きく違ってくる。[22]

なぜそうなるのか。理由の一つは、「八五歳まで生きるか」という質問を聞くと、それに対してプラス、マイナス双方の一連の思考が呼び覚まされることだ。八五歳以上まで存命だった親戚（祖父母の誰か二人がそうだったかもしれない）のことや、自分自身の現在の健康状態のことなどだ。こうした思考とその流れは、「八五歳までに死亡するか」という質問で呼び覚まされる思考とは違う。「～までに死ぬ」というフレーミングは、若死にした親戚（祖父母の誰か二人がそうだったかもしれない）や、これまでに経験した深刻な健康問題のことなどを思い起こさせる。システム1は、「フレーミング」効果の影響を受けやすく、「生きる」とか「死ぬ」とかの言葉に、システム1は大きく反応する。

本書の核心をもっと鋭くつく例がある。人々に、規制を支持するか、規制をもっと増やすべきかと尋ねると、ほとんどはノーと答えるだろう。しかし、職場や食の安全、きれいな空気を維持するために規制を維持、強化すべきかと聞くと、おそらくほとんどがイエスと答える。

これはどう説明したらいいのか。説明できないパラドックスなのか。規制反対の保守派は、規制一般についての人々の否定的反応を歓迎すべきなのか。私はそうは思わない。規制支持の革新派は、安全やきれいな空気に対する人々の肯定的反応を歓迎すべきなのか。私はそうも思わない。システム1は、特に抽象的な意味での規制は好まないから、直ちに否定的に反応する。人々の答えに見られる通りだ（システム2が、抽象的な意味での「規制」に肯定的に反応し、人々にそのように行動させるのには、そうすべきだとそもそも思っているときでさえ大変な労を要する）。だが、システム1は安全の問題に関しても前向きで、それも人々の答えに反映される。「規制」あるいは「食の安全を守る規制」という質問に対して、人々が見せる異なる反応を検証すれば、フレーミングや心理について多くを学べる。しかし、こうした質問に対する答えを検証しても、人々が熟考した上での判断についてはよくわからない。ここで言えるのはせいぜい、製品や政策などについて私たちが行う選択は、それらの効果だけを考えても決められないということだ。選択は、それに関連する枠組みに左右される。

加えて、「生々しく、目立つ情報は統計や抽象的な情報より、人々の行動に大きく影響する」[23]。人間の注意力など微々たるものだ。生々しく、目立つ、目新しいプレゼンなら、抽象的でありきたりのプレゼンではできないやり方で、注意力を喚起できる。

システム2は統計が好きだが、システム1は無関心だ。リスクへの対応を決めようとしているとき、数字は私たちの関心には入ってこない。運転中の携帯メールのリスクを統計でいくら示しても、そのために誰かが死んだという、たった一つの例にかなうほどの説得力はない。

運転中にメールしていたために衝突事故を起こし、相手を死なせてしまった、あるいは自分自身が死亡したという例で、送られていたメールの内容の中には、「大笑い」「すてき」「どこにいるの」「ブラッドに言っておいて」「急いで」などというものがある。大手通信会社ATTは「最後のメール」と題したキャンペーンで、実際のメッセージを公開し、そのメッセージを送った人々がどのように死亡したかを生々しく伝える短いメッセージと共に放送した。人々の行動に変化を及ぼすには、統計的な根拠を並べ立てるよりも、この方がはるかに効果的であると思わざるをえない。

次の二つの問いを比べてみよう。

①原因に関係なく、死亡の場合、家族に一〇万ドル支払われる航空旅行保険に対して、あなたはいくらなら申し込みますか
②テロに関連して死亡した場合、家族に一〇万ドル支払われる航空旅行保険に対して、あなたはいくらなら申し込みますか

驚くことに、一番目より二番目の方が払ってもいいという保険金の額が高かった。明らかにおかしな話だ。[24] 一番目は、テロが原因の場合も含めて、あらゆる原因による死亡をカバーしているのだから、保険としては二番目より有利なはずである。それならなぜ、人は二番目の方に金を出したがるのか。

理由は、「テロに関連して死亡」というのが、生々しいイメージで恐怖感を呼び覚まし、結果、システム1を作動させるからだ。それが、人々が金を払ってもいいという気持ちを強くする。

生々しい表現は物事を目立たせる。そして、目立つことはここでは非常に重要だ。自由市場の機能のポイントでもあり、問題点でもある。何かを購入しようと思っているときは、それが自動車であれ、冷蔵庫であれ、家であれ、テレビであれ、私たちは幅広く考慮すべきだ。だが、どんな点を重視したらいいのだろうか。もちろん、購買価格は大事で、それは目立つ。だが他にも、大事だがあまり目立たない「覆われた要素」がある。たとえば、消費者によってはエネルギー消費は「覆われた要素」かもしれない。冷蔵庫のエネルギー消費についてよくわかっているかといえば、わかっていない人の方が多い。これは、情報提供の問題を含めて、規制関連政策に関係してくるポイントだ。他にも、延滞料や（貸越）超過料金、「左の数字効果」を考えてみるといい。

人はなぜ、延滞料を払うのか。一因は、忘れっぽさと目立ちにくいことが重なるからだと考えられる。延滞料は結構儲かるものなので、企業はわざわざお知らせを出そうとは思わない。ローンの返済期限が近いなど、ちょっとした通知があれば、延滞はかなり防げる。[25] 行動科学的に言えば、（この場合）経済的ペナルティより通知の方が効果は高い。

関連した問題としては、超過料金がある。そうした料金は通常目立たないので、人は払ってしまうことになる。詳しい研究によれば、注意力に限界があることが、そのような問題の原因になっているという。[26] そのような料金について世論調査のようなものを行うと、その翌月、人は料金を払わなければばならない状況を避けるという。そして、そのような調査を複数行うと、その問題が目立ってきて、長ければ二年間、料金支払いのケースが減るという。

価格が一九ドル九九セントと二〇ドル一セントでは、どちらを買うだろうか。システム2は、「差はわずかなもので、考えるほどではない」と言う。しかし、システム1にとっては、その差は目立つもので、一九ドル九九セントは二〇ドル一セントよりはるかに安いように見える。この効果〔左の数字効果〕は実際の市場で何か影響があるだろうか。二二〇〇万以上の中古車販売業者を対象にした調査によれば、走行距離を考慮する際、客は左端の数字に注意することが多いという。そのため、走行距離が一万マイルを超えている車の販売価格は極端に低くなる。[27]

もう一つ、様々な場面で重要な発見として、損得を比べると、人は得をすることより損をすることの方を嫌う。たとえば、次のような賭けはどうだろう。二〇〇ドル損をする確率が五〇パーセント、二五〇ドル得をする確率が五〇パーセントであったら、この賭けに乗るだろうか。

結果と可能性から考えると、結構有利な勝負だ。だが、ほとんどは勝負しない。得よりも損の方を重視するため、得を期待できる場合でも人はこのような賭けをしない。行動科学的に言う「損失回避」である。ここでは、システム1が大きな役割を果たしている。システム2は数字を見て、期待できる得を計算する。システム1はそんなことはしない。損の方が強い不安感を引き起こす。プロゴルファーでさえ、このような損失回避の傾向を示すという研究もある。バーディーを狙ってのパットより、パーをセーブするためのパットの方が成績はいいというのだ。神経科学研究者は、損失回避は人間の脳に組み込まれているという[28]。しかも、人間の脳だけでないらしい。猿も損失は回避するようだ[29]。

生徒の成績向上を促進する目的で、教師に経済的インセンティブを提供する方法が注目されている。残念なことに、この方法はうまく行っていない。もっと成果を出すように、教師たちのお尻を叩くことは可能だろうか。巧妙に、損失回避を利用した実験がある[30]。教師は事前に金を渡され、生徒の成績が上がらなければその金は返さなくてはならないと申し渡された。結果、生徒の数学のテストの点数が大幅に上昇したという点で、教師の質は著しく向上した。

損失回避を理解することは、公共政策についても有益である。コロンビア特別行政区が最近、レジ袋削減のために行ったことを例に挙げよう。アプローチの一つとして、マイバッグを持参した客に五セントの奨励金を支払うというものがあった。当局はまず、この方法を試してみたが、効果はなかった。五セントの奨励金には関心がなく、人々は無視したのだ。最近、当局は新たなアプローチを採用し、レジ袋を必要とする客から五セント徴収することにした。五セントは大した金額ではないが、多くの人は払いたがらない。損失回避を利用した、新しいアプローチはレジ袋削減に大きな効果をもたらしている[31]。

これを一般的な話にすると、企業や政府が人々のある種の行動を削減したいと思ったら、報酬を出すより料金を課す方が効果があるということだ。名目だけのわずかな金額でも大きな効果を上げる。つまり、税優遇措置も含めて助成金等は、課税より効果が少ないということだ。経済的にはかなりの規模の助成金でも、小規模の課税より効果は少ないだろう。

社会的影響

食べる量を減らしたかったら、自分より細身の人を夕食に招いてみよう。私たちの行動は、他人はこうしているだろうと自分が思っていることに影響される（影響されることに気づいていないかもしれないが）。[32] 人類は群れでは移動しないが、他者の考えや行動にはしばしば影響される。肥満、適切な運動、アルコール摂取、喫煙、予防接種などについて、他人はやっているだろうと思える行動に、自身の行動や選択は大きく左右される。[33]

大食漢と一緒にいると、自分もたくさん食べているだろう。食べる物の選択は夕食の席を一緒にしている人々の体型に影響されることが知られている。面白いことに、細めの人の方が、太めの人より強い影響力を発揮する。[34]

最近、「群衆の知恵」が注目されている。多くの人々に質問し、その答えを集計して、何らかの統計的な平均値を求めれば、正しい答えを見つけられるという考え方だ。[35] 一〇〇人の人間に、その中のメンバー一人の体重を聞いてみると、その平均は驚くほどに正確だ。同じ理由で、多くの人が結果を予測して賭けをする「予測市場」も正しい結果を出すことが多い。だが、人々が互いの意見に耳を傾けると、群衆はそれほど知恵者ではなくなる。理由は、人々が独自の判断をしなくなるからで、群衆が知恵を生むためには、そのメンバーが独立していなくてはいけないのだ。単純な当てっこであっても、他のメンバーの推量を知ってしまうと、群衆の知恵は消滅する。さらに、その当て推量についての自信も深めてしまう。[36] このように、社会的影響は大問題を引き起こす可能性がある。他人の間違いを聞いている場合はなおさらだ。

人は、どのように自身の政治的信条を形作るのか。これには社会的影響が大きく作用している。保守派もリベラルも、他人の意見を知らない場合は、福祉制度改正など両者を二分するような政策で、両者とも大体予想される範囲の考えを示す。ところが、スタンフォード大学の心理学者ジェフリー・コーエンが行った実験では驚くべき発見があった。共和党員は福祉対象者に対して比較的厳正な政策を支持する傾向があるが、共和党としては厳正な政策に反対していることを伝えると、たちまち意見を変え、反対を表明する。[37] 民主党員も、党の意見に沿うように、進んで個人の意見を変える傾向を示した。そして、最も注目すべきは、他人（特に自分と反対の立場にいる人々）は党の立場に影響を受けたと思っても、自分は党の立場に影響を受けたことを、きっぱりと否定し、それを心底信じていることだ。他の多くの場面同様、人は自分に影響を及ぼしたことに気づいていない。

飲酒や薬物乱用について、大学で採用されている「社会規範アプローチ」を考えてみよう。[38] これの基本的な考え方は、学生は仲間の学生たちの飲酒や薬物利用については大げさに見ているというもので、実際より高い率に見ている。実際にはかなり低いのだが、その実態を知らせると、学生たちが考える率も下がる。

イギリスの行動洞察チーム、通称ナッジユニットの仕事から、社会規範の力の例を見ることができる。イギリスでもアメリカと同じように、納税は迅速にというのが一般的ルールだ。源泉徴収制度がその役に立っている（シンプルな方法だ）。だが、中小企業の経営者や源泉徴収が行われない収入がある人々は、自分で納税しなくてはならない。そこに、決まりを守らないという問題が生じる。その問題に対し、イギリス政府は標準的な注意文書を送っていた。だが二〇一一年、他の多くの人々が決まりを守っていることを知れば、社会的規範に従うという知識を得て、その手紙に一文を加えた。一種のナッジで、納税者の大半は期限通りに納税していると書いたのだ。

このメッセージが書かれた文書は、無作為に選ばれた一四万人の納税者に対し、試験的に送られた。理論通り、社会規範に触れた文章（「エクセターに住む人の一〇人に九人は期限内に納税しています」）は大きな変化をもたらした。従来通りの文書を受け取った人に比べると、六週間の期限内に納税した人の数は一五パーセント増加した。税当局によると、この方法が一般に採用されれば、年間三〇〇〇万ポンドの税収増加につながるという。

社会的影響力は、大規模な社会運動、ひいては革命さえも、引き起こすかもしれない。典型的な例を考えてみよう。たとえば、アランが、喫煙は危険だから禁煙すると決意したとする。ベティは喫煙者となる可能性があったが、アランに説得されて、タバコを吸わないことにするかもしれない。カールは、多少喫煙に興味を持っていたが、アランとベティが喫煙は危険だと考えるのなら、それは本当に違いないと思うかもしれない。アラン、ベティ、カールの三人の共通の結論に抗えるのは、自分に自信満々のデボラしかいない。こうした影響の表れは「情報カスケード」と呼べるものだ[39]。政治運動や、二〇〇八年のバラク・オバマのように選挙運動が勢いを得るときには、情報カスケードが重要な要因になっているかもしれない（ヒットソングや映画、テレビ番組でも同じことが言える）。

人は他人からの評判を気にする。だから、他者の顰蹙を買いたくないという気持ちが働く[40]。運動を支持したり、タバコを吸うなど、ある行動に出るのは、他者からの非難を避けるためだけのときもある。そこから表れる可能性があるのは、「評判カスケード」だ。人は時に、優勢な意見を支持している、少なくとも否定はしないような発言をしたり、行動を取ったりする。

規制を考えるにあたっては、社会的影響力が持つ意味、強制なしに法令遵守を導く、という点が重要だ。ルールは文書で示される。だが、その実施には金がかかり、緊縮予算のときは特にむずかしい。だとしたら、ルールは無意味だろうか。そうとは限らない。法規制は実施されると、重要なシグナルとなる。法規制には「表現機能」があるのだ。

シートベルトの着用、運転中の携帯メールや子どもを自動車に置き去りにすることの禁止などを州政府が義務化すると、それによって私たちは、当局から、そしておそらく一般の人々からも、そうすることを期待されているという感覚を持つ。ルールは、有意義な行動についての情報を伝えている。人々が屋内の喫煙を禁止したり、シートベルトの着用を義務化する法律を遵守するのは、社会規範、あるいは法規制の表現機能に反応しているということだ[41]。

リスクについての間違い

ちょっと前、新しく携帯電話を購入した。結構高かったが、応募すると一〇〇ドルのキャッシュバックがついていた。電話の箱の一部を切り取って、会社宛に郵送すればいいだけのことだ。面倒くさいし、少しアホらしくもあったが、簡単にできることだ。電話を買ったときはキャッシュバックしてもらうのに必要なことを必ずやるつもりだったが、数週間引き延ばしてしまい、結局箱をなくしてしまった。

人間には悲観的な人も現実的な人もいるが、多くは楽観的だ。リスクに関していえば、大半は自分は平均以上、つまり、他人より危険に陥ることは少ないと考えている。[42] 他人に比べると、自動車事故とか、心臓発作とか、離婚など人生の不運に見舞われる可能性は少ないと信じているに違いない。夫婦の五〇パーセントは離婚するということに気づいてはいるが、結婚式のときは花嫁も花婿も、自分たちが離婚する可能性はそれよりはるかに低いと思っている[43]（こうしたことはよく知っているはずの離婚専門弁護士でさえ、自分たちの離婚の可能性を過小評価する）。さらには、喫煙者は、喫煙者全体についての統計的リスクは過小評価しないのに、自分個人にとってのリスクについては非喫煙者のリスクより低く考えているという、驚く調査結果もある。[44]

非現実的な楽観論に対抗するにはどうしたらいいだろうか。できることはあまりないというのが、本当のところだ。私がハガキを出さずに、一〇〇ドルのキャッシュバックを取り損ねた話が、その典型例だ。『みんな救い（贖罪）を信じている』という、幸せにしてくれそうな題名の本に意味深い研究結果が載っている。[45] キャッシュバックのハガキを出す可能性について聞かれた人々が、実際にキャッシュバックを受けた率は自分たち自身の予想よりはるかに低かった。そして、悲しいかな、購入後に何かしらの行動が必要な製品を選択するような消費者がまさに、自分たちの実際の行動について予測を誤るような類の人々なのだ。

上記の本では、過度な楽観論に対抗するために三つのナッジを試してみた。

①人々に、これまでの集団の実際のキャッシュバック受け取り率が低かったことを知らせる
②キャッシュバックの申請締め切りを知らせる
③キャッシュバックの方法をもっと簡単なものにする

の三つだ。最初の二つのナッジは失敗で、三番目のナッジだけが効果を上げたというのは、今後の話にとって意味が大きい。楽観論を抑えようとしたのではない。それは不可能だ。物事を簡単にし、楽観的な見方を現実的なものにすることで、効果を上げたのだ。

行動経済学関連でよく知られている著作では、リスク評価におけるヒューリスティック、つまり心理的近道の利用が強調されている。ある出来事が起こりうる可能性がわからないことがある。そのよ

うに個人的に知識がない場合はヒューリスティックに頼る。すでに、「社会的証拠」という例は見た。つまり、他人はどう考えるかというものだ。よくわからない、でも、複雑な問題について調べてメリットを探るのは面倒という場合は、信用できる人の意見を聞く。ヒューリスティックの働き方は次のようなものだ。答えを知らない、むずかしい問いに直面したとしよう。システム2では、その問いを理解しようと一所懸命作動する。だが、あなたはそんな努力をする代わりに、その問いに関連してはいるが、もっと簡単な質問を考え出す。そして、簡単な質問の方に答える。これは、システム1でちゃんとできる。

「利用可能性ヒューリスティック」が、ここでの例となる。蓋然性についての判断は、すぐに思い出せる最近の出来事があるかに影響されることが多い[46]。出来事が認識できるという意味で「利用可能」であると、リスクを過大評価しやすい。出来事が認識という意味では利用不可能であると、リスクを過小評価する[47]。夜に街中を歩くこと、運転中の携帯メール、喫煙などが危険かどうかを判断するとき、酷い目にあった人を知っていると、それが影響する。ここではシステム1が明らかに重要だ。システム2が多少計算する気になっているのだが、システム1の方が素早く、機械的に反応する。

要するに、「利用可能性バイアス」は、悪い結果になる蓋然性については大きな判断違いを起こすことがある[48]。このバイアスは、ヒステリーか自己満足かのどちらかに結びつきやすい。調査結果の一つを挙げておこう。暑い日には、人は気候変動が本当に起きていると信じるようになり、温室効果ガスの発生を抑制する行動を支持する可能性が高くなる[49]。

私の目的は、規制関連政策に特に関連が深い行動科学の研究結果を見つけ出すことだ。これから見ていくように、そのような成果は様々な側面に及ぶが、節約と命の救済につながる機会を作り出している。世界中の政府がすでに、そのような機会を活かしている。中小企業も同じことをしている。

インセンティブは役に立たないと言っているのではない。もちろん役に立つ。人は費用と効果を大いに気にするものだ。ガソリン価格が上がれば、運転を控える。そして、燃費のいい車を買おうとする気も強くなる。インセンティブは何も金銭的なものだけではない。ニンジンは健康に良く、赤身肉は良くないと思えば、食生活を変えるかもしれない。製品の価格が上がる、あるいは、その製品を使用すると健康に害が出るとなると、そうした製品への需要は減る（少なくとも、そうした効果がすぐに目に見える場合はという、重要な条件がつくが）。

大規模な問題について何かしようとするときは、インセンティブを変化させるのが最良の方法だとしよう。オバマ政権では、自動車の燃費向上については強力な措置を取り、ナッジではなく、すべての車両の燃費（ＭＰＧ）向上を義務化した。こうした義務化も行動経済学の教えに倣ったものだ。そして、多少のナッジを付け加えたのも本当だ（第４章参照）。だが、大気汚染の規制、輸入石油への依存削減、消費者費用の削減についてはナッジではなく、命令を多用した。

物質的インセンティブの他には、二つのものがそれぞれに重要である。第一に社会環境、第二に広く認められる社会規範である。不動産については、よく三つのことが大事だと言われる。第一に場所、第二に場所、第三に場所だ。この格言は、選択アーキテクチャーについても言える。最初に書いた、オフィスのチョコレートのボウルのことを覚えているだろうか。この逸話に見られるように、健康的な食べ物が目につき、簡単に入手できるなら、人々はもっとそうした食べ物を選ぶようになる。[50]食べ物がほんの少し遠くなるだけで、たとえば二五センチ遠くなるだけで、八パーセントから一六パーセント食べる量が減るという研究結果もある。[51]

もっと広く言えば、社会環境の側面をちょっと変えるだけで、大きな変化が起こるかもしれない。たとえば、貯蓄プランに新たなデフォルトルールが加わったり、健康的な食べ物を選ぶのが簡単になって、やりやすくなったりしたときだ。人々の間や都市、州の間で、結果に差がある場合は、社会環境が有害だったか、有益だったかの違いによるところが多い。貧困についてのエステル・デュフロの著作についてはすでに述べたが、その中で彼女が、共著者のアビジット・バナジーと共に書いた文章を考えてみよう。「貧しい者は自分たちの生活の多くの側面で、自ら責任を負わなくてはならない。裕福になるにつれ、『正しい』決断をしてもらえることが多くなる。貧しい者には水道がない。だから、市当局が上水道に行う塩素消毒の恩恵を受けることがない。貧しい者がきれいな飲み水を欲しいと思ったら、自分たちで消毒するしかないのである[52]」。

市場か政府か？

行動経済学を学び、システム1の役割を理解すると、政府の役割の増大は当然と考えるようになるのではないかという人々もいるかもしれない。人は間違いを犯すものなら、政府がその間違いを正すために、もっと多くのことを為すべきではないのか。

いい質問だ。だが、行動経済学を学ぶと、必然的に政府の力の拡大を支持するようになると思うのは間違いだ。何よりもまず、官僚も人間だから、間違いを犯すことがある。政府ではシステム2が幅を利かせるのではないかと思えるし、確かに私の経験では、行政府の関係者の多くは直感に頼らず、証拠や事実を入念に検討する人々だ。それでも、官僚は市民の要望に応えることが多く、その市民の要望にはシステム1の影響が顕著である。

利用可能性バイアスが影響力を発揮することがある。たとえば、最近の出来事によって、ある問題の深刻さが浮き彫りになると、人々はそれを強調し、最近の例が思い浮かばない問題は無視する。この点、自己の利益を追求する圧力団体は始末が悪い。良くない結果を思い出させて、利用可能性バイアスを刺激したり、逆に、良くない結果が起きていないことを思い出させて、自己満足を助長したりするからだ。

一方、行動科学上の重要な発見で、「行動市場の失敗」を明らかにすることができて、政府の行動に新たな根拠ができることもある。オバマ政権では、この点が理解できたおかげで、規制関連の判断が助けられたこともあった。たとえば、燃費向上の義務化、冷蔵庫、洗濯機などの家電のエネルギー効率条件、その他情報公開要件などについてである。燃費向上は（他の条件が同じであれば）環境汚染の削減につながり、次いで、死亡や疾病の例も減る。燃費基準は、国の輸入石油への依存を減らし、国家のエネルギーの安全保障強化に通じる。だが、燃費向上の最大の金銭的恩恵は、消費者が節約できるということだ。ガソリンスタンドで使う金が少なくなる。それだけでない。時間の節約もバカにはできない。私はハイブリッドカーを運転しているが、エネルギー効率がいいと思ってこの車を買ったときには、そのような節約はまったく考えていなかった。だが、そうしたことも大切である。ガソリンスタンドに寄らなくてはならないとか、燃料計を見て、そろそろガソリンスタンドに行かなくてはと思うとか、そんなことは決して楽しいことではない。燃費がいい車なら、そんなにしょっちゅう燃料計を気にする必要はない。

ここで問題だ。従来の経済学的理論から言えば、金銭であれ時間であれ、個人的な節約は関係ない。自由市場は、消費者に選択肢を与える。消費者が燃費のいい車を買いたければ、そうすればいい。そのような車があるのに買いたがらないのであれば、なぜ政府が口を出さなくてはいけないのか。行動科学的問題点に気づけば、その理由も見つかる。

二〇一二年、運輸省が下記のような指摘を行った。

行動経済学の分野では、消費者が購入について決断する際の損失回避、長期的な節約に対する消費者の無関心、付随する恩恵の見えにくさ（ガソリンの節約や給油にかかる時間の節約など）、といった要素が指摘される。理論的研究でも実証研究でも、消費者は、比較的短期間で恩恵があると見えても、エネルギー効率のいい方への投資には消極的なことが多いことが示されている。この分野の研究は、すぐには見えにくかったり、先にならないと気づかないような恩恵や費用については過小評価するという調査結果に沿ったものだ[53]。

まさに、行動市場の失敗は規制の正当な根拠となる可能性を明白に認めた内容である。だが、これで市場の失敗の標準的な説明を補完することはできても、だからといって、さらなる規制を正当化することにはつながらない。民間に任せる方がいいかもしれない。規制で問題を解決するのは、そもそもの問題より良くないことかもしれない。考え方がまずかったり、効果も上がらない規制、金がかかりすぎる規制、規制で得しようとする圧力団体の影響力を反映した規制などだ。

行動科学の知見を活かした規制は、そうでない規制より大規模で強引だというのは的外れだ。そうではなく、行動科学を理解すると、規制の考え方に役に立ち、効果を上げる可能性を高める。そして場合によっては、新たなナッジが生まれてきて、どうにもならないと思われていた問題に対して、クリエイティブな解決策となるかもしれないのだ。

学ぶことの大切さ

実証研究はすでにかなりの規模になっているが、ありがたいことに今でも増え続けている。規制を改善したいと願う人々にとっては、関係する研究結果を多様な集団に対して適用するにはどうしたらいいかをよく理解することが重要だ。[54] 非現実的な楽観論、引き延ばし傾向、損失回避などの点では、男も女も同じだろうか。高齢者と若者では、あるいは金持ちと貧乏人ではどうか。大卒の人間と高校も卒業しなかった人間は違うだろうか。他国、他文化の人々はどうだろう。

世の中は多様性に満ちている。楽観的な人もいるし、引き延ばしたがる人もいる。損失回避をそれほど意識しない人もいる。政策面では、こうした多様性が重要になる。[55] ある政策が、男性の有利に働き、女性には不利になる、金持ちには恩恵があるが貧乏人にはない、といった場合は、その政策を見直し、微調整を施した別のアプローチの方が適切かもしれない。助けを必要とする人の役に立ちつつ、必要としない人の損にもならない政策を考えるべきだろう。

理論的な問題も実証的な問題も複雑で、まだ完璧には整理されていない。さらなる検証が必要だ。だが現時点でも、規制関連政策にとって有益な教訓を引き出すことはできる。まずは、情報公開の分野から見ていこう。

第4章 情報公開を工夫する

健康な食生活促進のため、アメリカではこれまで長い間、栄養ピラミッドなる図を使ってきた（図4・1）。この象徴的な画像は農務省のウェブサイト、MyPyramid.gov にも掲載され、連邦政府のすべてのウェブサイトの中で最もよく閲覧されてきた。子どもたちは、これを見せられて育った。ここで、自分もそんな子どもたちの一人だと想像してみよう。先生から、このピラミッドを勉強し、栄養的に適切な食生活プランを作ってくるという宿題を出されたとする。

さて、栄養に注意すると何を食べたらいいのだろうか。この図で、靴も履かずに（食べ物から離れるようにしてか、頂上を目指してなのか）ピラミッドを登っている人物がヒントになるかもしれない。だが、待てよ。頂上には何かいいことがあるのか。白く塗られた頂上は何を意味しているのか。天国か、細身の体か。底辺には、なぜこんなに食べ物がいっぱい詰め込まれているのか。これらすべてを食べな

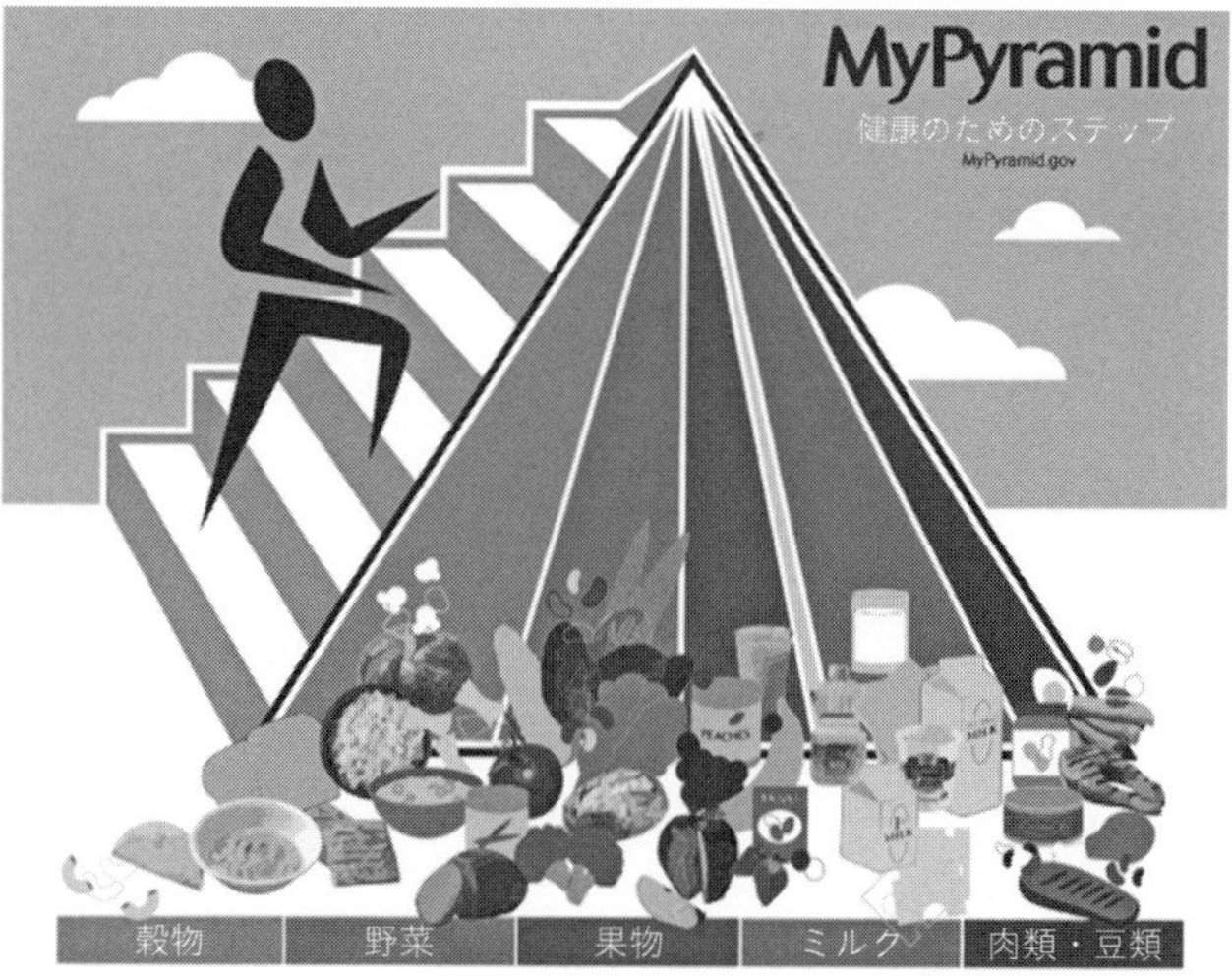

図4・1　連邦農務省　栄養ピラミッド

出典：“Bye-Bye, Pyramid — Hello, Plate: Timeline of Food Guidelines,” CBS News(March 8,2012),http://www.cbsnews.com/2300-204_162-10008001-9.html.

くてはいけないのか。「果物」と「ミルク」の間の他より太い白いストライプは何なのか。右下の茶色いものは何か。靴なのか。それは登っている人のものか。それも食べろということか。

　このピラミッドは、絶望的に意味不明だと長いこと批判されてきた。ベストセラー『スウィッチ』の著者、チップ・ヒースとダン・ヒースに言わせると、「意味がまったく伝わってこない」。ピラミッドもその編成も「食べ物についての人々の実体験」を反映しておらず、そのため、人々は「混乱し、やる気を失う」結果になっているという[1]。

　道筋が見えなければ、人は自らの行動を変えようとはしない。健康的な食事に関心を持っている人は多いが、どうしたらいいのかわからない。健康的な食事が目指すものは非常に大事なことだ。アメリカ国民がもっと健康的な食事をすれば、国民自身に有益なだけではなく、国家全体にとっても、医療費の減少と生産性の向上という点で有益となる。実際、国にとって最も深刻な健康問題の一つに肥満があり、この課題を解決できれば、命を守り、費用を節約することができる。政府が健康的な食事をしようとする人々の手助けをすることには大きな意味があるのだ。栄養ピラミッドはその目的達成のためのはずだったが、功を奏していなかった。

栄養ピラミッドが絶望的に意味不明であることに気づいていた私は、そうした異論にいたく感銘を受けた。オバマ政権内には、ホワイトハウスのスタッフも含めて、同じように感じている者が何人かいた。ミッシェル・オバマ大統領夫人の「レッツムーブ」キャンペーンが、急速に増加してきた小児肥満の問題に正面から取り組むものだったことも関係していた。その問題を念頭に、私たちは、親に必要な情報を提供する最良の方法を模索し始めた。出発点が栄養ピラミッドの修正であることは明らかだった。大統領行政府には、事務局や政策審議会が多数あり、私たちは、栄養ピラミッドを管轄する連邦農務省（USDA）の官僚との会議を設定した。官僚たちは従来のピラミッドに多少の未練はあったようだが、取り組み全体を見直す意味は理解してくれた。

大統領行政府の関係者とも協議しながら、農務省は新たな方法について、栄養面とコミュニケーション面双方の専門家と広く話し合った。その結果ピラミッドに代えて、果物、野菜、穀物、タンパク質がわかりやすく記載されたプレートの図を新たに考案した（図4・2）。

図4・2　連邦農務省　栄養プレート

出典：ChooseMyPlate.gov, U.S.Department of Agriculture, http://www.choosemyplate.bog/

プレートは明確、単純な道しるべで、地図と似たような感じだ。無理に何かせよと言っているわけではない。皿の半分が果物と野菜なら、残りの半分を米（その他の穀物）と肉（その他のタンパク質食品）にすればいい。それだけで、健康的な食事ができるようになる。

連邦農務省はChooseMyPlate.govのサイトで、プレートとともに、簡単な文章でヒントを示し、栄養のある適切な食事を作るにはどうしたらいいかについての情報を提供している。子どもに栄養のある適切な食事を与えたいと思っている親の気持ちになってみよう（もしかしたら、本当にそうかもしれないし、もうすぐそうなるかもしれない）。そして、この本を読むのを中断して、ChooseMyPlate.govを閲覧してみてほしい。さて、読書を再開すると、サイトでは次のような文章を目にしたはずだ。

・皿の半分は果物と野菜にする
・糖分の入った飲み物ではなく、水を飲む
・牛乳は無脂肪か、低脂肪（脂肪分一パーセント）にする[2]
・塩分の摂取を減らすために、ナッツや種子は無塩のものを選ぶ

こうした文章には、曖昧さがないという大きな利点がある。ヒントは明確で、実行可能だ。「ピラミッドではなくプレートで」というのは、今後の原則を表すのに格好のスローガンだ。このスローガンは社会に運動を巻き起こすほどすごいものではないが、様々な領域で原則として頭に入れておくべきだ。政府内での友人の一人が、重要な国際交渉で思いがけなくうまく行ったという経験が続いた後、私に電話で「ピラミッドではなくプレートなのよ」と叫んだことがあった。彼女は、目的が何かをはっきり認識できたから、うまく行ったのだという。この原則は、雇用者、親、公的団体、企業ロビイスト、PRマン、あらゆる分野の交渉担当者、人権活動家、政府関係者のすべてに通じる。簡単に言えば、この原則の意味は、曖昧さを避け、進むべき道を具体的に示すということだ。これは、情報開示政策を導く原則であり、強力で、非常に有効なナッジだ。そして、それこそが、シンプルな政府の鍵でなくてはならない。

情報開示の三つの目的

情報開示は、規制の道具としては費用がかからず、効果の高い方法である。他のアプローチの代わりとなるか、その補完となるものだ[3]。その理由を理解するには、まず、商品購入時に提供される要約開示とネット上で提供される全面開示を区別しなくてはならない。要約開示は大抵商品自体に掲載され、消費者に単純明快な情報を直接提供して、役立ててもらうものだ。私がここで言う全面開示は、ネット上で多くの情報を提供し、民間部門、特に技術革新に携わる人たちがその情報を有効に利用、再編、転用できるようにすることだ。

全面開示の実態を確かめたければ、オバマ政権が「データの民主化」を目的に立ち上げたウェブサイト、data.govを見てみるといい。たとえば、航空会社の運行状況で時間通りの運行と遅延の原因に関するものがある。これを開示したことで、有用なアプリケーションの開発に結びついた。要約であれ全面であれ、適切な条件の下で開示される情報は、人々がより賢明な決定を下す役に立ち、市場の働きを改善することができる。

単純なナッジとしての情報開示は、三つの異なる目的を追求する。第一の目的は、最高裁判事ルイス・ブランダイスの言葉を借りて言えば、日光は「最良の殺菌剤だ」である。ブランダイスの言わんとするところは、日光は人々に、行われていることと行われていないことを見せてくれることで、行動を向上させるというものだ。知識が公になり、また監査も公に行われることで、個人も組織も自らの行動を改善しようという気になる。それを示す驚くべき例としては、民主的選挙と報道の自由がある社会は世界史上、一つとして飢饉を経験したことがないという、ハーヴァード大学の経済学者アマルティア・センの研究がある。[4] そのような社会では日光がすべてを照らしており、為政者の選択が人々に飢饉をもたらす方向に向かわないように作用するという。情報開示の力のおかげで、開かれた社会は発生してくる問題に対応し、苦難を和らげ、全般的に人々の生活を良くしようとする方向に向かう。私たちも、今よりもっと日光を使うべきだ。オバマ政権主導の世界大の「オープンガバメント・パートナーシップ」は、この考え方に導かれているところが多い（www.opengovernmentpartnership.org を参照）。

国内政策の面で重要な事例は、一九八六年、企業に対し有害物質排出について情報開示を義務化した議会決定である。主に情報収集の方法として考えられたものだったのだが、実際には有害物質排出の削減に役立った。企業は操業している州内で悪者という評判を立てられたくないからだ。この前例を念頭に、オバマ政権は企業に温室効果ガスの排出についての情報開示を義務付けただけでなく、国内の温室効果ガスの排出を監視できる、使いやすいウェブサイトの構築も奨励した。[5] ジーナ・マッカーシー環境保護庁副長官は、「情報自体が、温室効果ガス削減に結びつく強力な誘因となると、大いに希望を持っている」と語った。[6] もちろん、希望が実現しないこともある。温室効果ガスを排出している側の意欲にかかる部分は大きい。だが多くの場合、情報開示は、官民双方の組織の説明責任を強調し、良い方向へと行動を変化させるのに役立つ。一つの例が、医療ミスだ。医療ミスは全米第五位の死亡原因になっている。さらなる透明化を促進し、人々がミスの度合いを認識し、医師や病院を比較できるようにすれば、多くの命を救えるはずだ。[7]

情報開示の第二の目的は、人々にすぐに見つけられ、利用できる情報を提供することだ。これは、説明責任や業績の向上という問題ではなく、人々に知識を与え、栄養、育児、自動車、エネルギー、健康、投資など多くのことに関して、より良い選択ができるようにすることだ。政府が、車の安全性やチャイルドシートの効能についてのデータを公開すれば、消費者には必要不可欠な情報が伝わり、それは、より良い決定に向かうためのナッジとなる。二〇〇〇年にクリントン大統領が「全地球測位システム」（GPS）を公開する決定を下した。その結果、何百万の人々が数え切れないほどの頻度で、車の運転や船の航行でどのルートを取るべきか、賢明な判断を下せるようになった。（これは情報開示が持つ可能性を示す格好の例で、この後も例に挙げる）。「オープンガバメント・パートナーシップ」に参加している国の多くが、自国民に対してデータを公開し始めている。

情報開示の第三の目的は、官僚が国民の間に散在する情報にアクセスできるようにして、政府が下す決定を改善することである。政府で働いていたとき、私は自分が何も知らないことを痛感した。政府関係者は専門家ではあるが、一般の人々からも学ぶべきだ。食の安全や大気保全を目的としたルールがどのような効果を生むのか、官僚であっても完全な知識を持っているわけではない。他の人々には知られていること、特に民間部門の人々にはわかっていることを見つけ出さなくてはいけない。政策やルールは毎日、こうして改良されているのだ。

ノーベル経済学賞受賞者で、社会主義の批判者としてはおそらく最も偉大な存在だったフリードリヒ・ハイエクは、政策立案関係者は、どれほどの専門家であっても、そしてその動機がどれほど良きものであっても、社会が有するほどの知識を持つことはできないと述べた。その理由は単純に、人間の知識は広く散在しているものだからだ。この論は、彼の最大の業績かもしれない。[8] 一般大衆は全体として、専門家や専門家集団が持つよりはるかに多くのことを知っている。ハイエクは、自由市場の価格システムを弁護したが、それは、価格が多様な情報を集約できるという意味で「驚嘆すべきもの」だからだ。価格システムは今でも「驚嘆すべきもの」で、自由な社会に不可欠なものだ。だが、散在する情報を集約できる、唯一のメカニズムではない。現代のテクノロジーは、ハイエクには想像もできなかった、新たなメカニズムを作り出している。

そのようなテクノロジーを利用して、政府が一般大衆から学ぶ機会はますます増加している。決定の効果について事前に探ったり、間違いを犯すリスクを減じたり、犯してしまった間違いを正したりできる機会だ。規制を実施する前に、政府はパブリックコメントにかけ、一般の人々の意見を聞くまでは最終決定を下すことはできないし、しない。このプロセスは、間違いに対して重要なチェックとして機能する。そして、驚くほど勉強になる。官僚は、市民の懸念や反対意見から多くを学びうる（実際、私は多くを学んだ）。

また、現代テクノロジーによって、過去の決定の特徴や成果についての情報を集めたり、統計データの収集や適用ができたり、誤った、あるいは人を欺くような意見を暴くことができるようになる。「比較における摩擦」〔比較できる情報の入手可能性と消費者がそれを利用する力との間の差〕、あるいは、複雑な製品を単純に比較しようとして感じるむずかしさを例に挙げよう（それほど複雑な製品でなくてもいい。最近掃除機を買ったことがあるだろうか）。[9] そんな摩擦も近々減らせるようになるかもしれない。関連するデータを集め、それを単純な比較が可能な形で提示できるようになる。その可能性を高めるものとして、最もワクワクさせてくれるのが、政府が保有する情報の開示だ。オバマ政権の「オープンガバメント・イニシアティブ」は、民間のデベロッパーたちには人々の生活を劇的に改善するような形で、データを掘り出し、適用する意欲があるという知識に基づいて設定された。情報開示の可能性はまだ芽生えたばかりだ。これから何が起こるかについてはまだ垣間見ることしかできないが、展望はとてつもなく明るい。いくつか例を見てみよう。

一ガロン当たりの燃費という幻想を超えて

自動車メーカーは、新車の燃費を1ガロン当たりの走行距離（MPG）という形で公表することを法的に義務付けられてきた。[10] この法律の基になった考え方は単純明快、消費者に燃費についての情報を提供することは、経済的に（そして環境の面でも）いい効果を生むというものだ。

図4・3が古いタイプのラベルだ。このラベルでもそれなりに役に立ち、これが伝える情報によっ

図４・３　古いタイプの燃費表示ラベル

出典：Fuel Economy Label, U.S. Environmental Protection Agency,http://www.epa.gpv/fueleconomy/images_label/label_pre2008_650.gif

て、人々はその知識に基づいた選択をできるようになる。栄養ピラミッドよりはいい（と私は思う）。だが、理想的と言うにはほど遠い。このラベルが貼ってある車の購入を考えているとして、その場合、価格は少し高いがＭＰＧの数字はいい車や、逆に価格は安いがＭＰＧの数字も低い車と比べて、どう判断するだろうか。そもそも、購入者にとって、またその人物が気にかけている点にとって、ＭＰＧはどんな意味を持つのか。

購入者にとって最大の関心がお金の節約で、知りたいのは、価格が高くて燃費のいい車が、他の車と比べて今後五年間でどれほどの節約になるかということだとしよう。問題は、ＭＰＧの数字がいい車は、お金の節約という点で価値があるかという点だ。消費者の多くにとって、最大の関心事はコストで、このラベルでは年間の燃費は小さな活字のところに埋もれてしまっている。一方、最

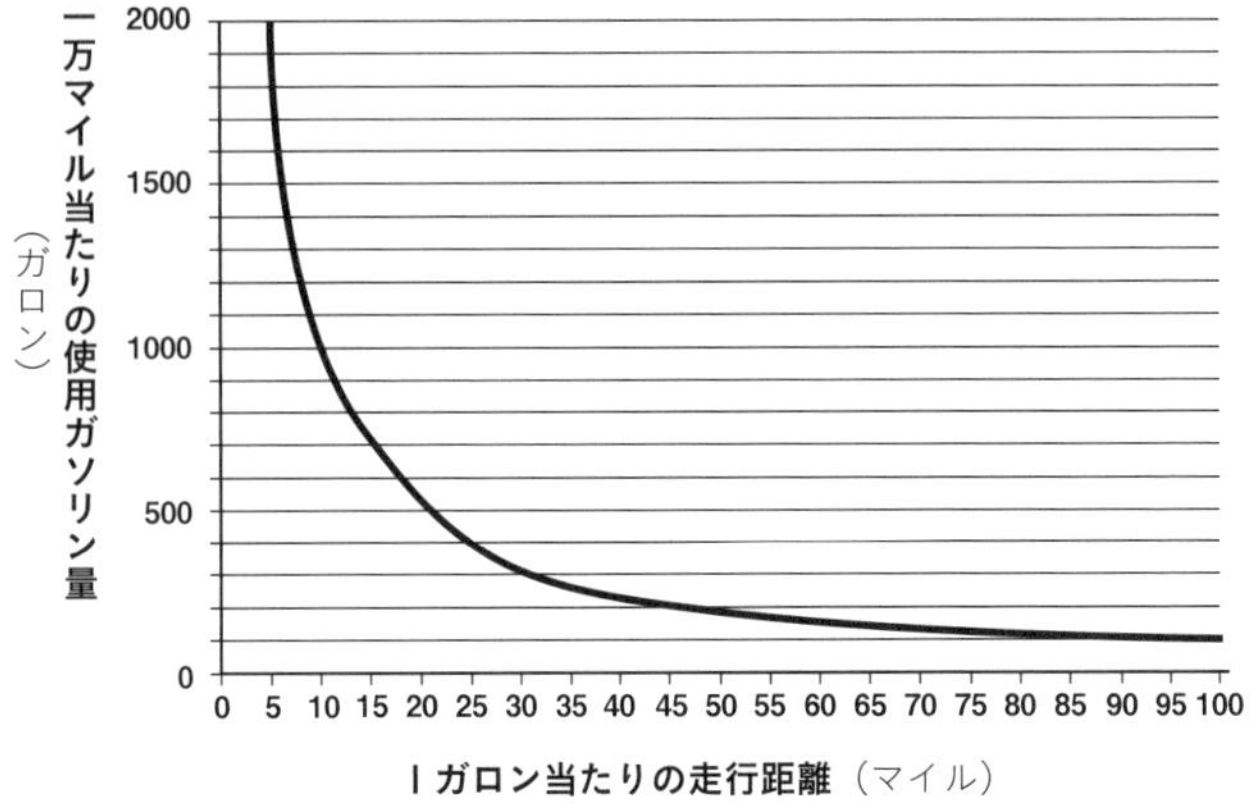

図4・4　1万マイルを走行した時の燃費(MPG)別のガソリン使用量

出典：Richard P. Larrick and Jack B. Soll, "The MPG Illusion," *Science* 20 (June 20, 2008) :1593-94.

大の関心事が環境だったとすると、知りたいのは、大気汚染とMPGの関連だろう。その点では、このラベルはあまり役に立たない。

また、MPGの計測方法には根本的な問題もあって、誤解を生みやすい。人々の直感的理解とは異なり、MPGにおける燃費測定値は非線形を描く。そこから「燃費の幻想」が生まれることになる。[11]どういうことかというと、一定の距離では、二〇MPGと二五MPGの差は、三〇MPGと三五MPG、あるいは三〇MPGと三八MPGの差より大きいということだ。もっと極端な話にすると、一〇MPGと二〇MPGの間の違いは、二〇MPGと四〇MPGより大きく、一〇MPGから一一MPGと、三五MPGから五〇MPGでは、節約幅はほとんど変わらない。[12]図4・4はMPG値が非線形である様子を示している。

この図を見ると、MPGラベルの表示とは異なり、ＭＰＧの低い車と中くらいの車とでは大きな違いがあるが、ＭＰＧの数字が高くなると、大した違いが現れないことがわかる。これは、システム１とシステム２の問題と考えることができる。システム２は、この差を理解できるが（かなりの労力が必要であるとしても）、システム１はこのすべてに混乱してしまう。一連の調査から、消費者はこの非線形という特徴を理解しておらず、ＭＰＧを燃費という点では直線的に変化すると考えがちであることがわかっている[13]。消費者がそう考えているとすれば、ＭＰＧはきちんとした理解に基づいた決定にはつながらない。複数の車を比較しての人々の直感的判断は、根本的な間違いに基づいたものになる。

この燃費の幻想が原因で、消費者はＭＰＧ値が低い車の間の違いを過小評価し、高い車の間の違いを過大評価してしまう[14]。それで、車を買う人は、ＭＰＧ値の低い車を少しでも高い車に買い換えることのメリットを過小評価し、一方、ＭＰＧ値の高い車をさらに高い車に買い換えることのメリットは過大に評価する。

ＭＰＧ値では、比較における摩擦を解決することはできない。燃費の幻想のおかげで、逆に摩擦が大きくなっているかもしれない。別の測定値なら、混乱は少なくなる。たとえば、ＭＰＧの測定方法をひっくり返してみたらどうだろう。一〇〇マイル走行するのに使用されたガソリンの量という測定だ。この方法なら、燃料代は直線で変化するから、購入者はよく理解した上での決定を下せる[15]。このような測定方法はヨーロッパでは一般に用いられていて、うまくいっているようだ。

オバマ政権内では多くの人がＭＰＧの問題点に気づいていて、もっといいラベルの開発に強い関心

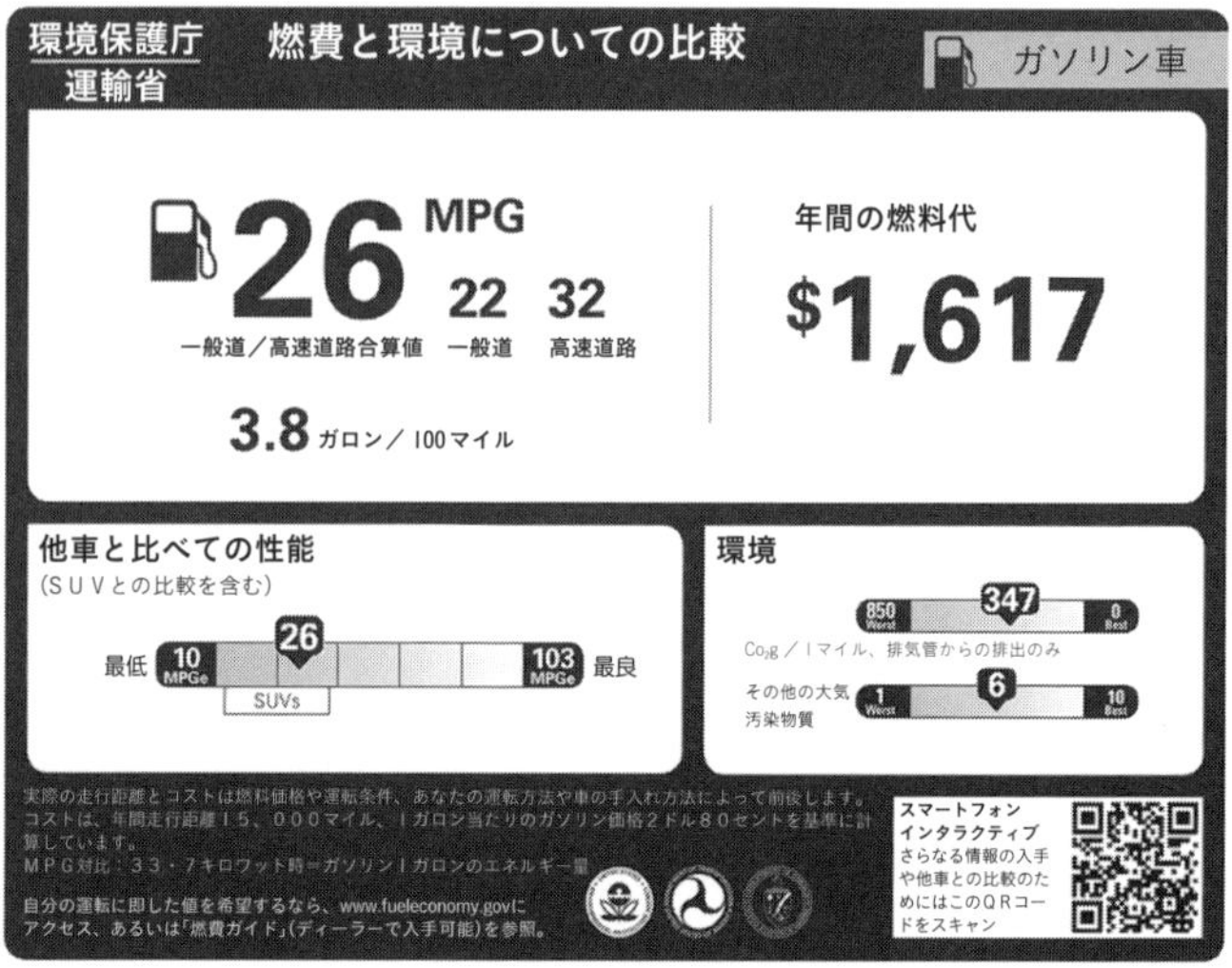

図４・５　環境保護庁と運輸省が提案する新しい燃費ラベル：第１案

出典：環境保護庁　Proposed Fuel Economy Label (August 2010), http://www.epa.gov/fueleconomy/label/label-designs.pdf

を持っていた。環境保護庁と運輸省の人たちと問題を話し合ったところ、彼らも積極的に対応してくれた。二〇一〇年、運輸省と環境保護庁は新しいラベルの案を二種類発表した（図４・５と図４・６）。二つとも、燃費が費用と環境に及ぼす効果について、消費者に明確で正しい情報を提供することを目的としてデザインされた[16]。

この二つを一般に提示したところ、多くのコメントが寄せられた。コメントには、具体的なもの、アイデアに満ちたもの、技術面に注目したもの、直感的なもの、励ましてくれるものなどから、ダメ出し、非難まで色々あった。それらのコメントについてはこの後まとめるが、その前に、人間の知識は散在することを論

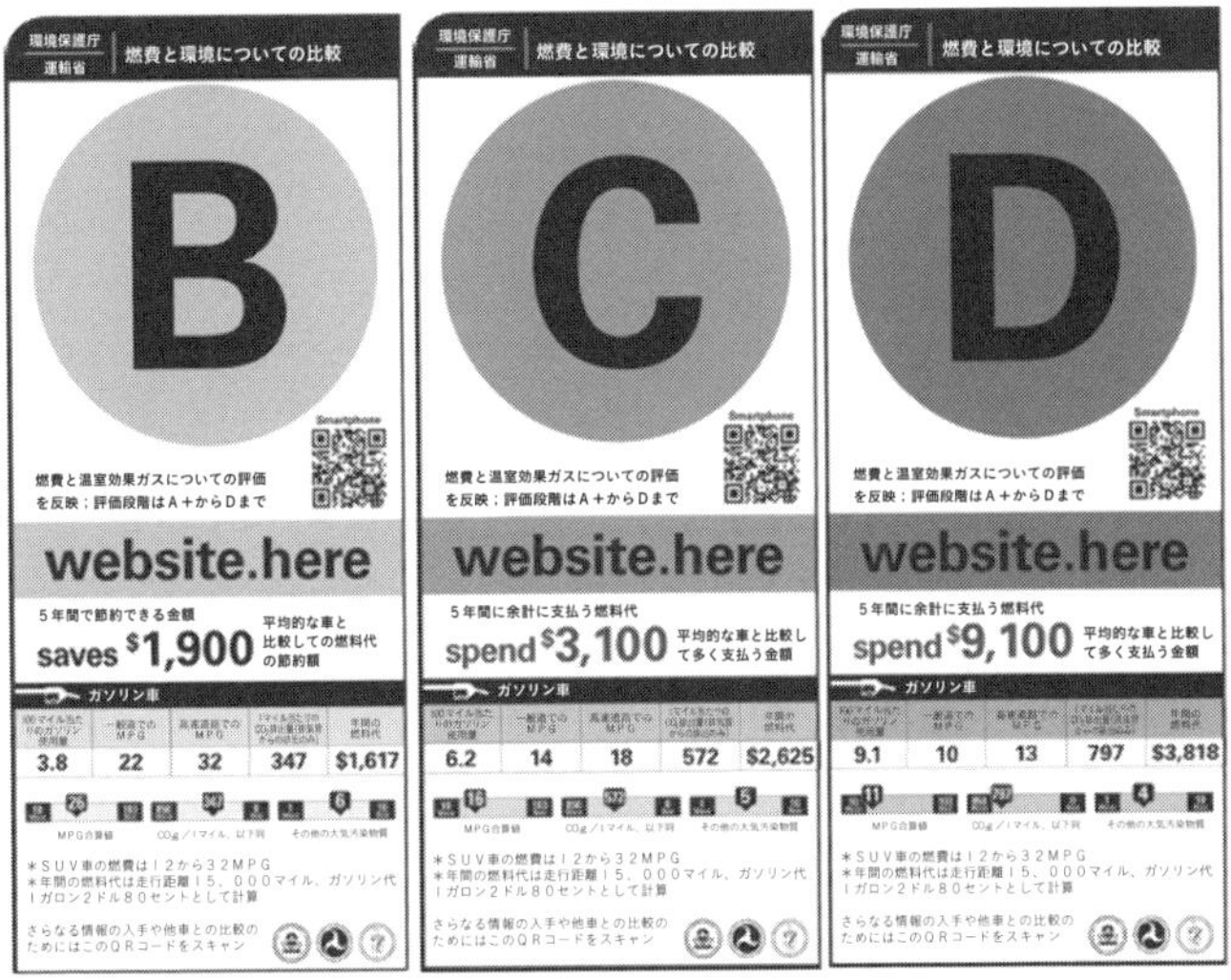

図４・６　環境保護庁と運輸省が提案する新しい燃費ラベル：第２案

出典：環境保護庁　Proposed Fuel Economy Label (August 2010), http://www.epa.gov/fueleconomy/label/label-designs.pdf

じたばかりでもあるので、コメントの多くが非常に役に立つもので、無用なコメントの方が例外的であったことをここで記しておきたい。政府で仕事をしている間に私は数多くのパブリックコメントを読んだし、私のスタッフはさらに多くのコメントを読んだに違いない（策定中のルールについてのパブリックコメントを読みたければ、ウェブサイト regulations.gov を閲覧されたい。このサイトは、私たちが苦労して改善、再構築したもので、そこにある「連邦政府の決定にあなたの声を」という文章は大げさなものではなく、現実を反映したものだ）。そうしたコメントの重要性こそが、ＯＩＲＡ時代に私が学んだ最大の教訓だと言ってもいい。

人々の間に散在する情報――人々の多

くはアメリカ国民だったが、時に海外の人も含まれた——はルールを決定するプロセスで不可欠な部分だ。規制案は事前に何度も熟考され、検討されるが、パブリックコメントは私たちが見過ごした点、時に決定的な点を指摘してくれた。人々の意見に耳を傾けることで、私たちは深刻な間違いを避けることができた。一方、人々の賞賛とか、ダメ出し、非難は想定内のことで、それに左右されることはなかった。一般の人々の中には、賛成意見や反対意見の量が重要だと見る向きもあるようだが、本当に重要なのはその実質や内容である。

本題に戻ろう。あなたなら、二つのラベルのどちらを選ぶだろうか。第一のラベルは、フォーカスグループでいくつかの案を試して、注意深く検討した結果出てきた案である。一般の人々を集め、独自の評価をしてもらったフォーカスグループは単純明快、目立つ形で年間の燃料代を示した第一案が気に入った。このラベルのバリエーションもいくつか見てもらったが、私たちの提案を支持した。また、ラベルの理解度についても試験したが、そこでも第一案がいい評価を得た。

第二案は、よりクリエイティブな、通常とは異なるプロセスから生まれた。環境保護庁はコミュニケーションやマーケティングの分野を含む様々な分野の専門家を集めた。専門家たちは第一案を気に入らなかったどころか、嫌悪した。これは私には驚きだった。第一案は無味乾燥で、複雑、平凡、数字を並べた統計のようだという。これでは消費者にはインパクトがないというのが彼らの意見だった。彼らが求めたのは、A（優）、B（良）、C（可）といった具合の単純な成績表で、その方がすぐにわかるメッセージになるというのだ。専門家たちは、システム1やシステム2などの用語は使わなかったが、求めていたのは明らかに、システム1が自動的に反応できるもので、システム2はあまり、あるいはまったく、必要ないものだった。彼らは単純さを追求したのだ。

専門家たちはまた、新ラベルは、平均値と比べて五年間の燃料代（あるいは節約分）がいくらになるかがすぐにわかるものにすべきだとも考えていた。多くの人々は五年、あるいはそれ以上、同じ車に乗る。燃費のいい車を買おうとするとき、一番気になるのは、車を所有することの銀行口座への負担だ。購入時に五年間でどれほどの出費や節約になるか、想像できれば、とても参考になる。専門家たちの言い分にももっともなところがあり、二つの案を提示したときには、どちらの方がいいか、本当にわからなかった。人々にその答えを見つける手助けをしてもらいたかった。

比較における摩擦の問題に触れたが、製品によっては比較が簡単で、価格だけで充分なものもある。値段が一〇ドルのキャンディバーなら、相当特別なもののはずだし、七五ドルのラップトップコンピュータはとんでもなくお買い得だ。だが、電気料金が年一二〇〇ドルというのは、隣近所と比べたり、他の選択肢と比べたりして、高すぎるだろうか、安いだろうか。携帯代が年間九〇〇ドルというのは、お得だろうか、損をしているだろうか。

この疑問に答えるにはまず、自分が使っているサービスや製品とそれ以外のサービスや製品を比べてみたいだろう。次に、自分の出費を抑えるには何ができるかについての情報を知りたいと思うだろう。このような比較をするためには、人々は（特にシステム2は）少し努力しなくてはならない。その努力を惜しまない人はどれだけいるだろう。もっと楽な方法はないだろうか。

経済学者のジェフリー・クリングが同僚と行った実験を見てみよう。[17] 無作為実験で、一部の人々には「メディケアD処方箋薬」プランについて、個人の状況に合わせた情報を知らせる手紙を送った。一方、被験者集団の人々にはそのような手紙は送らなかった。そのような手紙がなくても、その情報は広く周知されていて、被験者集団は無料で、簡単にアクセスできた。それでも、消費者に自分でその情報を探し出させるより、提供してしまうという、ほんのわずかなナッジが大きな影響を及ぼす結果になった。手紙を受け取った人々が、年間約一〇〇ドル節約できるプランに変更する割合が高かったのだ。クリングらは、情報入手にかかるコストが低い場合でも、比較における摩擦は大きな問題となると結論している。

燃費についてのラベルでも、パブリックコメントの多くがこの点をとりあげ、比較が簡単にできることに注目した。特に環境に関わる人々の多くがアルファベット成績表を好んだのは、これが理由だろう。単純で説得力があると感じ、選択に大きな影響を与え、有益であると予想した。成績表自体が、比較における摩擦を解消する。なんといっても、「C」より「A」の方がいいことは誰でも知っている。

だが、自動車業界の人々をはじめ、「事実優先」というアプローチを好む人は多い。アルファベット成績表は評価を伴い、規範を示す形になり、政府の判断が強く介入してくることになるのだ。もちろん、利害意識が働いたことは間違いない。悪い成績が出て売り上げが落ちることを恐れたのだ。「C」とデカデカと書かれた車など、誰が買うだろうか。だが、彼らの言い分の中には興味を引く主張もあった。消費者がアルファベット評価について、政府がその車の全体的なメリットを判断した結果だと思ってしまうかもしれないというものだ。燃費では「C」でも、非常に優秀な車かもしれない。「C」が、政府がその車のすべてを調べた結果の全体評価であると誤解されてしまうかもしれない。

意図的かどうかはわからないが、自動車業界の反対派は、第3章で論じた「感情ヒューリスティック」の重要性の問題を提起していた。人は、製品に対して即行で、感情的な反応を示し、その反応が判断に影響するというものだ（映画批評家がつける星の数に影響されたことはないだろうか）。「C」がつけられてしまうと、他にどんなに素晴らしいところがある車でも否定的な反応が出てしまうかもしれない。

複数のラベル案のそれぞれの利点については、私たちは政府内で議論を続けた。アルファベット評価が気に入った人たちもいたが、業界の反対意見にも的を射ているものがあった。成績表は確かに、政府が燃費ではなく、車そのものを評価しているように見えるかもしれない。様々な意見を聞いた後、運輸省と環境保護庁は二つの案の両方を合わせたラベルを採用した（図4・7参照）[18]。

第一案は、年間の燃料代も含めて数多くの事実を載せている。そこで、第二案も考慮して、五年間で（平均と比較しての）予想される燃料代についての明確な情報も加えた。この情報があれば、燃費の幻想を打ち破ることができ、五年間所有した場合の燃費の節約効果について知らせることができる。新ラベルには、一〇〇マイル走行するのにかかるガソリンの量についての情報も含めた。

この例から学べることは大きい。エネルギーの節約という点から見ると、エネルギー効率がいい選択肢でどのくらい節約できるかについて（あるいは、エネルギー効率の悪い選択肢ではどのくらいのコストに

図4・7　新しい燃費ラベル

出典：A New Fuel Economy Label for a New Generation of Cars, Environmental Protection Agency, http://www.fueleconomy.gov/feg/label/docs/EPA_FE_Label-052311.pdf

なるかについて)、消費者に具体的に知らせると、購入時に明らかにわかる費用と恩恵だけにこだわることを避ける役に立つかもしれない。例を一つ挙げよう。図4・8は連邦取引委員会（FTC）が出した、冷蔵庫のエネルギー効率を示したエコラベルである。年間のコストがわかりやすく表記されている。

コストの見える化

栄養ピラミッド、燃費ラベル、エコラベルなどは、消費者に情報を与えることで市場がよりよく機能することを目的とした、簡単なナッジだ。そのような例は他にも多く存在する。

航空料金については、限りなく不透明だという不満がなくならない。隠された費用として、九ドルという低価格チケットに一〇〇ドルもの

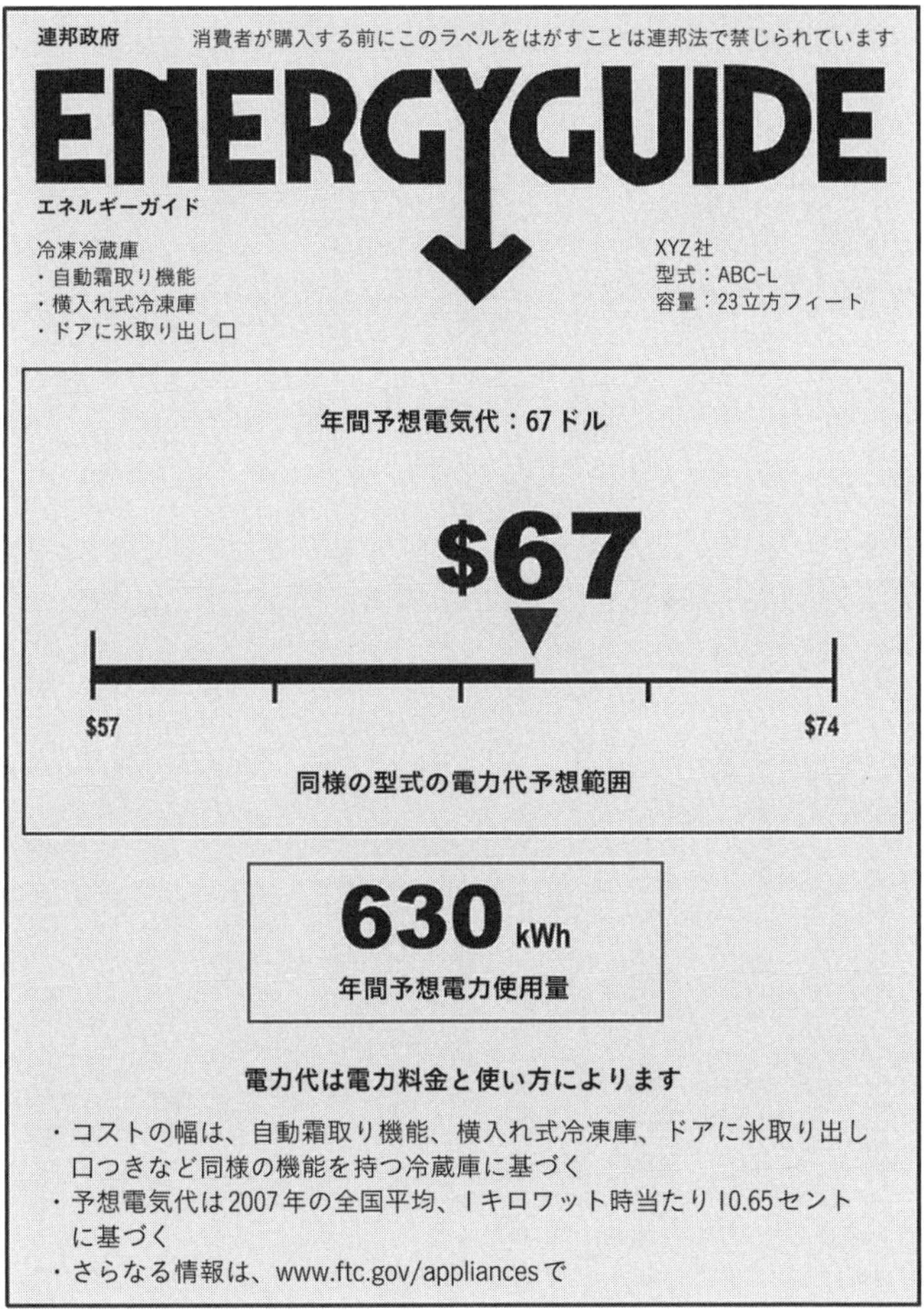

図4・8　ＦＴＣエネルギーガイド・ラベル

出典：記者会見発表資料、Federal Trade Commission, "Concluding Two-Year Rulemaking, FTC Announces New EnergyGuide Label" (August7, 2007), http://www.ftc.gov/opa/2007/08/energy.shtm

高額手数料がついてくることもある。これは極端な例だ（が、嘘ではない。ある航空会社は機内持ち込み手荷物料金として一〇〇ドル徴収していた）。しかし二〇〇八年以降、こうした想定外の料金徴収が当たり前になっていた。その結果、消費者にはそうした料金が見えにくくなった。さらに、競争が本来働くべき形で機能しなくなった。航空会社が料金の一部を隠すようになり、税や公的手数料が消費者に提示される航空運賃には含まれなくなった。そのため、人々は実際には財布からいくら出て行くのかがわからなくなった。

二〇一一年、運輸省はこの問題解決のために重要な一歩を踏み出した。考えられるすべての手数料について、ウェブサイトでわかりやすく公表することを、規制により航空会社に義務付けたのだ。公開すべき手数料には、荷物、食事、予約の変更や取り消し、座席の事前選択やアップグレードなどにかかる手数料も含まれた。さらに、宣伝で示す運賃は税金や公的手数料も含めた金額にしなければならないともした。航空会社の一部はこの規制の無効を求めて提訴した。税金や公的手数料を含めるという規制は、なんと〔表現の自由を保障した〕憲法修正第一条に反していて憲法違反であると主張したのだ（航空会社側は敗訴した）。

また、クレジットカードの契約にも隠された費用があり、わかりにくいという不満が渦巻いていた。契約条項を理解するためにはシステム2をかなり使わねばならず、結局はイライラするだけに終わることもなくはない。この問題は、別の行動市場の失敗も重なって、より複雑になっていると、法学者のオーレン・バー＝ギルは論じる。[19] 人々の中には、自分の行動について非現実的に楽観的なタイプの人もいて、わかりやすく言えば、自分たちは使用額を必ず限度額内に収めて、使いすぎはしないと信じている。その楽観論が大金を失わせる結果になるのだ。

二〇〇九年に施行された、クレジットカード法の目的は、クレジットカードのユーザーが確実に、適切な情報提供を受け、条件の変更にあたっては事前に通知を受け取れるようにすることだった。[20]この法律は、シンプルにすることの重要性をよく理解した内容になっていて、ナッジも多く含まれている。たとえば、次のような条項だ。

・年利（APR）や手数料についてのわかりやすい情報開示
・四五日前に通知することなしに年利を引き上げることの禁止
・残高に対し、引き上げた年利をさかのぼって適用することの禁止
・年利引き上げの際、消費者に対しクレジットカードを解約する権利について明確に通知すること

また、クレジットカード契約の合意事項をネット上でも公開し、連邦準備制度理事会（FRB）や消費者が簡単に情報を取り出せるようにすることも義務付けた。[21]

最もよく目にする要約開示の例は、食品のパッケージに記載された「栄養成分表示」だろう。一九八三年に導入される以前には大変な物議を醸したが、今では、選択アーキテクチャーとして国内では中心的な位置を占める。肉類では長い間そのような表示がされてこなかったのだが、その不備をオバ

マ政権が埋めた。二〇一一年、農務省はひき肉類の栄養成分表示を義務付け、それには、カロリー、総脂肪及び飽和脂肪についての情報を含めることとした。[22]

この規制には、フレーミングの重要性がよく表れている。製品に、たとえば「脂肪分八〇パーセント除去」と表示する場合は、脂肪分の割合も表示しなくてはならない。[23] こうした表示の義務化によって、選択的フレーミングがもたらす混乱を避けられる。八〇パーセント脂肪分を取り除いたという表示だけでは低脂肪であることを強調することになり、人々が誤解しやすくなる。実は、この部分は規制としては画期的なものだ。アメリカの規制の歴史上初めて、フレーミングの影響力を認識したことを明らかにしたのだ。

医療保険制度改革法、通称オバマケアが、医療に関する説明責任とインフォームドチョイス（情報に基づいた選択）を促進することを目的としていることは広く知られている。[24] あまりよく知られていないのは、この法律が一部、一連の情報開示義務でできあがっていることだ。たとえば、「消費者に対して、手頃な保険の選択肢を伝える情報」の開示を義務付けている部分がある。[25] そのために、人々が保険プランについて探すことができるポータルサイトの構築も義務付けた。そこから人々は、保険の加入資格、加入見込み、保険料、費用分担、そして、保険会社が保険料総収入の中で管理費ではなく実際に医療費として支払う金額の割合などについて知ることができる。[26]

医療保険改革法にはまた、保険料の値上げを抑制するための情報開示条項もある。厚生省（ＨＨＳ）と州政府に対し、保険料の「不当な値上げ」を監視するための年一回の調査を求めている。この調査

補償期間 _______ – _______

適用範囲：このプランに含まれるものとそのコスト　　保険種類 ___________　プランの種類 ____

！これは保険証券ではありません。保険証券は www.insurancecompany.com/PLAN1500 か、1–800–xxxx に電話して入手できます。証券にはこのプランの活用法やあなたや保険会社の義務について詳しく説明されています。補償範囲や費用についても詳しい情報が出ています。

重要な質問項目	回答	なぜ重要なのか
保険料とは何か	$	保険料とは医療保険のために払いこむ金額のことです。額は、あなたが提供した情報に基づいた予測でしかありません。保険会社があなたの申し込みを検討した結果、保険料が上がることも、申し込みが断られることもあります。
一般免責条項とは何か	$	
特定免責条項とは何か	$	
私自身の現金支払い額に限度はあるか	$	
現金支払いの限度に含まれないものは何か		
保険会社の支払い一般に年間の限度はあるか		
このプランで医療事業者ネットワークを利用できるか		
専門医の診察を受けるには紹介状が必要か		
このプランには含まれないサービスはあるか		

問い合わせ：電話　XXXXXXXXXX

図４・９　保険対象医療表示例

出典：Department of Health and Human Services, Proposed Template: Summary of Coverage and Benefits, HealthCare.gov, http://www.healthcare.gov/news/factsheets/labels08172011b.pdf

はもう一方で、保険会社に対し、不当と思われる値上げについては実施前にその理由を正当化することも義務付けている。さらに、保険料の値上げとその理由について、ネット上に掲載することも義務付けた。

この法に基づき、厚生省は保険会社に対し、顧客に必要な情報の要約の開示も義務付けている。年間の控除額や保険の対象外となるサービス、系列外の医療機関に行ったときの費用などについてである[27]。厚生省の用意した様式ではこれ以外の情報も含まれるが、その一部を図４・９に示した。

同じ法律は別のところで、レストランチェーンに対し、メニューにカロリー情報を記載することを求めている。また、脂肪分、飽和脂肪分、コレステロール、塩分、炭水化物の総量、複合炭水化物、糖分、食物繊維、タンパク質など、料理の栄養成分についても、顧客にわかるようにした。[28] 二〇一一年に、私たちはこれらを含む規制を提案した。

やるか、やらないかだけでなく、どうやるかが問題だ

脂肪分を何パーセント取り除いたかだけでなく、総脂肪分の割合も表示させるという例に見られるように、情報開示させるだけでは充分ではない。情報開示をやるかどうかだけでなく、どうやるかが重要なのだ。[29] 情報の適正な開示であっても、その情報が曖昧、抽象的、不明確、細かすぎる、複雑、手に余る、というようなものであれば、役に立たない。[30] 明解、単純であることが鍵だ。要約開示はシステム2ではなく、システム1に合わせたものでなくてはならない。

開示の目安は、具体的、明快、単純、有意義、時宜、見やすさである。早い話が、ピラミッドではなくプレートなのだ。人が非現実的なほどに楽観的で、それが判断に影響を与えることを思い出してほしい。たとえば喫煙やわき見運転に伴う深刻なリスクに対しての態度だ。こうした例では、情報開示はリスクをまざまざと、時に酷いくらいの表現にしなくてはならない。二〇〇九年の喫煙予防及びタバコ規制法がそうだ（第6章参照）。

シンプルさ、競争、市場

消費者保護は、行動経済学とシンプルにすることの重要性を認識しなければ到底理解できない。私は、消費者金融保護局（CFPB）の設立に関する議論に参加するという幸運に恵まれた。長い議論の中で、行動科学での発見や複雑さに伴うリスクの評価が一定の役割を果たした。

最終的に議会が消費者金融保護局に与えた任務は、住宅ローン、教育ローン、クレジットカードなどについて、人々が「借りる前に知る」ことができるようにすることだ。行動科学の研究で使われた言葉をそのまま利用する形で、議会は保護局の任務を次のように表現した。情報が「完全に、正確で、効果的に消費者に開示され、消費者が事実や状況に応じて製品やサービスに伴うコスト、恩恵、リスクを理解できるようにする」ルールを制定することである[31]。

この任務達成のため、保護局には開示様式の作成が認められた。「明確で、わかりやすい開示を目指し、少なくとも、（A）消費者が理解できる簡単な言葉を使う、（B）読みやすいフォントなど、見やすい様式とデザインにする、（C）消費者に伝えるべき情報を簡潔に述べる、ものでなくてはならない[32]」。そして、重要なのが、「消費者金融商品やサービスに関する情報開示や問い合わせについて、消費者がどれほど認知、理解、利用しているか、……また、住宅ローンなど消費者金融商品やサービスでの消費者の実績を調査、分析、報告する任務を負った部署の設置」を局長に求めたことだ[33]。

私がオバマ政権にいた時代、単純な開示は重要なテーマで、この流れでの例には事欠かない。競争を促進し、ごまかしを避けるのを目的に、労働省は雇用者に対し、年金制度についての労働者への情報開示を求めた規制を制定した。手数料や費用について明確、簡潔な情報開示を求めたものだが、手数料や利回りの情報についての計算や開示の方法を標準化するなどして、労働者が役に立つ比較をできるようにするものだった。[34]

教育省は、企業経営の教育機関の透明性と消費者による選択を促進するための規制を制定したが、これは、オバマ政権が制定した規制の中で最も激しい議論を呼ぶものになり、特に企業経営教育セクターは激しく抵抗した。それでも、規制は進めたが、中心となったのは、教育機関に対し、経費、借入金レベル、卒業率、就職率についての情報開示を求めた部分だった。[35] このルールの下で教育機関に開示を求めた情報は次のようなものだ。

・その教育課程を勉強したことにより学生が卒業後目指せる職種
・必要最低限の在籍年数で卒業する学生の割合
・通常の在籍年数で教育課程を修了するために必要な授業料及びその他の料金
・課程修了者の就職率
・課程修了者が抱える未返済ローンの中間値

このような情報は、「志願者に配布する宣伝資料に記載しなくてはならず」、「ネット上においても簡潔で、明確な形で提供しなくてはならない」とされた[36]。

オバマ大統領はこれに基づき、さらに範囲を広げた「大学成績表」を提案した（図4・10参照）。この成績表には絶対的情報と相対的情報の両方が含まれているが、それは比較を可能にするためだ。目指したのは、インフォームドチョイスである。もう一つ目指したのは、大学側の実績を改善することだ。もし、在学生が多くの借金を抱え、就職できなかったとすれば、成績表を見て、大学はもっと頑張らなくてはならないという気になるだろう。ここでも、日光は大きな効果を生む。

全面開示

ここまでに論じた情報開示は、購入時に消費者に知らせるもので、通常重要情報の要約という形を取る。こうした要約開示は、それを補う詳細な情報開示を伴うことが多く、そちらは一般公開か個別のサイトで閲覧できる。こちらの情報開示には独自の利点があることはすでに指摘した。適切に行われれば、民間部門による応用が可能で、民間でデータを様々な形に組み合わせて、利用度を高めうるからだ。

クリントン大統領が二〇〇〇年に行ったＧＰＳ情報公開の決定を思い出してほしい。この決定で非常に有用な社会データの利用が可能になり、経済的、社会的に多大な利益が生まれた。民間部門が使

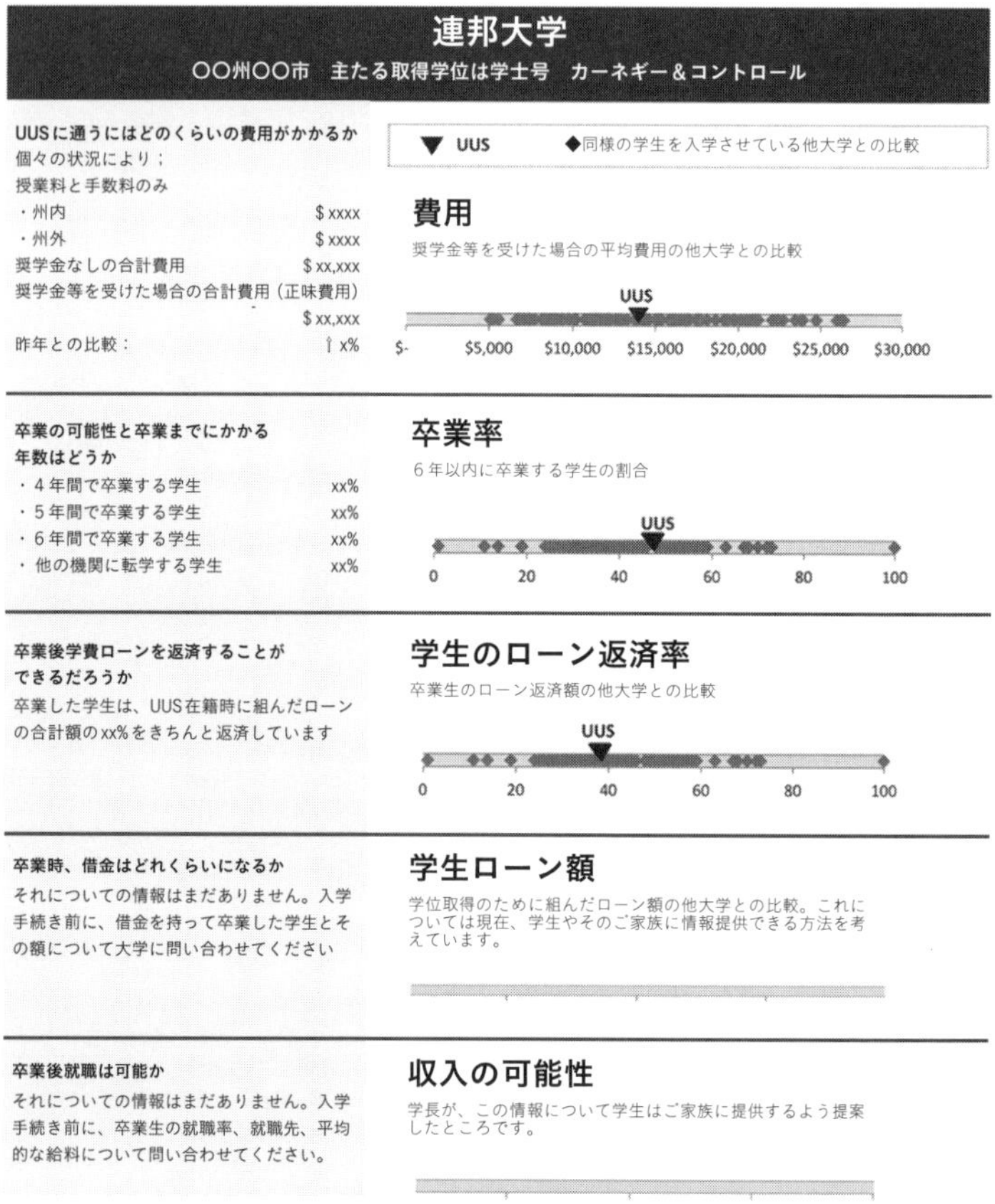
連邦大学
○○州○○市　主たる取得学位は学士号　カーネギー＆コントロール
UUSに通うにはどのくらいの費用がかかるか
個々の状況により；
授業料と手数料のみ
・州内 $ xxxx
・州外 $ xxxx
奨学金なしの合計費用 $ xx,xxx
奨学金等を受けた場合の合計費用（正味費用） $ xx,xxx
昨年との比較： ↑ x%
▼ UUS　◆同様の学生を入学させている他大学との比較
費用
奨学金等を受けた場合の平均費用の他大学との比較
UUS
$-　$5,000　$10,000　$15,000　$20,000　$25,000　$30,000
卒業の可能性と卒業までにかかる年数はどうか
・4年間で卒業する学生 xx%
・5年間で卒業する学生 xx%
・6年間で卒業する学生 xx%
・他の機関に転学する学生 xx%
卒業率
6年以内に卒業する学生の割合
UUS
0　20　40　60　80　100
卒業後学費ローンを返済することができるだろうか
卒業した学生は、UUS在籍時に組んだローンの合計額のxx%をきちんと返済しています
学生のローン返済率
卒業生のローン返済額の他大学との比較
UUS
0　20　40　60　80　100
卒業時、借金はどれくらいになるか
それについての情報はまだありません。入学手続き前に、借金を持って卒業した学生とその額について大学に問い合わせてください
学生ローン額
学位取得のために組んだローン額の他大学との比較。これについては現在、学生やそのご家族に情報提供できる方法を考えています。
卒業後就職は可能か
それについての情報はまだありません。入学手続き前に、卒業生の就職率、就職先、平均的な給料について問い合わせてください。
収入の可能性
学長が、この情報について学生はご家族に提供するよう提案したところです。

図4・10　大学成績表

出典：College Scorecard, WhiteHouse.gov, http://www.whitehouse.gov/sites/default/files/image/college-value-profile.pdf

い切れないくらいの情報が提供されたからだ。同じようなことで政府がすでに実行していることもあるし、これからやれることもまだまだある。政府が持つ健康関連データを探すためのワンストップサービス、HealthData.gov は常に更新されている（一度閲覧してみる価値はある）。「栄養成分表示」については、政府のサイトにさらに多くの栄養関連情報が掲載されていて、表示内容を補っている。[37]「オープンガバメント・イニシアティブ」の一環として開設された Humanrights.gov は、人権に関する情報を数多く提供している。data.gov の重要性はすでに力説しているが、ここでは三五万以上のデータセットが提供され、その多くが民間での利用に応用できるものだ。GPSの成功を、大規模でも小規模でも、再現するチャンスがここには大いにある。民間デベロッパーはすでに高い関心を払っている。

情報開示の義務化は、社会問題についての一般の人々の理解を促進し、現状を知らせることで、解決策の立案の役に立つことを目指している。すでに有害物質情報開示については述べたが、これは一九八六年の「緊急計画及び地域の知る権利に関する法律」に基づいている。[38]当初、この法律は主に記録保持の目的で、「有害化学物質排出目録」を作ることを求めたものだった。[39]それが期待通り、公衆衛生上の成功例となり、国中で有害物質の排出が大幅に削減された。[40]人々が関心を持つことが社会的目的の達成を助けることに注目して、労働省職業安全衛生局（OSHA）は、職場の安全性向上を目的として、死亡、疾病、怪我についてのデータをネット上で大々的に提供した。[41]司法省は、犯罪、法の執行状況、刑務所などについてのデータを多数発表している。[42]労働省の「規制執行状況データ」では、労働省の各部署が集めた、労働条件、最低賃金や残業手当、雇用における差別などについての豊富なデータへのワンストップアクセスを提供している。[43] 環境保護庁も同じアプローチを取っている。[44]
こうした状況を見て、オバマ大統領は二〇一一年に省庁に覚書を通達、省庁の活動についてオンラインでアクセス、ダウンロード、サーチすることを可能にすることを目的に、法令遵守と執行義務を広く省庁に課すこととした。同じ目的を念頭に、行政管理予算局の「オープンガバメント・ディレクティブ」は、価値の高いデータセットをオンラインで公開することを求めている。[45]

省庁はデータへのアクセスを簡単にするだけでなく、利用可能な形での提供にも努力している。たとえば、「拡張可能な事業報告言語（XBRL）」である。XBRLは報告書を電子文書化し、インターネットを通じてデータを交換するためのオープン標準のことだ。これにより誰でも、単純なスプレッドシートを使って、膨大なデータをダウンロードし、分析できるようになる。証券取引委員会（SEC）は（時価総額五〇億ドル以上の）大企業に対しては、XBRL形式での書類提出を義務付けている。「財政報告改善のためのインタラクティブデータ」ルールは、投資家が財政情報を分析するのを容易にするだけでなく、各種の報告や企業活動情報の処理の機械化を助けることも目的としている。[46] インタラクティブデータには財政情報開示のスピード、正確さ、及び利用度を高める可能性があり、最終的にはコスト削減にもつながる。[47]

スマート開示

現在、アメリカだけでなく世界中で、「スマート開示」という考え方に期待が高まっている。簡単に言うと、スマート開示とは、「消費者が情報に基づいた決定を下すのに役に立つ形で、適切なタイミングで複雑な情報を、標準化された機械解読が可能な様式で開示すること」である。典型的な方法としては、一般の人々に対し、重要な情報やデータセットへの直接アクセスを提供する形がある。開示された情報は一般の人々も利用するかもしれないが、もっと可能性が高いのは、民間の業者が中に入って、情報をさらに簡潔に、わかりやすい形に加工するという利用法だろう。製品やサービスにかかるコストで、情報の加工なしには不透明だった情報などがここに含まれる。

スマート開示への関心は、まったく別の二つの懸念から生まれた。一つ目は、人々は、自らの過去の決定の特徴とか結果についてはほとんど情報がないことについての懸念だ。一方、企業はまさにそういう情報を保有しているかもしれない。医療保険、家計、携帯、レンタカー、エネルギー、本など多くのことで人々が行う選択について、企業は膨大な量の知識を保有している（そして、その量は増え続けている）。そうした選択とその結果についての知識は将来の決断をもっといいものにするのに役立つ。消費者は、そうした知識にアクセスできるべきだ。

二つ目は、官民双方が情報を開示しても、それは、すぐに利用できる形ではないかもしれないという懸念だ。たとえば、情報が機械解読できない形だったらどうだろう。民間部門でこうした情報を一般の人々が利用できるように加工しようと待ち構えている人たちでも、これではどうにもならない。スマート開示は、この問題を解決しようとするものだ。

復員軍人庁（VA）が、復員軍人が医療保険についての情報にアクセスするときに利用してもらうために用意した「ブルーボタン」を例にしよう。復員軍人庁の説明文をそのまま使えば、次のようなものだ。「復員軍人庁のブルーボタンを使うと、MyHealthVet に登録されている、あなたの健康状態についての情報を、テキスト形式かPDF形式でダウンロードすることができます。特別なソフトウェアを使うことなく、あなた自身でこの情報を管理することができ、医療機関や介護機関、また、あなたが信頼する人とこの情報を共有することもできます。」復員軍人は、www.myhealth.va.gov にログオンし、ブルーボタンをクリックすれば、自分の健康状態についての記録を保存したり、印刷できる。

My HealthVet に登録されている情報には、緊急事態の際の連絡先や検査結果、家族の病歴、軍隊時代の健康状態、その他の健康関連情報が含まれる。これには大きな反響があり、何万という復員軍人が、これを使って自分の記録をダウンロードしたという。復員軍人だけでなく、様々な分野の人々が、このような情報開示から恩恵を受けている。

同じようなことが、エネルギー使用についてもできないだろうか。二〇一二年、全米の発電会社と配電会社が協力して、一五〇〇万以上の世帯に対して「グリーンボタン」をオンラインで提供した。

一回のクリックで自分たちのエネルギー使用についてのデータにアクセスできるというものだった。持ち家の住人やビルの所有者は自分たち自身のデータを知って、自分たちのエネルギー使用を管理するオンラインサービスを使って、電気料金を節約できる。ここには、とてつもない可能性が秘められている。ランダム化比較試験では、支払い料金と使用量について、原則リアルタイムで詳細な情報を与えられた持ち家住人はかなりの金額を節約できた。[48] 使用量の削減幅は八パーセントから二二パーセント、被験集団よりはるかに高かった。この結果は、携帯電話、水道、暖房用灯油や天然ガスについても節約の可能性があることを示している。

ここでも、私たちが経験しているのは氷山の一角にすぎない。スマート開示を利用すれば、消費者は医療保険、預貯金、教育などのデータに安全にアクセスできるようになる。スマート開示はまた、新しいアプリケーションやサービスを開発している起業家や新規企業家たちに新たな市場チャンスを約束している。複雑で、見つけるのがむずかしかったものが、簡単で瞬時に見つけられるものになる。ワンクリック政府というのは期待しすぎかもしれないが、楽観的に言えば、それに近づくことは不可能ではない。そして、政府がその方向に向かえるのであれば、民間だってできるはずだ。

第5章 ためになるデフォルトルール

テレビの五二チャンネルでお気に入りの番組を見ていたとしよう。番組が終わって、次に特に好きでもない番組が始まった。さて、あなたはチャンネルを変えるだろうか。あなたが他の多くの人々と同じなら、答えはノーだ。ある番組に人気が出ると、その次の番組の人気も上がる。理由は、見ているチャンネルがデフォルトとなるからだ。つまり、何もしなければ、そのチャンネルを見続けることになる。[1] イタリアでは、一つの番組の人気が一〇パーセント上昇すると、それに続いて放映される番組の人気も二パーセントから四パーセント上昇するという。当然、テレビ局は視聴者のこうした傾向を把握している。していなければ、四〇パーセント近くの損失を被ることになってもおかしくない。

私は、政府にも民間部門にも次のことを提案したい。あらゆる分野で、オートマティック化に努めよ。政府では、人々が何もしなくても、みんなにとって事がうまく運ぶようにする。もし、人々に何かしろと言うのなら、できる限り簡単で、オートマティックにできるようにする。言い換えれば、政府はできる限り、人々がシステム1で迅速に、簡単にできるように配慮すべきだ。

多くの企業は、物事が自動的に運ぶようにすることで利益を上げている。アップル製品の凄いところは、人々が本能的に、親しみを感じる簡単なパターンを基に複雑なテクノロジーを構築していることだ。iPadやiPhoneのユーザーは、技術用語や訳のわからない図でいっぱいの複雑な取扱説明書に悩まされることはない。政府とのやり取りも、iPadと同じように簡単にできないものか。

給付金、免許、認可、助成金、就職、入館、保安レベル認定など、何らかの申請をするときには、官民のどこでも、複雑な書式に記入することが必要だ。これは本当に必要なのか。オバマ政権は書類整理に要する膨大な時間を削減することに成功したが、それでもまだやるべきことは残っている。連邦政府でもまだ何百、いや何千もの時間の無駄をなくせる。時は金なりだとすれば、適正な時給計算で何十億ドル規模の節約になる。

政府での私の最後の仕事が、すべての省庁に対し、新しい書式が実社会でどれほど面倒であるかを検証し、もっとシンプルな方法を探し出すことを求めることだった。さらに、既存の書式も更新前に検討し、検討に沿って簡略化することも指示した（白状するが、こうした指示を出したとき、私自身が連邦政府の仕事に応募した際、数え切れないほどの書類に記入しなくてはならず、フラストレーションを感じたことが頭になかったとは言えない）。書類記入を自動にできない場合でも、記入しなくてはならない人にとって、少なくとも記入が簡単で、負担が少ないようなものでなくてはならない。システム1で記入できないときでも、システム2が苦労することがないように手立てを打つべきだ。

デフォルトによる決定

出発点、あるいはデフォルトルールが結果に大きく影響することはすでに見てきた。ちょっとした例を挙げよう。ニューヨーク市で、タクシーにクレジットカードで支払える機械を搭載した。この場合、チップはどうするか。機械はチップに関して三〇パーセント、二五パーセント、二〇パーセントの三種類の選択肢を用意している。もっと少なくしようと思ったらそうもできるが、ちょっと面倒だ。乗客は実質的にはこの三つの選択肢に誘導されるわけだが、それを選択しないこともできる。結果、チップは平均一〇パーセントから二二パーセント増加し、ニューヨークのタクシー運転手全体で年間一億四四〇〇万ドルの収入増加となった[2]。

デフォルトルールは医療保険、預貯金、クレジットカード、携帯電話契約、ローン契約などにも見られる。そして、すでに見てきたように、デフォルトルールは生き続けることが多い。最終的な結果は、出発点がどうだったかにかかっている。システム1が「まあ、それでいいや」と言い、システム2は他のことで忙しいから、結局デフォルトが大きく物を言うのである（顕著な例外として、結婚時の姓がある。デフォルトルールは元々の姓を維持することになっているが、女性の大半が姓を変更する。これについては後に詳しく触れる[3]）。

事をオートマティックにする優れた方法として、人々が何もしなくても自分たちのためになるようなデフォルトルールを設定することがある。多くの状況で、選択の自由を残し、硬直化や高いコスト、そして義務化や禁止の予期せぬ悪影響を避けるようにして作られたデフォルトルールによって多くのことが達成できる。

オンラインではどれほどのプライバシーが守られるのか。答えは、デフォルトルールの働きにかかっている。社会保障庁、雇用者、よく使う検索エンジン、フェイスブック、ツイッター、お気に入りのサイトなど、個人が利用する官民双方の機関で、個人情報は個人が共有を許可するボタンをクリックしない限り共有されないと言っている。これがもし、個人情報の共有を止めるボタンをクリックしない限り共有されるとなっていたらどうだろう。結果に変わりはないだろうか。

とんでもない。[4] 情報共有を選択するかと問われると、多くの人はその問いを無視するか（「まあ、どうでもいいや」）、「冗談じゃない」というような反応を示す。どちらの反応をするにしても、結果は同じ、情報は共有されない。一方、情報共有を止めたいかと聞かれても、多くは「まあ、どうでもいいや」と反応する。特に、止めるために多少とも複雑な説明を読んで、考えなくてはならないときはそうだ。この場合、情報は共有される。

グーグルのブラウザーのクロムの現況のセッティングを見てみよう。もし、匿名でウェブを利用したければ、「新規匿名モード」をクリックすればいい。だが、デフォルト設定ではこの「匿名モード」を選択することはできない。ブラウザーを開くたびに、このオプションをクリックしなくてはならないようになっている。もし、「匿名モード」をデフォルト設定できるなら人々はそうすると、私はかなりの自信を持って推測する。同じように、デフォルト設定が「匿名モード」であれば、それを止める人は少ないとも推測する。グーグルは明らかに、「匿名モード」の利用を許しつつ、そうさせないよう、デフォルトを操作することが重要だと考えている。匿名で利用することは人々のためにならないかもしれず、グーグルの考え方は正しいかもしれない。だが、ここでのポイントは、グーグルが選択アーキテクトとして働き、その決定が影響を及ぼしているということだ。

指名承認プロセス中、私は臓器を盗み取ることに賛成していると非難された。その非難は（今でも）間違っている（と、喜んで報告させていただく）。だが、多少なりとも私の名前が出たその問題に立ち戻って考えると、腎臓移植に必要な腎臓の提供数を増やす簡単な方法は何かという問題になる。答えは、全国臓器提供プログラムに自動的に参加できるようにすることだ〔5〕。死後に臓器の提供をする気があるということを前提にして、そうでない場合はその意志を表明するとした「同意を前提とした」国々では、臓器を提供する意志を表明することを求める国々より提供率が高い。

たとえば、オーストリアでは臓器提供への同意率は九九パーセントであるのに対し、ドイツでは一二パーセントだ。これは二つの国で、文化的に大きな違いがあるからだろうか。違う。デフォルトルールが異なるからだ。

もちろん、同意を前提とするのがいいアイデアかどうかは問題だ。微妙な問題であることを考えると、国によっては、人々が自ら行動で示すことをデフォルトルールにした方がいいかもしれない。ただ、デフォルトルールが大きな影響を持ち、自動参加によって、多くの命が救われるというのは明らかだ。公衆衛生の面でのデフォルトルールの効果を確かめるのに、アフリカ大陸のサハラ砂漠以南の地域の実状を見てみよう。この地域では結核患者の多くがエイズウィルス（ＨＩＶ）にも感染しており、結核がエイズウィルス感染の最初の症状として表れることが多い。自主参加の実験で、結核患者にエイズウィルス検査も希望できるという選択肢を与えたところ、選択したのはわずか七・七パーセントだった。しかし、エイズウィルス検査を希望しないことを選択する選択肢の場合、二一パーセント近くが検査を受けた。〔6〕今後、デフォルトルールは公衆衛生と安全を守る重要な方法となっていくだろう。

消費者がもっと、大気汚染や気候変動など環境問題を悪化させないエネルギー源である「グリーンエネルギー」を利用してほしいと思っている人は少なくない。このようなエネルギーはすでに各地で利用可能になっているが、実際にそれを選んでいる人は少ない（聞かれればそうしたいと答える人は多いのだが）。ところが、ドイツの二つの地域では、このようなエネルギーの利用が九〇パーセント以上と驚くほど高い。ドイツの他の地域でもグリーンエネルギー・プログラムへの参加率が一パーセント程度であることとは、かなり対照的である。違いの原因は、二つの地域ではグルーンエネルギー・プログラムへの参加が自動的で、不参加が選択になっていることだ。〔7〕

アメリカでの選択肢について

貯蓄のケース

アメリカでは、雇用者が従業員に対し、退職年金制度（401K）に加入するかどうかを選ばせるのが通例だった。一般的には、デフォルトルールは加入しない方だった。加入はむずかしくはなかったが、加入する従業員の数は、特に当初は比較的少なかった。[8] その結果、従業員の多くが、退職後に充分な貯金がないことになった。

最近、かなりの数の雇用者が、デフォルトルールを自動加入に変更している。第3章でも述べたように、結果は明らかで、自動加入をしないことを選択しなくてはならないとなると、加入したままの従業員が増え、退職後の貯金も増えるという結果になった。[9] 加入をやめる手続きが簡単であっても、そうなる。自動加入は様々な集団の人々に恩恵をもたらし、特にヒスパニック系やアフリカ系のアメリカ人、女性にとって、退職後の備えが増加するということになった。[10]

これには連邦議会も関心を寄せた。二〇〇六年、議会は年金保護法を採択、ブッシュ大統領もこれに署名した。[11] これは、行動科学の実証に基づいたもので、雇用者に自動加入制度を奨励し、雇用者がそのような制度を採用するインセンティブを多数用意した。[12] この例に倣い、オバマ大統領も国税庁と財務省に対し、自動加入を奨励する新たなイニシアティブの実施を指示した。[13] これで無数の国民が、金が必要になる退職後のためにこれまでより多くの備えを蓄えられるようになる。金をどうするかについての教育とか面倒な規制とか、大したことは必要ない。デフォルトルールにすればいいだけだ。

医療保険制度のケース

年金制度でうまくいったことは、医療保険でもうまくいく。医療保険制度改革法で、保険への加入を義務化した「強制加入」条項を例にしよう（そのために財政支援が必要な人には充分な支援を提供した）。なんと言っても、この条項は全国的な議論を巻き起こした。二〇一二年には最高裁判所が五対四の僅差で、この条項の正当性を認める判決を下したが、それで議論が収まったとは言えないだろう。私が強調したいのは、強制加入に反対した人々の中にも自動加入には賛成する人がいたという点だ。自動加入は強制加入が実施された場合でも、役に立つ。

たとえば、保守強硬派のトム・コバーン共和党上院議員は、自動加入には絶大な支持を表明している[14]。議会では医療保険制度改革に関して長期間議論が戦わされたが、コバーン上院議員は、自動加入制度は人々に加入しないという選択肢を残しつつ、保険で医療を受けられる人を大幅に増加させると論じた。自動加入制度は保険医療の範囲を広げるとした議員の意見は正しい。いくつかの試算によれば、加入を選択させる方法に比べて、自動加入制度では、強制加入ではなくても、何百万人が新たに保険医療を受けられるようになるという[15]。

オバマ政権では、自動加入制度についての議論に多くの時間を費やし、特に実際の証拠が何を示しているかに注意を払った。そうした議論の結果が、医療保険制度改革法の重要な条項に反映されている。強制加入条項とともに、自動加入も義務化したのである。基本的な考え方はこうだ。自動加入にすれば、政府は人々が強制加入の義務を果たすことを手助けできる、つまり、人々が恩恵を受けることが簡単に、単純になるというわけだ。具体的には、従業員二〇〇人以上の企業の経営者は、従業員の医療保険への加入を、加入しないという選択肢を残しつつ、自動的としなくてはならないとしたのだ。[16]

この条項を一般的な状況に当てはめると、自動加入は義務化や禁止などの方法の補完になることを示している。自動加入によって、人々は義務とされたことを果たすことが容易になる。何もしなければ、義務を果たした（保険でカバーされる）ことになるのだ。

個人に強制加入が課せられているのなら、加入しないという選択肢を残す必要があるのか、という疑問が出るだろう。当然だ。だが、答えは至極簡単、加入しないでいいもっともな理由があるかもしれないからだ。たとえば夫婦の間で、夫が妻の保険でカバーされていれば、夫は加入しないことを選択するかもしれない。自動加入で雇用者も従業員も手続きが簡単になるが、別の保険に入っている人もいるかもしれない以上、加入しないという権利は維持しなくてはならない。

子どものための保険はどうだろう。州の中には、医療保険への加入に時間がかかり、わかりにくかったりするところもある。また、親の中にも惰性から何もせず、子どもに加入資格のある保険に入らずにいることがある。二〇一〇年、メディケア・メディケイド・サービスセンターがこの問題に対して、大きな一歩を踏み出した。[17] 新しいガイドラインを設定し、資格のある児童はメディケイドか、児童医療保険プログラムに自動加入、自動更新することを州政府に許可したのだ。結果、これがなければ保険に加入していなかった児童の多くが保険でカバーされることになった。

学校給食のケース

一九四六年以来、連邦政府は学校に通う児童に朝食と昼食の両方を、無料の給食として提供してきた。「全国学校昼食プログラム」のもと、一〇万一〇〇〇以上の数の公立及び私立学校で三一〇〇万人以上の児童が安い値段か無料で昼食を食べている。貧困ラインレベル、あるいはそれを下回る家庭は何も払わなくていい。

このプログラムが長い間抱えてきた問題は、このプログラムの対象となる児童の数多くが、参加していないことだ。参加がむずかしいのが一因である。まず、親の多くがこのプログラムのことを知らない。知ったとしても、子どもの参加申し込みのための手間を取ろうとしていなかった。「全国学校昼食法」は、大胆な策を講じて、自動加入に近い方式を導入した。[18]「直接認定」プログラムを実施し、他のプログラムの対象になる児童は、別途に申込書を提出することなく、無料給食にも「直接認定」されるという方式だ。[19] 直接認定の仕組みが始まったおかげで、無料給食を受ける児童の数は億単位に達している。

従業員給与報告等のケース

インターネットにアクセスできる人々の数が多くなってくると、紙での報告はレコードやダイヤル式の電話のように、過去の遺物となってきた感がある。給料や保険手数料の支払いなど、紙で報告することは多くの人間にとって、気が散る用事で時間の無駄である。であれば、人々は電子情報として受け取ることを好むのを前提として、インターネットへのアクセスがない、あるいは紙での報告を好む人には電子情報での受け取りから外れるという選択をしてもらうというのが最適の方法ではないか。国土安全保障省（DHS）が実施したのが、まさにこれだ。職員給与報告を電子的に行えるようにして、コストを削減しつつ、今でも紙で処理したい人たちはそうできるようにしたのである。[20]

このような方向での変化には、官民どちらでも多くを節約できる可能性がある。二〇一二年、私たちは投資家が自分の預貯金に関する手数料や利害対立の可能性について、明確でタイムリーな情報を得ることができるような施策を実施した。[21]適切で、しかも簡単なナッジだ。このような情報を紙で提供、郵送する費用は大きいから、こうすれば費用を抑えられる。規制にかかる費用を抑えることは大事だ。電子提供をデフォルトにして、紙での提供は選択とすることで、民間部門も多額の節約ができる。そして、それは消費者にとっての節約にもつながる。ここで覚えておきたいのは、電子情報をデフォルトとすることは、紙での情報提供のコストが雇用者にも消費者にも回されないということだ。

小児肥満を解決する

ミッシェル・オバマ大統領夫人が始めた「レッツムーブ」キャンペーンは、児童の間で肥満が増えていることに対応したもので、食生活の改善と運動を奨励してきた。その真の成果が見えつつある。二〇一二年、ニューヨーク、ロサンジェルス、フィラデルフィアなどの主要都市での小児肥満率がとうとう下降に転じ始めたのだ。だが、特にむずかしい問題であることもあって、なかなか前進しない。問題解決の一つの方法に、デフォルトルールの応用がありそうだ。

たとえば、こんな仕組みだ。多くの実証研究によれば、肥満の一因は、「簡単に手が届いてしまう」ことだという。一番簡単に手に入るようにするというのは文字どおりにはデフォルトルールにはならないかもしれないが、社会環境によって、食べ物についてのデフォルトらしきものを作り出せる。健康的な食べ物が簡単に手に入るようになれば、人々はそちらを選択するようになり、同じことは不健康な食べ物についても言える。便利だとか手に入れるのが簡単だとかいうのは、カロリーの取りすぎに大きな影響を与える。[22] ファストフード店が学校や住宅地域に近いところにあると、児童や妊婦は太る傾向にあるという調査結果もある。[23] そして、不健康な食べ物がほんの少しでも手に入りにくくなると、その消費量は減少するという。[24]

皿の大きさとか量とかをほんの少し変えるだけでも、大きな影響が出る。こうした小さな変化が、ナッジや、デフォルトルールとして機能する。人々が食べる量は、手に入る食べ物の量によって決まる。心理学者のブライアン・ワンシンクは一連の重要な（そして笑ってしまうような）実験を行い、食べることの大半は「考えなしに」、システム1が作用し、システム2は眠っている状態で行われ、人は目の前に出されたものはなんでも食べてしまうという結果を得た。[25] 私たちはしばしば、置かれた状態に合わせて、好きでもないものを食べ過ぎてしまう。すべて、急速に、無意識に、そして自動的に起きてしまうのだ。

ワンシンクは、人は毎日二〇〇回以上食べ物に関連する決断を下すという。決断の多くはシステム1により、熟考しての判断は経ず、素早く、直感的に下される。数年前、シカゴで映画の観客に無料でポップコーンが配られた。残念なことに、このポップコーンは五日前に作られ、保管されていたもので、食べればキューっという音がするくらいに湿気っていた。そんなポップコーンだとは知らされてはいなかったが、人々もさすがに美味しいとは思わなかった。観客の一人はこう言っている。「発泡スチロールでコーティングされたピーナッツを食べているみたいだった」。

ワンシンクは実験で、映画の観客の半分には湿気ったポップコーンのLサイズを、残り半分には同じポップコーンのMサイズを与えた。映画が終わって、Lサイズを受け取った観客に、大きなサイズだったから余計にポップコーンを食べてしまったかと尋ねた。ほとんどの客はそんなことはない、「その程度のことには騙されないよ」と答えた。しかし、客は本当の効果は気づいていなかった。L

サイズを受け取った客は平均して、五三パーセントも多く食べてしまったのだ。しかも、美味しいとは思わなかったのに。

もう一つの実験には特殊な装置が必要だった。人々にキャンベルのトマトスープが入った大きなスープボウルの前に座ってもらい、好きなだけ飲んでもらう。そのスープボウルには自動的にスープを足す仕掛けがしてある（ボウルの底がテーブルの下の機械につなげてある）ことを、人々は知らされていなかった。人々がどれほどスープを飲んでも、ボウルは決して空にはならない。多くの人は、実験終了までスープを飲み続けた。

一般的に、「たくさん与えれば、たくさん食べる」ということだろうか。大きな入れ物でアイスクリームを出されれば、小さな入れ物で出された人よりたくさん食べてしまう。たとえば、M&Mチョコレートが〇・五ポンド〔二二〇グラム〕入った袋をもらうと、一ポンド入った袋をもらったときに食べてしまう量の半分しか食べない。答えは簡単。パッケージが食べるべき適当量を示しているように見えるからだ。事実、多くの人は、満腹になったから食べるのを止めるわけではない。グラスや皿が空かどうかを確かめる。人はアイスクリームを半分残したままにはしておかない。

アメリカ人はフランス人より肥満の割合が高い。最近では、アメリカ人の肥満率はフランス人の二倍から三倍に達する。理由は、フランス人が食べる物の方がカロリーの高いものが少ないからではない（それは逆だ）。肥満を引き起こす原因の一つは、食べる量のようだ。料理本のレシピでも、スーパーマーケットでも、レストランでも、フランスでは基本量が少ない。[26] アメリカでは年々、皿の大きさも基本量も劇的に増加している。ナッジとして最適なのは、量を少なくすることだろう。図5・1を参考にしてほしい。[27]

人々が食べる量を減らすのは、驚くほど簡単だ。レストランでは、頼んだ料理を「大盛り」にしたいかと尋ねることがある。それなら、「小盛り」にしたいかと聞いたらどうだろうか。小盛りにしたらと言われると、ファストフード店でも食べる量がかなり減ったという調査結果もある。[28] 実際、このように尋ねることは、カロリーを記載することより効果が上がっている。

ここでは、多くの人々が基本量は多いと思っているというのが重要な発見だ。「サイドメニューをハーフサイズにして、摂取カロリーを二〇〇カロリー分削減したいと思うか」と尋ねると、三五パーセントの場合で人は「はい」と答える。「小盛り」にしますかと聞くことで、カロリーの削減につながっただけではない。調査に参加したレストランのコストも削減した。もう一つ重要な発見は、口頭で勧めることも、デフォルトの機能をある程度果たすというものだ。

ダイエットに関する企業は、デフォルトやナッジを頼りにし始めている。[29] たとえば、〔ダイエット総合企業の〕ウェイト・ウォッチャーズは健康的な食の選択を実質的にデフォルトにする試みを行っている。ウェイト・ウォッチャーズ会員は、会社が提供するアプリケーションを利用すると果物や野菜を重視したメッセージを自動的に受け取り、健康的な生活を送るようになる。同社は会員に脂肪分の高い食べ物を棚の高い方に置くなど、選択アーキテクチャーの活用を奨励している。将来、このような形で民間の創造力が増えることが期待される。

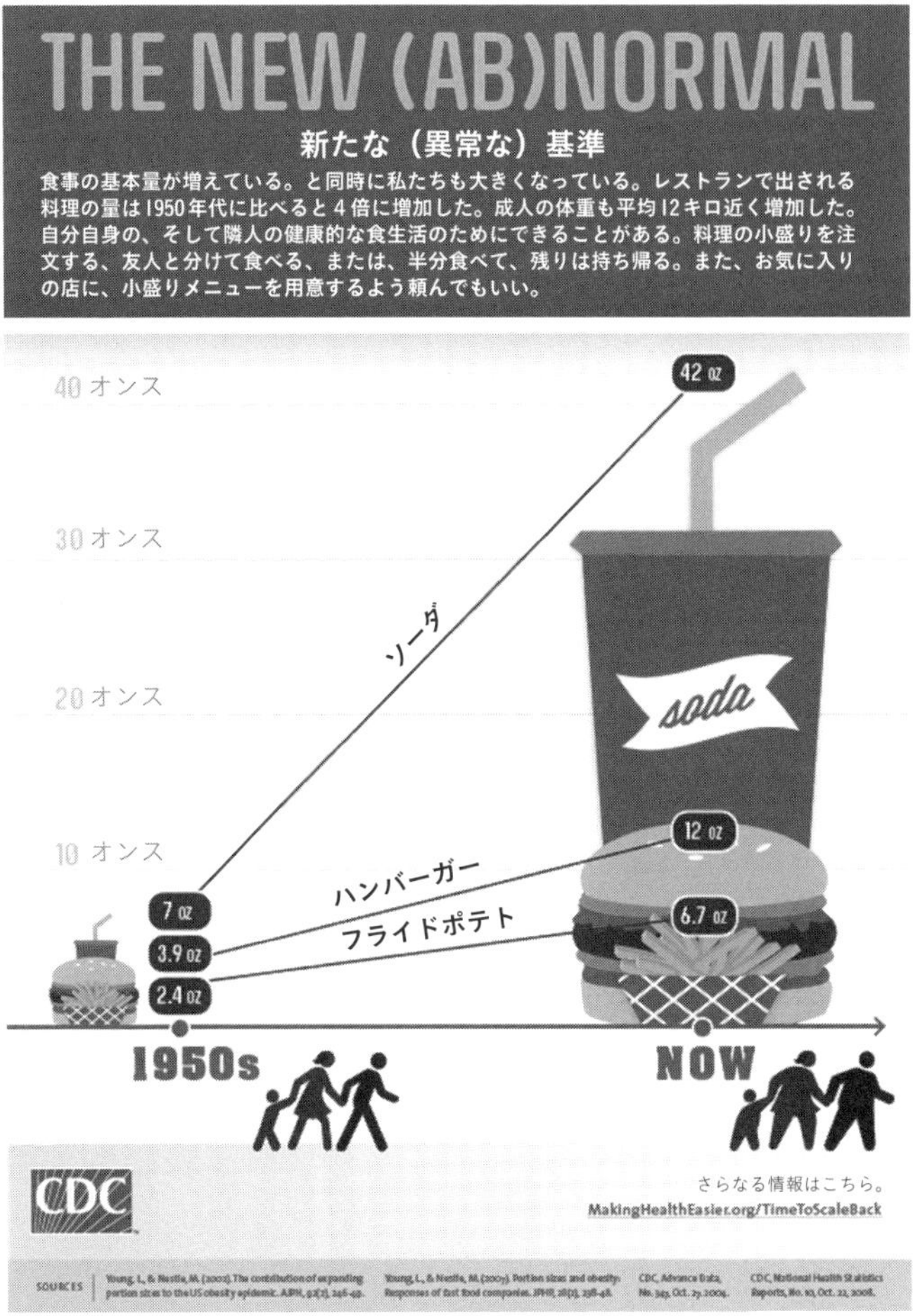

図5・1　基本量の増大

出典：Centers for Disease Control, “The New (Ab)Normal,“ :http://makinghealtheasier.org/newabnormal.

デフォルトはなぜ効果的なのか？

デフォルトルールが結果に大きな影響を及ぼす理由を探究した文献は数多い。[30] それらを見ると、理由は三つにまとめられる。

第一は、惰性と引き延ばしで、これらについては第3章ですでに述べた。デフォルトを変えるには、それを拒否するという行動を自ら起こさなくてはならない。惰性の力と引き延ばしたがる傾向を考えると、人は、単に現状維持のままになる。

第二に、デフォルトルールは暗にそれがお勧めであることを示していると、人は見ることがある。雇用者が預貯金プランに自動的に加入させようとしているのなら、あるいは、州政府が臓器提供への同意を前提としているのなら、多くの人々、多くの知性ある人々はそれを正しい行動だと考えているのだと思い、自分もそういう人々の誘導に従うべきだと考える。デフォルトは、思慮深い人たちがもっともな理由で選んだものだと考える人が多い。それから外れることが正しいとするような情報がない限り、外れるべきではないと信じるのだ。[31]

第三に、デフォルトルールが、人々が参考にする基準になっているかもしれない。損失回避の傾向を思い出してみよう。人は基準点から見ての損を嫌う。[32] たとえば、一ヵ月五〇〇〇ドルの給料をもらっているときに、そのうち二〇〇ドルを貯金に回して、手取りが四八〇〇ドルになるのはどうかと聞かれたとする。それには不満を感じるかもしれない。だが、もし基準点が四八〇〇ドルだったら、つまり、その額が給料で、二〇〇ドルは始めから貯金に回っているとしたらどう感じるだろうか。貯金に回す金額を減らすと言われたら、それを不満に思うかもしれない。出発点は基準点となる。

基準点と損失回避が重要になる分野は色々ある。エネルギー効率のいい電球がデフォルトだとしよう。そんななかでエネルギー効率の悪い電球がほしいかと聞かれたとする。そうすると、効率（そして最終的にはお金）という意味で損という気分が大きくのしかかってきて、効率のいい電球を買い続けることになる。だが、もしデフォルトルールがエネルギー効率は悪いが、今払う金額は安く済む電球になっていると、効率の悪い電球を買い続けるかもしれない。今払う金額が安いということで、このデフォルトのままでいいと思うからだ。[33]

どんなデフォルトルールがいいのか？

適切なデフォルトルールを選択し、そうでないルールを排除することで、選択の自由を保持し、コストをかけずに、目的を達成することが、官民双方の分野で行われるようになってきた。だが、どんなデフォルトルールを選ぶべきだろうか。役に立つルールと害になるルールはどうやって区別したらいいのか。

人々が適切な情報を得ていたら選ぶであろうものを反映したデフォルトルールにするのが、妥当なアプローチだろう[34]。情報を得た人々が選ぶであろう状況に人々を導けるデフォルトルールであれば、それを採用する理由は充分にある（もちろん、多数派と異なる意見の人はそうしないことを選択できるというのが条件だ）。情報が充分であれば、八〇パーセントの人が預貯金プランに加入するのなら、自動加入とする充分な理由になる。

もちろん、これではあまりに乱暴だという意見もある。それなら、二つのデフォルトルールを考えてみよう。AとBの二つで、情報を得た人々の五五パーセントがどちらかと言えばAを好んでいる。そして、四五パーセントはBを強く支持している。この場合、Bへの支持は強く、Aの五五パーセントは特に関心を持っていないことの表れかもしれない。そうであれば、Bをデフォルトにすべきだ。情報を得た人々がどちらを選ぶかだけでなく、その選択への関心の強さも測ることが重要である。

選択を考える際、最も自然なのは費用と効果で考えることである。デフォルトルールが行き詰まったら、費用と効果を考えてみる。先の例で言えば、Bの方が明らかに適切だ。また、複数のデフォルトルールの間で決めかねる場合もあるだろう。その場合には、意識して選択させることがいいこともある（これについては、次に述べる）。

個々の利害、間違いなどのリスクについて

デフォルトルールがいいものでなかったり、悪用されたり、また、有害であるという可能性は否定

できない。たとえば、選挙制度で、有権者の票が自動的に現職を支持するようになっている、ただし、そうしない選択もできるとなっている場合、あるいは、国民に拒否する選択はあるが、一定の宗教に属することをデフォルトにしている国家の場合などだ。レンタカー会社が、あらゆる費用を加算した高い保険をデフォルトにしておいて、それを選択しないことも可能にしている場合も同じだ。

幸運なことに、最も有害なデフォルトルールに対しては市場の力が働いて、それを抑制する。顧客はほどなく、ひどいデフォルトを課す会社に行かなくなる。だから、実際にあるデフォルトルールの多くは役に立つもので、コンピュータや携帯のデフォルトを考えてみれば、その有用性はよくわかる。ただ、システム1を意図的に操作しようとする企業もある。特に、製品の特徴が隠れていて、必ずしも目立つものではない場合がそうだ。

ちょっと悪い例かもしれないが、「ネガティブオプション・マーケティング」と言われるやり方を例にして考えてみよう。これは、「無料」で製品を受け取ることに同意すると、（加入しないという意思表示をしない限り）自動的に月額料金を徴収するプログラムに加入させられるというものだ。[35] たとえば、ホテル料金が無料になるということで、一ヵ月一五ドルの料金を払うプログラムに加入させられるといった具合だ。月額料金は目立たず、ぼかして記載されていて、それを選択しなくてもいいというオプションは、あったとしても、（よくわからないように）一応書かれているという程度かもしれない。

私自身、ネガティブオプション・マーケティングに晒されていないわけではない。晒されていない人などほとんどいない。私の経験から言うと、クレジットカード会社が、私が好きな雑誌を数冊選べば、その購読料を三ヵ月間無料にするといってきたので、私は喜んでそれに応じた。数十年後、私はその時選んだ雑誌を、すでに読む気もないのに購読料を満額支払って購読し続けていることに気づかされた。政府で働き、給料がかなり減る可能性に直面して初めて、私はやっと購読停止の手続きを行った。

ネガティブオプション・マーケティングは残念な効果を及ぼす。人々の惰性を利用して、高い金を払わせるのだ。人は毎月の請求書は見ないかもしれないし、見たとしても万事良好だと思い込んでいる。結果、（自動的に）多額を支払ってしまってからやっと、その支払いを停止することになる。連邦取引委員会（ＦＴＣ）が、ネガティブオプション・マーケティングに深刻な懸念を表明しているのも驚きではない。[36]

このようなことは、官民双方の分野で起こりうる。給料から妥当と思われる以上の多額を自動的に預貯金に回すプランや、状況にそぐわない医療保険への加入をデフォルトにしているもの、あるいは、不必要で、大嫌いなエクササイズプログラムに加入させるプランなどだ。自動加入は無駄になることもあるし、時に災難とさえなる。そのリスクは実際にあり、しかも大切な話なのだが、デフォルトルール全般を否定するものではない。デフォルトルールなしにはやっていけない。問題は、どれがベストなデフォルトルールかということだ（もちろん、意図的選択という条件がつくこともあるが、それについては、すでに約束したように、この後すぐに論じる）。

自動加入の活用を評価する際、個々の状況が重要になることは当然だ。自動加入について、加入させられる人たちに対して明らかで、透明になっていないと、人心操作とも思われかねない。それが、人々の長期的な利益に結びついていないとすれば、問題はさらに深刻になる。

これからの流れは個人仕様

デフォルトルールは、関係の人々すべてに適用される。センシブルスニーカー社の従業員なら、(たとえば医療保険と年金制度に関する)デフォルトルールは、その会社で働くすべての人々に適用されるだろう。オーストラリアの公務員なら、オーストラリア政府のデフォルトルールはすべての公務員に適用される。だが、個人に合うように作られるデフォルトルールもある。ジョー・スミス、メアリー・ジョーンズ、レディ・ガガ、コービー・ブライアント、サラ・ペイリン、バラク・オバマ、あなた自身など、すべての人それぞれに合わせたデフォルトだ。時期が来れば、個人仕様のデフォルトルールの方向に向かうことになるだろう。原則論で言えば、個人仕様のルール設定は充分可能性がある。

個人仕様のデフォルトは、個人やよく似た人物が過去に行った選択に基づくものになるだろう。アマゾン・コムは顧客に対して、過去の選択に基づいてお勧めを行う。デイヴィッド・アンブローズのSF小説が好きなら(私からもお勧めだ)、ニール・ゲイマンのSFも好きになるだろうと考える。大まかに言って、アマゾン・コムは個人仕様のデフォルトを、目に見える、明らかな選択という形で作り出している。

同じような形でデフォルトルールを作り出せる分野は数多くある。ジョー・スミスについて充分な情報を集めることができれば、医療保険、プライバシー、レンタカー条件、コンピュータ設定など、ジョー・スミス仕様のデフォルトルールを作ることができる。個人仕様のデフォルトルールは時の流れに従って変化するという意味で、ダイナミックだ。今年ジョーにとってベストなルールは、来年のジョーにとってのベストとは異なるかもしれない。原則で言えば、デフォルトルールは日々変化してもおかしくない。官民双方の組織が集める個人情報が増加する今日、それはSFの世界の話ではなく、日常になりつつある。（アマゾンの例にあるように）ウェブサイトの多くがこの方向に向かいつつあり、過去の選択に基づいて、デフォルトではないにしても、提案を行っている。

確かに、この可能性にはプライバシーに関する深刻な問題が伴う。自分が一定方向の選択にデフォルトで設定されているというのはいい気分ではないだろう。たとえば書籍（タイムトラベル小説？）、雑誌（映画スターの私生活？）、音楽（テイラー・スウィフトなら悪くない）などの傾向で、こうしたデフォルトについて、他人には知られたくないと思うかもしれない。だが、プライバシーの問題自体、個人仕様のデフォルトルールに操作されていることに気づくべきだ。プライバシーを重要視し、過去の選択にもそれが反映されていれば、個人仕様のデフォルトルールはプライバシーを守るような形に作られる。個人仕様では、過去の選択がデフォルトに反映され、それはプライバシーだけでなく他のことでも同様である。

そこまで大胆に踏み込まないとして、地理的要因や人口動態的要因など、集団的特徴に合わせたデフォルトルールは可能かもしれない。たとえば、年齢や収入は、年金制度のデフォルトの決定に活かせるかもしれない。私がハーヴァード大学で働くことになったとき、大学側は「ヴァンガード・ターゲット・ファンド」という年金制度をデフォルトとして提供した（私はこのデフォルトのままにしてあるので、適切なプランであることを期待している）。六〇歳の人間のデフォルトプランは三〇歳の人間のものとは異なり、収入が多ければ、少ない人のデフォルトプランとは違う。一般的に言えば、個人仕様のデフォルトルールは、「あなたのような人」にとって最適なものを追うものである。

退職年金制度について見れば、（特に年齢に注目した）多様性を重視したデフォルトルールは可能性大で、そうしたデフォルトプランへの加入は六〇パーセント増加する見込みがある。加入者への恩恵も大幅に増大する。[37] 医療保険、プライバシー、クレジットカード、携帯電話など、同じアプローチが取れる分野は想像に難くない。

個人仕様のデフォルトルールの一番の利点は、「一般」仕様のデフォルトルールより正確で、きめ細かなものになるということだ。技術が発達し、情報がもっと集まってくるようになると、個人の選択や状況をもとに（プライバシーも含めての）個人仕様のデフォルトを作成する可能性は大きくなっているはずだ。個人仕様の拡大にリスクが伴うことはもちろんだが、人々の生活向上のためにデフォルトルールを活用するチャンスは、今後ますます出てくるに違いない。

デフォルトルールが機能しない場合――姓の変更のケース

ここまでデフォルトルールの強い影響力について述べてきたが、それを力説しすぎることは避けよう。自分に強い考えや好みがあれば、そうしないことを選択するのが多少面倒でも選択する。デフォルトルールの適用対象の人々が、そのデフォルトはいいアイデアではないと思えば、そのルールは成立しない。

結婚時の姓変更の例をもう一度とりあげてみよう。〔38〕アメリカではすべての州で、結婚後男女共に旧姓を維持できるというデフォルトルールを採用している。他にも様々なデフォルト・ルールが考えられる。たとえば、

- 夫の姓はそのままで、妻が夫の姓に変える。これは、差別的ではあっても、少なくともアメリカでは人々の行動に沿ったアプローチである
- 妻の姓はそのままで、夫が妻の姓に変える
- 双方の姓をハイフンでつなぐ
- そうしないと選択しない限り、結婚後の姓はスミスとする（ディランでも、ケネディでも、パイでも、シンプラー〔本書の原題〕でも何でもいい。何を言いたいかはおわかりだと思う）

つまり、現行のデフォルトルールは、こうでなくてはならないというものではない。それでいて、その効果はどうかというと、夫がデフォルト通りにする例が圧倒的多数を占めている。夫が姓を変更するのはほんの数パーセントでしかない。対照的に、女性の大多数（おそらく八〇パーセント以上）が姓を変える。ここでは、デフォルトルールは女性に対しては大きな影響力を持たない（妻が夫の姓に変えることがデフォルトであれば、この割合はもっと高くなることは推察されるにしても）。

女性に対して、このデフォルトルールが働かない理由は何だろうか。重要な要因として三つのことが考えられる。第一に、多くの女性が（社会規範や圧力に影響されて）様々なことを考慮し、自分がどうしたいかはっきりしない場合は、自ら姓を変えることを選ぶ。[39] これは、どうしたいのか明確でなかったり、自分の好みが、ある意味デフォルトルールで規定される場合にはよくあることで、むずかしい話ではない。第二に、問題をよく自覚している場合、特に結婚は人生で大事な出来事であるから、いつ行動すべきかもわかっている。この場合、引き延ばしや惰性は関係ない。第三に、姓を変えることは、そうする人にとって、ある種お祝いである。わざわざ引き延ばそうと思う類のことではない。明らかな気持ち、確定されたタイミング、そしてその選択についての満足感、この三つが揃うと、デフォルトルールは大した意味を持たない。

気持ちが明らかであるだけでも充分なようだ。たとえば、収入の八〇パーセントを貯金に回す、あるいは、（税引後の）収入の六〇パーセントを国家の財源に入れる、さらには、四〇パーセントをあなたが大嫌いな人物の銀行口座に入れるとかトイレに流すとかいうプランが自動加入であったなら、そのプランに加入しないことを選択するだろう。イギリスのある調査では、これほどひどくはなくても、デフォルトプランに回す金額がかなり大きいと（税引前収入の一二パーセント）、大多数が加入しない選択をしたという結果も出ている。[40] 一年後にこの割合のプランに留まっていたのは二五パーセントのみ、これより低い割合でのプランでは、六〇パーセントが留まった。

ここでまず明らかなのは、「極端」なデフォルトは機能しないということだ。だが一方で、この調査でデフォルトのままにした人たちが低所得者だったことを考えると、デフォルトルールは高所得者より低所得者の方に強く働きかけることもあるのだろうか。考えられる理由は、低所得者の方が心配することが多くて、デフォルトルールについてよく考えたり、変更したりすることに手間をかけようとしないのかもしれない。[41] もう一つの理由は、低所得の労働者は自分の判断に自信がないため、デフォルトに決めてもらうということも考えられる。

他にも、デフォルトルールが大きな影響力を持たない場合がある。税金の払い戻しの大部分が米国債となるデフォルトの場合、労働者には大した影響を及ぼさない。かなりの数の労働者は、払い戻し分の使い道について予定してしまっているため、国債など預貯金に回すということには興味がないからだろう。[42] 人々が、一定の方向に強い興味を持っている場合、デフォルトルールの影響力は小さいか、まったくないと言っていい。

これはいいニュースでもあり、悪いニュースでもある。悪い方から先に言うと、選択アーキテクトから見て、目標達成のためにデフォルトルールを利用できない場合もあるということだ。いいニュースは、デフォルトから外れる選択ができることは、バカバカしいデフォルトや悪意あるデフォルトに対する防御手段になるということだ。ただし、場合によっては、重要な防御手段であっても機能しないデフォルトもある。

二〇一〇年、連邦準備制度理事会は、銀行口座の貸越手数料から利用者を保護するべく乗り出した。理事会は銀行に対し、口座名義人が貸越プランに加入しない限り、当座預金口座から手数料を引き落とすことを禁じた[43]。目的の一つは、顧客、特に低所得の顧客が、金利七〇〇〇パーセントの融資にも同等の、懲罰的とも思える高金利融資を受けたのと同じ状況に陥らないように保護することだった。原則論では、この規制は大きな効果を及ぼすはずで、デフォルトルールの力の理解がその動機となった。ところが、人々はこぞって、このデフォルトから外れることを選択し、効果はそれほどには上がらなかった。

理由は、法学者のローリー・ウィリスの有意義な論文によれば、銀行側がこの規制を嫌い、自由に貸越手数料を変更したいがために、外れる選択をしやすくする様々な手段を使ったことによる[44]。シンプルであることの力を活用し、銀行側はその選択ができる限り簡単に行えるよう工夫した。たとえば、現金自動支払機（ATM）でボタンを押すだけでいいようにした。また、外れる選択を奨励するために積極的なキャンペーンを行い、経済的なインセンティブも設定した。行動経済学をここまで理解したかと感服するほど、損失回避や消費者の混乱を利用して、外れる選択をしなければ損をすると、口座保有者を説得したのだ。たとえば、ある銀行が作った宣伝資料には次のような文章がある。

イエス：シェアプラスATMで利用でき、貸越手数料保証付きのデビットカードがついている口座を維持する

ノー：シェアプラスATMで利用できず、貸越手数料保証付きのデビットカードがついていない口座に変更する。

ウィリスが引用した、ある銀行員の言葉によると、「人々は変更するのが怖くて、変更しないで済むよう（借越しできる）選択に留まった」という。つまり、規制対象機関がデフォルトルールに強く反対し、顧客に簡単に訴える方法がある場合、行動科学的な方法も含め様々な手段を講じて、自分たちが好む方向に人々を誘導できるかもしれないということだ。簡素化、損失回避などの調査結果を利用して、自らの目的を達成しようとする。官僚がデフォルトルールの効用を確実にするには、デフォルトから外れるという選択に向かわせないよう、さらに手を打つ必要がある。

能動的選択

デフォルトルールは避けられないと論じてきたが、一方で、これには重要な但し書きがつくとも

言ってきた。選択アーキテクトとしては、デフォルトルールは避けて、能動的な選択を課すということもできる。官僚などの（この場合、民間企業でも同じだが）選択アーキテクトを信用せず、彼らに左右されたくないと思っているなら、能動的選択に興味を覚えるかもしれない。そうした向きは、デフォルトルールを避け、個人に対して直接質問をぶつける方がいいだろう。

この方法では、人々は様々な選択肢から本当に選ぶことを求められ、どのような選択肢もデフォルトで設定されることはない。たとえば、医療保険、プライバシー、預貯金などの場合、規制担当者も企業も、自動加入などを前提とし、その前提から外れたいときにそう選択させるのではなく、単純に、人々にどうしたいか意思表示をさせる方法だ。「させる」というのは意味が不明確で、選択を怠ったり、拒否した場合の罰則はどうなるかという問題がある。一つの方法は、官民とも雇用者が、従業員に対して、医療保険や年金制度を選択しない限り、働き始めることはできないとすることだ。もう一つは、政府が免許や恩恵の申請の際、一例としては運転免許の場合、（たとえば）臓器提供についての意思を表明することを義務付けるようなことだ。

能動的選択には利点が三つある。

①能動的選択は惰性を克服する

能動的選択の最大の利点は、人々が自分が望む結果を手に入れられる可能性が高まることだ。

年金制度や医療保険、プライバシー設定について再度考えてみよう。自動加入の問題点は、実際に選べと言われたら選んではいないような結果になってしまうことだ。「一番望ましい医療保険は何か」と聞かれた方が、雇用者が選んだプランに自動的に加入させられてしまうよりよっぽどよかったかもしれない。

②能動的選択は、情報不足の、混乱した、あるいは悪意ある選択アーキテクトから身を守る防御手段である

民間機関がデフォルトルールを作成しているが、情報を得た人々が選択するであろうことについて充分に理解していなかったとする。この場合は、能動的選択の方がはるかにいい。あるいは、政府がデフォルトルールを作成しているが、担当者に偏見があったり、知識が充分でない、また、デフォルトルールが単なる想像でしかなかったりする場合、そのルールは人々を誤った方向に導いてしまうかもしれない。デフォルトルールを作成している人には充分な知識があるが、一定の利益団体のためにルールを設定して、ルールの対象となる人々の利益にはつながらない場合はどうだろう。官僚や民間機関、有力な利益団体が信用できないのなら、能動的選択が一番の策かもしれない。

③能動的選択は多様性に対応できる

選択肢を残した自動加入という方法に比べると、能動的選択は、一つのアプローチでは対応できないような、多様性が関係する状況で強みを発揮する。医療保険や預貯金など、ワンサイズでは対応できない場合は、それぞれに選択できるようにした方がいいかもしれない（ただ、個々の状況に即した個人仕様のデフォルトなら、この問題は解決できるかもしれない）。

他方、能動的選択には深刻な問題点もある。

①能動的な選択は、選択する人に負担を課す

状況がありきたりではなく、複雑だったとしよう。情報や経験も不足している。そんな場合は、能動的選択は助けにならず、不当で、好ましくない、過剰な負担を課すことになるかもしれない。携帯電話やコンピュータを購入するとき、すべてのデフォルト設定を行わなくてはならないというのは、おそらくお気に召さないだろう。時間をかけて、必要な情報を集め、選ぶものを決めるというのはやりたくはないものだ。デフォルト設定の存在は時間の節約となり、設定の多くはそれで充分なものだろう。実際、人生はデフォルト設定に満ちている。そのすべてを自分で設定しなくてはならないとなったら、時間はいくらあっても足りない（第9章で「世話焼き国家」の話をするとき、この点についてはさらに述べる）。

②能動的選択は、選択を提供する側に負担を課す

デフォルトルールは、政府も含めて製品やサービスを提供する側にとって望ましい。ルールはかなりのコスト削減につながり、価格の上昇を防げる。一連のデフォルトルールがなければ、官民双方の機関とも、消費者や利用者に対して、すべての選択肢や利点や欠点について辛抱強く、事細かに説明することに多くの時間と資源を費やさなくてはならない。消費者や利用者には他にすることがあることを、こうした機関はよく承知している。

③能動的選択は間違いを増加させる

能動的選択の最大の目的は、人々を良い状況に導くことだ。だが、状況がよくわからなかったり、混乱したりしている場合は、能動的選択は逆効果だ。機械的な質問に答えるだけで済み、選択アーキテクトが事を充分心得ている場合は、デフォルトの方が人々にとっていい結果になるだろう。

こうした点を考慮すると、能動的選択がいい場合とそうでない場合が区別できる。[45] 集団に多様性がある、選択アーキテクトがどのアプローチがいいか確信できない、人々が選択したいと思っている、問題が複雑で機械的に答えられるものではない、こうした場合は、能動的選択が望ましい。だが、デフォルトルールが対象とする集団が情報を知ったうえで出す選択に合致している、機械的に処理できる問題である、選択が無用な負担となる、こうした場合は、デフォルトルールの方が能動的選択より適切だろう。個人仕様のデフォルトなら、一つのサイズですべてに対応しようとするアプローチの不備を補うことができ、コストがかかることなく、能動的選択の利点を活かせる。こうした理由から、今後は個人仕様のデフォルトが大きな役割を果たすようになっていくだろう。[46]

シンプルにすることが正しいとき

複雑さが、無関心や遅延、混乱など思いがけなく深刻な問題を生む可能性があることについてはすでに述べた。こうした問題によって、人々が決まりを守らなくなったり、様々な政策やプログラムの恩恵を人々が受けられなくなったりして、重要な社会目標の達成が阻害されることにもなりかねない。この点は、「ピラミッドではなくプレートで」の考え方と密接に関連している。残念なことに、ピラミッドはそこらじゅうに存在している。書式についても、不必要に複雑なことで申請をあきらめるようなことになれば、公的プログラムは破綻する。シンプルにすることの効果は、驚くほどに大きいことがある。

その格好の例が、連邦学生奨学金無料申請制度（FAFSA）だ。毎年一四〇〇万人の大学生が申請する、連邦政府の大学奨学金制度である。FAFSAの申請書にはこれまで長い間、一〇〇以上の質問項目が設定されていた。申請書が長く、複雑なことから、多くの学生が申請書を完成させることをあきらめてきた。これは大問題だ。大学進学に援助が必要な学生がそれを受けられないことになり、その結果彼らの将来にも悪影響が出る。特に、教育レベルの高い求職者を必要としていた経済状況では、これは深刻な問題だった。二〇〇五年、連邦議会が設置した学生財政支援諮問委員会は、この問題について次のように述べた。「大学教育を切望する多数の学生や社会人が、奨学金制度の複雑さに圧倒されている。不安と混乱のため、彼らは恩恵を受ける機会を逸している。奨学金制度は、出願を奨励するどころか、障害を作り出しており、貧しい学生にとっては、大学到達に向かって走る間、鞭に打たれているようなものだ[47]」。詳細に行われた調査によれば、申請書が複雑であることで大学進学への道が閉ざされることになり、手続きをシンプルにすることで、申請が増え、奨学金を得て、大学に進学する可能性が高まるという[48]。

近年、教育省はこうした調査結果や懸念を真剣に受け止めている。私が政府で働いていた時期、FAFSAの改善は教育省とOIRAを巻き込んで、オバマ政権の最重要課題であった。OIRAは文書業務削減法の実施を監督する立場にあるため、重複や過剰な複雑さを取り除くには最適の立場にあった。教育省は、不要な質問を削除したり、「スキップロジック（条件分岐）」（前の質問に対する答えからその後の質問の一部を飛ばして進める調査方法）を使って質問項目を削減して、FAFSAの申請書を大幅に改訂した。特に重要だったのは、必須の情報をネットから直接利用することを可能にしたことだ[49]。これは「通常の行政手続きを打破する手段」と呼ばれた新しいイニシアティブで、オンライン申請では、国税庁が保管している税金関連のデータを直接FAFSAの申請書に取り込むことを可能にしたのだ[50]。まだ問題は残っており、もっとシンプルにすることが必要だ[51]。それでも、最近のイニシアティブで、受給資格のある奨学金を受け取れる学生が増えたことは事実である。
その他の分野でも、同じようなことが可能だ。紙での報告からオンライン報告に変えるだけでもいい。二〇一〇年、財務省はまさにそれを実施した。社会保障年金、生活保護、復員軍人年金、鉄道従業員退職年金、連邦人事管理局年金などを受給する人々に対し、オンライン支給を可能にするルールを認めたのだ。[52] 実施から五年間で四億ドルの経費削減が可能になり、正確性と利便性も向上した。[53]
こうした試みは、私が二〇一〇年に発表した指令に沿ったものだ。そこでは、すべての省庁に対し、紙からオンラインへの移行、シンプルな行政手続きへの移行、「記入も申請も簡単な書式」の設定、中小企業の負担軽減などを進める新しいイニシアティブの作成を求めた。[54] オバマ政権の他の部署からの支援もあって、様々な省庁から負担削減と簡素化を目的とした新しいイニシアティブが七二件も寄せられた。[55] その全部を合わせると、毎年文書業務と報告義務に費やされる時間が何百時間も節約できることが期待される。
二〇一一年には前年の指令に加えて、中小企業と給付金制度に焦点を当てて簡素化を進める指令を発表した。[56] 今回は特に、次のような場合で複雑さがもたらす悪影響について注意を喚起した。「給付金の申請や更新の手続きは時間がかかり、複雑で混乱するものだ。その結果、申請が減少し、この制度自体の目的達成が阻害されている。前回の申請から変更がない項目がある場合には、省庁はそれを利用する、あるいは申請者に対し、事前に記入されたオンライン申請書を使用する選択肢を与えるなどの方法が考えられる[57]」。

シンプルにすることに多くの利点があることは、社会保障年金と生活保護に関する財務省のイニシアティブ、「ダイレクトエクスプレス」カード制度が証明している。[58] この制度のおかげで、多くの人々が年金をプリペイド式のデビットカードを通じて受け取れるようになった。このイニシアティブは同時に、正確性と利便性も向上させ、文書業務やコスト削減に役立っている。特に、銀行口座を持っていない人々には便利で、利用者の九五パーセントがこの制度に満足と答えている。政府の制度についての満足度として非常に高い数字だ[59](「ゴーダイレクト」広報キャンペーンに関するサイト、godirect.gov は一見の価値がある。このキャンペーンは、給付金支給の全面的オンライン化への移行を目指す財務省の活動の一つである。「ピラミッドではなくプレートで」の原則に基づく、財務省の簡素化努力を反映したサイトになっている)。

ここにも、将来の希望が見える。他の制度でも、銀行口座かそれに代わるものを用意することで、口座を持たない人々の役に立つことを意識したアプローチが可能かもしれない。[60]

選択肢を構築する

伝統的な見方では、選択肢は多ければ多いほどいい。選択肢がすでに五つあるのなら、一〇ほしくなるかもしれない。今一〇あるなら、二〇ほしい、二〇あるなら、いっそ五〇あった方がいいかもしれない。この見方では、選択肢は多いほど役に立ち、決して害にはならないとされる。選択肢の一つが別の選択肢と大して変わらないのであれば、人はそれを選択しないだけだ。システム2の立場で言えば、確かに選択肢は多い方がいい。システム1も、多くの選択肢から何を選べばいいかはわからないかもしれないが、アイスクリームや携帯電話、CD、タブレット、靴などの場合は、選択肢がたくさんあっても気にしないかもしれない。

一般的に言えば、確かに選択肢が多いことは望ましい。市場は人々の要望に反応する。多くの製品に関して、市場は目が回るほどの選択肢を用意し、人間の多様な好みや嗜好に応えようとする。だがこれに対して、特に通常より複雑な状況について非常に重要な条件を提示する研究が増えている[61]。この裏にある懸念は単純なもので、「ありすぎる選択肢」という問題だ。選択肢が広がると、選択する際の負担が増加する。選択肢の数が増え続けると、システム2でさえ、状況を把握することがますますむずかしくなる。

小型冷蔵庫を探していて、妥当な選択肢が二五〇種類あったら、どうやって選んだらいいか途方にくれるに違いない。ベストな冷蔵庫を選ぶために一〇〇種類以上の冷蔵庫について勉強するなどまっぴらだ。市場でも、誰でもいいから、選択肢を一五（くらい）に絞り込んでくれないかと願う。理想的な状況でない限り、選択肢の増加はまずい結果に結びつくことがある。イライラしてきて、結局何も選ばないことだってありえる。システム1は「これって、あまり楽しくないから、別のことをしよう」と思ってしまうかもしれない。混乱した人々は、最適ではない（時に最悪の）選択をしてしまうこともある。

市場が手助けしてくれる場合もある。必要であれば、何らかのアドバイザーが現れて、情報を提供し、選択肢を整理してくれる。このように、企業は複雑さで競争することもできる。一方、人々が複数の選択肢に飽き飽きしていれば、「簡単が一番」を掲げる会社が生まれてくるかもしれない。何にしても、ありすぎる選択肢は現実の問題として存在し、政府のプログラムにも残念な影響を及ぼす可能性がある。

この懸念は架空のものではない。実際に、退職年金制度での投資の選択肢が広がるにつれ、制度加入が減少し[62]、資産配分が悪化する可能性があることを示す調査結果がある[63]。原因は謎でも何でもない。選択肢が多すぎると、訳がわからなくなって、結局制度に加入しなくなるのだ。選択肢が多いと、慎重に考えることをしなかったり、充分な情報がなかったりして、最適な選択ができないかもしれない。

すでに詳しく研究されてきた例を考えてみよう。メディケア制度の「パートD」は、高齢者が処方薬代を節約できるプランに加入できるというものだ。だが、いったい何種類のプランから選ぶようになっているのだろうか。一〇か二五か、それとも五〇か一〇〇か。一見すると、多ければ多いほどいいと思える。しかし、ノーベル賞受賞者のダニエル・マクファデンが同僚と行った研究によれば、多くの選択を目の前にし、特に相談などの機会がないと、高齢者は大きな間違いを犯し、無駄に金を使ってしまうという[64]。この制度は「メディケア・パートD迷路」と呼ばれているが、このおかげで、多くの人が適切でない選択を行っている。

どうしたらいいのか。この問題については、厚生省が、ＯＩＲＡとオバマ政権の他の部署とが協力して、無用で必要以上の複雑さを解消しつつ、選択の自由は保持する二種類の対策を講じた[65]。第一に、プラン提供機関は複数の選択肢を提示する場合、その違いをはっきりさせなくてはならないというルールで、重複や混乱を防ぐことを目的としている。第二は、加入率が特に低いプランを削除することを求めたルールで、これは「群衆の叡智」という理論に基づいている。つまり、そうしたプランは市場のテストで失敗したということだ。そうしたプランは、選択肢を豊かにするわけではなく、ただ複雑にするだけである。[66] このようなプランを削除させることで、簡素化を促進しつつ、複数の選択肢は残せるルールとなっている。

この点を広く当てはめれば、官民双方ともしばしば、物事を複雑にすると失敗するということだ。簡単で、役に立つデフォルトを設定しないと、複雑になることもある。他方、広範囲の選択肢をリストアップするだけで整理しないと、うっかり問題を引き起こしてしまうこともある。多くの場合最良のアプローチは自動化である。人々が何もしなくても、自動的にうまく行くようにすることだ。

第6章 認知の限界に気づく

見えないゴリラ

GPSなしで、ヴァーモント州の田舎にある隠れ家レストランを捜しているとしよう。予約した時間にはすでに一五分遅れている。停まって、道を聞いてみた。ガソリンスタンドの店員は物知り顔で、「大丈夫。見過ごすことなんてありえないから」と確約してくれた。そう言ってから、何か印があるわけではないけれど、数メートル先で左折すればいいと教えてくれた。さらに「高い松の木のところで左に曲がればいいだけさ」と言う。これが問題で、大失態の元にもなりかねない。この辺には松の木はいっぱいあり、背の高いものも多い。話の展開をちょっと変えてみよう。店員が「裸のバスケットボール選手が描いてある大きな看板の少し先を左折すればいい」と言ったとする。この方が、もうすぐ目的地につけることに多少でも確信を持って、運転を続けられるだろう。

毎日、毎分ごとに、私たちは大量の情報に直面している。影響を及ぼすのは、私たちが気づいた情報だけだ。気づかない情報もたくさんあり、つまり、私たちに影響を及ぼすことがない情報もたくさんある。製品や状況の特徴をもっと目立つようにすれば、ビジネスも、個人や政府も、大切な目的を達成できるかもしれない。

ある実験の例を挙げよう。[1] バスケットボールコートで六名の人が互いにパスを投げ合っている九〇秒の動画を、人々に見てもらった。人々への課題はパスの回数を数えることだ。

動画を見せた後、人々に数えたパスの回数を聞いた。そして、「ところで、ゴリラは見たか」と尋ねた。大半の人々はその質問に、ゴリラって何のこと？　とでもいうように笑った。動画をもう一度再生し、パスを数えることをしないと、ゴリラが画面に登場してくるところがはっきりと見える。見つけるのがむずかしいどころか、見ない方がむずかしいくらいだ。画面から消える前には、ゴリラはちょっと胸を叩いたりもしている。だが、パスを数えていると、ほとんどの人にゴリラは見えない。このトリックがわかってからでも、グーグルで「見えないゴリラ」を検索してみる価値はある。動画にリンクしているから、油断している友人に見せてどうなるか試してみるといい。図6・1はそのスクリーンショットで、ゴリラがよく見えている。

なぜ、ほとんどの人がゴリラを見過ごしたのか（正直言って、私も初めて動画を見たときには見逃した）。

図6・1　見えないゴリラ

出典：Daniel J. Simmons and Christopher F. Chabris, "Gorillas in Our Midst: Sustained Inattentional Blindness for Dynamic Events," Perception 28 (1999): 1059, 1070 fig.3

答えは、人々はボールをパスしている人を見て、そのパスの数を数えていたからで、これはシステム2にとってもかなりのハードワークである。画面を見て、誰が、あるいは何が入ってきて、胸を叩くかを監視していたわけではない。パスを数えていた人々にとってはゴリラは目立つ存在ではなく、背景に紛れ込んでしまい、見えなくなっていたのだ。

ビジネスも、個人も、政府もここから教訓とすべきは、背景で（もしかしたら目の前であっても）起きていることの多くを、私たちは日常生活で見落としているかもしれない危険があるということだ。そして、私たちが見ていないことの中には重要なことも含まれているかもしれない。命がかかっているようなことでも、見過ごしているかもしれない。心理学者のダニエル・カーネマンは、これを巧みに表現している。

「ゴリラの実験は、私たちの心理に関して二つの重要な事実を示している。私たちは明白なことを見ることができず、見ることができないということも見えていない」[2]。マジシャンは当然このことに気づいていて、私たちが見ていないことも、見ていないことが見えていないことも利用している。有名なイリュージョニスト、デイヴィッド・カッパーフィールドは言う。「人々の注意を一つのことに集中させることができたら、人々が目の前で起きていることにも気づかない可能性は充分ある」[3]。

自由市場では、売り手の多くがマジシャンのように行動しようとする。人々の関心を「何か」に集中させ、目の前にあることでも気づかないようにしようとする。クレジットカード会社は、人々が年率二九パーセントであることを見過ごすように、別のこと、たとえば初回無料のサービスなどに関心を向けようと多大な努力を惜しまないだろう。ローンや携帯電話を宣伝するときも同じ戦略を使う。ドッド＝フランク・ウォール街改革・消費者保護法の目的の一つ、特に消費者金融保護局の設立を規定した目的は、消費者が見えないゴリラを無視できないようにすることだった。この法律と保護局の設定にあたっては、企業が情報提供する際、その方法が複雑で訳がわからず、消費者が理解できないようになっているリスクを充分理解していた。

官民双方にとって、課題は本当に重要なことを〝見える〟化することだ。公に奉仕する精神にのっとり、当然の努力として、情報提供やその他インセンティブを作り出すだけでは不充分だ。そうした努力も、見えないというだけで失敗するかもしれない。ゴリラのように、背景に紛れ込んでしまう。自動車の燃費ラベルは、情報としてはいかに正確でも、目立たなくては何の効果もない。生命保険会社が保険金や補償範囲について、いかに多くの情報を提供しても、人々が保険を選択するときにその情報に留意することがなければ、何の役にも立たない。

政府は、人間の心理とシンプルであることの重要性を考慮し、人々が見えないゴリラを見ることができるよう、特に策を講じなくてはならない。

「喫煙は死に至ることもあります」

喫煙は、アメリカの死因第一位になっており、年間四三万人が死亡している。アメリカ疾病予防管理センター（CDC）によれば、喫煙関連の医療コストは年間九六〇億ドル、生産性の損失としては九七〇億ドルになるという。[4] リスクがあるにも関わらず、アメリカ人の四六〇〇万人以上が喫煙者だ。タバコの値段を上げれば、こうしたコストの減少に大きな効果を及ぼすことはわかっている。オバマ政権では、連邦タバコ税が三九セントから一ドル一セントに大幅に引き上げられた。こうした増税で喫煙が減り、命を助け、コストを削減すると考えるには充分な根拠があり、さらなる増税は効果を増大させるだろう。インセンティブは重要で、消費を削減するには価格を上げることが最も効果的である。だが、健康に関する情報を公開することも、その情報が目立つ形であれば、効果がある。

アメリカでは長い間タバコのパッケージに、喫煙は「健康に害を及ぼすことがあります」という警告を記載してきた。この警告は穏やかなものだ。大半の喫煙者にとって、これは見えないゴリラでしかない。背景の一部なのだ。いつも見ているものは見えなくなるという教訓である。初めての街を訪れると、色や建物、人、景色など、すべてのことに気づく。システム1が起動していて、細かいことまで吸収する。初めての場所に行くと人は鮮明な感覚を持つが、それは、見慣れないものが多く、背景に対して目立つからだ。家に帰ると、（家が素晴らしいものであっても）そうではなくなる。

二〇〇九年に喫煙防止法が制定されたのは、いわばゴリラを見えるようにするためだった。同法では、目立つことが重要であることに応え、新しく、より鮮明な描写を義務化した。パッケージには、次の中から一つの文章を使った警告が記載されることになった。

警告：タバコには中毒性があります
警告：喫煙は子どもに害を及ぼします
警告：タバコは死に至る肺疾患の原因となります
警告：タバコは癌の原因になります
警告：タバコは脳卒中や心臓病の原因となります
警告：妊娠中の喫煙は赤ちゃんに害を及ぼします
警告：喫煙は死に至ることもあります
警告：タバコの煙が原因で、吸わない人が死に至る肺疾患にかかることがあります
警告：直ちに禁煙すれば、健康への害を大幅に削減できます

食品医薬品局（ＦＤＡ）もこの法律の下、喫煙の影響をあからさまに描くカラーの図像の使用を求める規制を制定した。システム１の注意を集めるためである。

他国での例を確かめたり、一般からの意見を取り入れたりして、ＦＤＡは時間をかけて審議し、ＯＩＲＡなど他の省庁とも密接に協力して、九つの図像を選んだ。生々しく、時に酷いもので、だからこそ目立つものである。図６・２に例をいくつか挙げた。

加えて、ＦＤＡは警告の一部として、1－800－QUIT－NOWという電話番号も掲載させた。目的は、人々の注意を引くだけでなく、喫煙者にこの番号を意識させて、禁煙したいと思っている人の意欲を高めようとするものだった。この電話番号は、ここでは地図の役割を果たす。すでに述べたように、簡単に辿れる道筋を示せば、好ましい行動に導く助けとなる。

重要なのはもちろん、こうした警告の実際の効果である。効果は想像するしかないが、それは議会やＦＤＡのせいではなく、問題自身の性格にある。これについてはランダム化比較試験を行うことができず、従って、鮮明な警告が国内の喫煙にどれほどの効果を及ぼしたか、正確なことはつかんでいない。政府には、費用と効果に関しては不確かな中で進めなくてはならないことも多い（この点については、第７章でさらに詳しく述べる）。

やはり警告を義務付けたカナダの経験に即して、ＦＤＡは新しい警告によって、二〇一三年までに喫煙者を二一万三〇〇〇人減らすことができ、その後二〇三一年まで削減率は多少下がっても削減を

図６・２　タバコの警告ラベルの図像

出典：Overview: Cigarette Health Warnings, U.S. Food and Drug Administration,http://www.fda.gov/TobaccoProducts/Labeling/Labeling/CigaretteWarningLabels/ucm259214.htm.

続けられると予想した。さらに警告によって、一万六五四四人から一万九六八七人の人々が喫煙し始めることを阻止でき、死亡や疾病の数を減らせるともいう。FDAは、不確かな部分は認めつつ、証拠に基づき、鮮明な図像が健康のために大きな役割を果たすと明確に結論している。

あからさまな図像を伴う警告は、目立つ形のナッジである。図像がどれほど生々しくても、警告は選択の自由を保持している。タバコを一箱買うことを妨害するものではない。システム1をターゲットにして、喫煙の健康への影響を目立たせ、喫煙削減の方向に向かう感情ヒューリスティックを作動させるのだ。タバコ会社は長年多大な労力を費やして、喫煙と楽しさ、若さ、エネルギー、リラックス、かっこよさ、人気、セクシーさを結びつけてきた。「マルボロ国」では、健康への影響など隅に追いやられて見えなかった。あからさまな図像を使って、FDAは「目には目を」の手法で、喫煙を疾病、精神的苦痛、痛み、死と結びつけたのだ。行動科学的効果を利用した啓蒙キャンペーンだけでなく（これも行っており、その図像もかなり衝撃的である）、タバコのパッケージに消費者への警告の記載を義務化して、目的達成を図ったのだ。[5]

こうした形のナッジに問題はあるだろうか。あるとする人もいる。販売側に対して、製品についての正直な情報（「事実のみ」）を提供することを義務付けるのはまったく正当なこととする一方で、製品について本能的に否定的な反応を引き起こすような情報の提供を義務付けるのには反対だと、区別する考え方である。この考え方で言えば、フードプレートや現行の燃費ラベルには何の問題もない。投資家が支払うべき手数料や生命保険の条件や条項についての情報開示義務も問題ない。だが、販売側に、製品に対する、感情的に強い反感を引き出すような情報の提供を指示することは問題だ。政府はシステム2の作用に役立つ情報提示を強制することはできるが、システム1に警報を鳴らすような情報提示の強制はできないと言ったら、この反論も理解できるだろうか。

連邦判事はこの区別をとりあげて、あからさまな図像の使用を義務化したFDAの規制を無効と判断した。[6] 判事の見解では、製品の製造業者に情報提供でなく、脅かしや嫌気を感じさせることを目的とした警告を義務付けるのは、政府のやることではない。

この区別は確かに理解できる。区別があることを認めたうえでなお、政府が目立つような情報提供を奨励することは、その情報が感情的なものではなく事実であれば、認めることはできる。だが、そんな区別は本当に必要だろうか。システム1には手を出してはいけないのだろうか。民間部門では本能的な反応を引き出すのは常套手段だ。広告は常にそうしている。自動車、携帯電話、ソフトドリンク、タバコなどの製品では本能的な反応を引き出す宣伝をしていない例を挙げることの方がむずかしい。そして、政府が意見表明によって強い感情を引き出すことも認められている。飲酒運転、薬物乱用、運転中のメール使用を削減するためのキャンペーンは大抵、人々の感情に訴える形で行われる。ここでも唯一の争点は、政府が製造者に対して、製造物についての事実だけでなく、感情的な反応を引き起こすような警告の提示も義務付けられるかということだ。

憲法修正第一条はこれを正当なる政府の役割ではないとしていると解釈することは可能である。この解釈によれば、企業に自社の製品への反感を呼び起こすような情報の提供を義務付けることは、企業の自由の侵害であり、受け入れられないとなる。だが、この解釈を受け入れる必要があるだろうか。タバコは健康に対して深刻な害であり、中毒性がある。個人に対しても、社会に対しても、非常に高いコストとなる。政府はタバコの禁止を求めているのではない。だが、それほどに危険で、多くの命を奪う製品であれば、感情的な反応を引き起こす警告という形のナッジに対して反対する理由はないように思われる。

本書の執筆時点では、あからさまな図像の警告について法的な結論は出ていない。控訴裁判所の一つは警告を支持し、もう一つでは、警告の有効性についてFDAが充分な証拠を提示していないというのが主な理由で、警告を無効としている[7]〔二〇一三年三月、エリック・ホールダー司法長官（当時）は警告を無効とした控訴審の判決に対して最高裁に再審理を求めないとし、訴訟は実質的に終了した。FDAは図像に関して新たなルールを制定することになった〕。ここでちょっと立ち止まって、民主的な自治を促進するために加えられた憲法修正第一条が、人々に選ばれた代表が年間四三万人の人々を死なせている製品の宣伝を規制しようとする努力を阻害する武器に変えられてしまっているということに思いを致してみよう。これについては、また別の機会に論じなくてはならない。タバコパッケージの鮮明な図像の警告の法的決着がどうなるにせよ、ゴリラを見えるようにして、人々の注意を喚起するという方法の可能性は示しているように思われる。

目立たせるという形のナッジ

健康リスクという分野では、多くの場合で目立たせることが重要になる。小児肥満の問題への最近の対応は、この問題を目立たせることを意識しており、ちょっとした選択の積み重ねが肥満の解決につながることに気づかせることを目的としている。たとえば、小児科医に対し、児童のボディマス指数（ＢＭＩ）を測り、結果を親に通知することを勧めている。簡単なことだが、健康に関する重要な情報を目立たせるための試みである。人々の注意力はなかなか喚起されないが、いったん喚起されると、行動に影響を及ぼすという事実を元にした対応策である。

体重を減らすいい方法は、毎朝体重を計ることで、体重を減らさない方法は、秤を捨ててしまうことだ。賛否両論あるだろうが、マイケル・ブルームバーグがニューヨーク市長時代に行ったソフトドリンクのカップのサイズ規制は、肥満人口の増加の問題の深刻さに対して人々の注意を喚起して、問題を見える化する策であった。

エネルギーコストを見える化すると、選択に影響を与え、コストの大幅削減につながるとする調査結果もある。[8] たとえば、どのくらいエネルギーを使っているか、隣人と比べるとどのくらいの使用量か、隣人と比べてどのくらい支払っているかなどを知らせるといった方法である。行動経済学をうまく活用しているＯパワー社はこのような比較データの提供を専門としているが、「家庭エネルギーレ

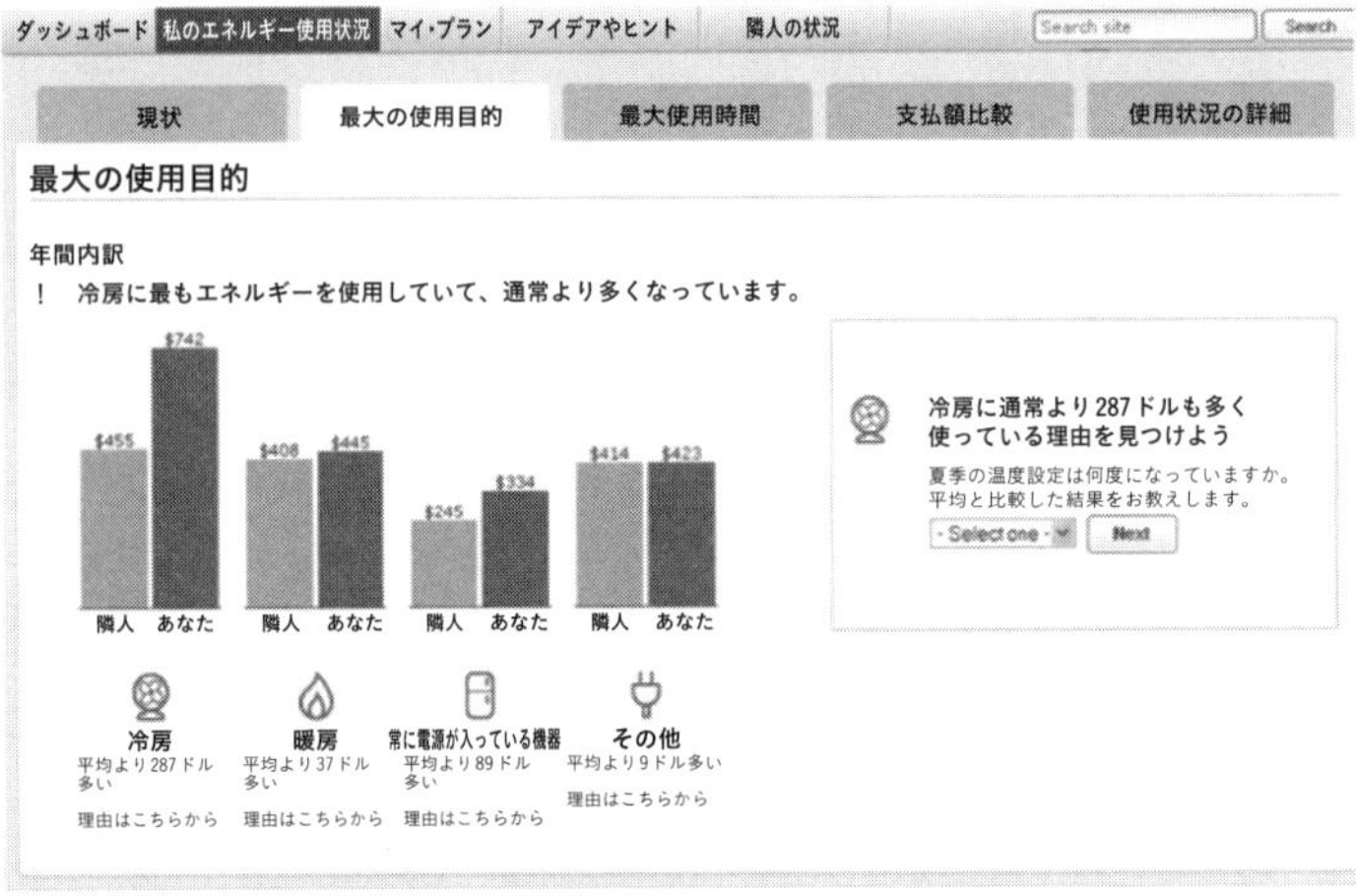

図6・3　家庭エネルギー・レポート

出典：Home Energy Reports, Opower, http://opower.com/what-is-opower/reports

ポート」という革新的な方法を用いている。図6・3を参照されたい。

　Oパワー社によるナッジは大きな効果を上げている[9]。今では四〇〇〇万以上の世帯がこのレポートを受け取り、その結果、合計で何億ドルもの節約を可能にした（詳細は opower.com で確認できる）。こうしたお節介のようなことが、消費者にとっての節約につながり、環境汚染の削減にも役立つ[10]。エネルギーに関するコストなど、普通は月に一回請求書を受け取ったときでもなければ意識することはない。それを、リアルタイムで見える化することで、消費者にとっても得になるようにする。行動科学的知見にのっとり、見える化を活用した介入は、かなりの規模の経済的インセンティブより大きな効果を生む。

インセンティブとしての「ゴリラ」

インセンティブが有用なことに異論はない。だが、有効に機能するにはそれが見えていなくてはならない。これは、通常は特に問題ではない。ガソリン一ガロン（三・七八リットル）あたり八ドルと高くなれば、嫌でも気がつく。タブレットが二〇〇ドル、プラス諸々で九〇〇ドルであれば、購入時にはとても気にかかる数字だ。購入価格は常に目立つ。

だが、ここにもまだ工夫の余地がある。二〇一〇年にコロンビア特別区が、食料品店やコンビニのレジ袋にわずかな額（一袋五セント）の料金を課す法律を制定したことはすでに述べた。レジの会計をクレジットカードで済まそうとすれば、袋はいくつ欲しいか、そのための料金を払う気はあるかと聞かれる。料金はわずかな額なのだから、皆払うと答えるだろうと思うかもしれない。ところが、実際は多くの人が断る。料金として見えることから、損失回避の意識が働き、レジ袋の使用量は減る。[11] 五セントは大した額ではないが、多くの人にはゴリラが見えたのだ。

他にもいくつか例を挙げてみよう。

小切手送付か、源泉徴収削減か

財政政策という点から考えると、目標はなんと言っても支出を刺激することだ。政府は人々の財布を豊かにし、その金を使ってもらって経済成長を促進したいと願う。それが目的なら、金を人々の手に渡すには、どんな方法がいいだろうか。二つのアプローチが考えられる。

① 税の還付金を小切手で送って、人々の手に金を渡す
② 源泉徴収を削減して、人々の手に金を渡す

二番目の選択肢には明らかな利点がある。実施するのが簡単だし、金もかからない。小切手を送るのには金がかかる。それに、経済学理論の基本に従えば、金がどのようにして手元に届くかは関係ない。使える金は使える金であって、どうやって手に入れたかは、人々には問題ではない。

だが、この基本理論が間違っていることを示す証拠がある。支出を増加させたければ、小切手の方が、同額の源泉徴収減額より効果がある[12]。これは、目立つ化という点から説明できる。封筒から出して手にした小切手は、源泉徴収の削減分よりはるかによく目に入る。ほとんどの世帯は源泉徴収の増減に気づかないとする調査結果もあるほどだ。還付金の小切手を郵便で受け取るのではなく、給料の額が少し増えたことでそれに気づいた世帯は、その金をまとまった買い物には使わない傾向が見られた。[13]

酒税の扱い方

州政府は税収増加とアルコール消費の抑制という目的から、酒税を徴収している。問題は、税額だけか、それとも選択アーキテクチャーが絡んでくるのか。次の二つの方法で、結果はどのように違ってくると思うか。

①酒税込みの値段が張り出されている
②酒税は支払い時に加算される

答えは、税込の値段が張り出されている方が効果は高く、アルコール消費に大きな影響を及ぼす。[14] 理由は、一番目の選択肢では、購入時にすでに税額が見えているが、二番目では、税額は見えておらず、買うと決めてしまってから気づくからだ。

税に込めるメッセージ

喫煙の場合のように、政府は時にある種の行動を抑制するために課税することがある。その場合、課税の理由を明確にする必要があるだろうか。それとも、課税だけで充分だろうか。インセンティブに注目するなら、課税することが重要であるように思える。だが、メッセージも重要であることも充分考えられる。[15] 人々が、健康を守るための課税であることを理解すれば、抑制効果は大きくなるかもしれない。

これは重要な可能性を秘めており、まだまだ実証が必要なところだ。もし推測が正しければ、これまで述べてきた議論に新たな一石を投じるものになるかもしれない。規制に関して言えば、人々が目にするものだけでなく、耳にするものについても知っておく必要があるということだ。インセンティブには初めから目立つものがあり、その場合、行動を変化させるという目的のためには、もっと目立たせることが重要であり、時に不可欠となる。しかし、中にはメッセージを伴うインセンティブもあり、そのメッセージは人々に伝わるかもしれないし、伝わらないかもしれない。確かに、製品のコストについて知ることは大切だし、税金が含まれているためにそれだけのコストになるということを知るのも大切だ。だが、政府がなぜそのような課税をしたかを知るのも意味があり、その税金が、製品の危険性や有害性についての政府の見解を表したものかどうかを知るのも大切である。

群れたがる人間

例の動画の「見えないゴリラ」について、動画を大講義室のようなところで見て、一緒に見た周りの人々が声を揃えて、ゴリラは出てこなかったと言ったとしたら、あなた自身もゴリラが出てこなかったことにもっと自信を持っただろう。実際、あなたの脳は、表向きそう言っているだけでなく、あなたが本当に確信していることを示すかもしれない。[16]すでに見てきたように、私たちの結論に対しては、社会規範や行動が大きな影響を及ぼす。他者がやることは、自分もやるのである。

たとえば、良くない行為を止めさせる方法として最悪なのが、他の人も同じように良くない行為を行っていると話すことである。公職に立候補した者が同じ党の人間が投票してくれないと嘆く。大学が、学部生が毎週末酔っ払っていることを強調する。国立公園がそこらじゅうで盗難が起きていることを力説する。そんなことをすると、やめてほしいと思っている、まさにその行為をさらに増加させるだけに終わってしまう。[17]良くても悪くても、行為は感染する。だからこそ、ナッジから見れば挑戦であり、好機でもあるのだ。

私たちは、事の成否は避けようがなく、本来の性格がものを言うと考えがちだ。だが、これは大間違いだ。本来の性格も大事だが、偶然や予想外の出来事が事の次第を左右する。社会学者のダンカン・ワッツが言うように、モナリザが世界で最も有名な絵画になったのは、そういう運命であったからではない。[18]描かれてから長い間、モナリザは無名だった。有名になったのは、一九一一年に盗難にあったことで一躍注目の的になったことなど、運命とは関係なく、ドラマティックな出来事があってのことである。そのような出来事がなければ、今でも聞いたこともない人が多かっただろう。信じがたいことだが、それが真相だ。

お気に入りの映画やミュージシャン、小説を思い浮かべてみてほしい。そのどれかでも一般的にも大人気であれば、ある種の運、出始めの頃に少数の人間が熱狂的に、目に見えて支持してくれたという形での運が働いた可能性が高い。映画『炎のランナー』や『ゴーンガール』、ミュージシャンのスティーヴ・アール、A・S・バイアットの小説『抱擁』が好きな人間にとっては、その可能性は特に受け入れがたいだろう。人は「不可避の幻想」に惑わされやすいと言えるかもしれない。起きたことは起こるべくして起こったと考えがちで、たとえ偶然に起きたとしても、また、（誰が誰と話したか、どのくらい、いつなど）ラッキーな社会的条件があったからこそだったとしても、そうは思わないのだ。

疑うなら、ワッツが共同研究者らと行った音楽ダウンロードの実験を見てみるといい。[19] 実験で対照とした集団で、人々に新しいバンドの音楽七二曲を聞いてもらい、ダウンロードしてもらった。他の人がダウンロードした曲や好きだとした曲については知らせず、自分の考えだけで曲を選んでもらった。社会的影響の効果を試すために、さらに八つの亜集団を作り、こちらの集団では、集団内の何人の人がどの曲をダウンロードしたかがわかるようにした。

ワッツらは、社会的影響と消費者の選択の関係をテストしたのだ。結果はどうなっただろう。他の人々の行動がわかると、ダウンロードの回数に現れる結果に違いは出るだろうか。

答えは、大きな違いが出た。（対照群の結果で）最悪とされた曲がベストワンになったり、最高とされた曲がワーストにランクされることこそなかったが、後は何でもありの結果となった。初期に多くダウンロードされた曲はそれに助けられて、ヒットになる。その助けがなかった曲は、どんな曲でもヒットしない。ワッツらが後に結論づけたように、人気は人気があるから出るもので、どうにでも操作できるものなのだ。[20] ウェブ上で（嘘でも）ダウンロード回数が多いことを示すと、その曲は大きな勢いを得て、最後にはヒット曲になる。

社会的影響のおかげで、文化的作品の成否は予想が非常にむずかしい。本、音楽、映画、アーティストなどでは、どれが初期に注目され、それがその後成功につながるのか、大失敗になるのか、私たちには知りようがない。ウィリアム・シェイクスピアやジョン・レノン、フランクリン・デラノ・ローズヴェルトやマーティン・ルーサー・キング・ジュニアなどは、なるべくしてなった偉人たちである。そう考えることはたやすい。しかし、そうではないかもしれない。このような人物でさえ、社会的影響が非常に大きな役割を果たし、それなしにはここまでには思われていなかったかもしれない。彼らが無名で終わっていた世界だって、想像可能なのだ。

シュガーマンに学ぶこと

この観点から、映画『シュガーマン──奇跡に愛された男』を見直してみよう。デトロイト出身のシンガー／ソングライター、シクスト・ロドリゲスについての見事なドキュメンタリーだ。ロドリゲスは一九七〇年代初頭二枚のアルバムを発表したが成功せず、アルバムは長いこと忘れられていた。アルバムはほとんど売れず、レコード会社からも契約を切られてしまう。ロドリゲスは音楽制作を止め、建設現場や解体現場で働いた。

ところが本人の知らないうちに、彼は南アフリカで大成功を収める。エルヴィス・プレスリーにも匹敵する、ビートルズやローリング・ストーンズなどは足下にも及ばないほどの巨人であり、レジェンドとなった。「我々の人生のサウンドトラック」と呼んで、南アフリカの人々は彼の二枚のアルバムを何十万枚も購入した。『シュガーマン──奇跡に愛された男』は、デトロイトの無名の解体工事の現場労働者と南アフリカで有名なロックレジェンドの対比を描いたものだ。

実際にあったお伽話、信じられない話だが、「こんなこと、作り話では書けない」という言葉に新たな意味を与えるような実話を描いた映画と言って済ませるのは簡単だ。だが実は、これはそれほどに特異な話ではなく、音楽に止まらず、ビジネス、政治、政府にも有意義な教訓を与えてくれるものだ。

教訓は、社会的ダイナミクスの一言に尽きる。熱狂的な支持を誰が誰にどれほど大きな声で、どこで、いつ伝えたか、このダイナミクスがロックレジェンドと解体工事の現場労働者を分け、大成功と大失敗を分ける線を引いたのである。社会的ダイナミクスがロドリゲスを、南アフリカでは有名にし、アメリカでは叩きのめした。ヒット映画も、トップテンヒット曲も、ベストセラー本も、バンドワゴン効果、あるいはカスケード効果から生まれたもので、その立場など無名の大失敗作といつ逆転してもおかしくないのである。

この映画の意味するところはさらに大きい。社会的影響の力を理解した上でのナッジは、シンプルで小さなものであっても、大きな違いを生む。二〇一〇年の中間選挙戦中、フェイスブックのユーザーの中で、あるメッセージを受け取った人たちがいた。「投票した」というクリックボタンが表れ、一緒にすでにこのボタンをクリックしたFBの友達の中から無作為に選ばれた六人の友人の写真が出てくる。[21] このような写真を見せられると、人間は投票に行くようになるもので、実際この実験の結果、こうしたことがなければ投票には行かなかったであろう何十万の人々が、投票したのである。同じことを「投票しなかった」というメッセージに変えて行えば、投票率が下がることは想像に難くない。ソーシャルメディアを使ってのクリックメッセージが影響を及ぼす例は他にも色々考えられる（「燃費のいい車を買いました」「禁煙しました」「シカゴ・ベアーズのファンです」「シクスト・ロドリゲスのCDを買いました」など）。

ベストセラーのアルバムを作り出す社会的ダイナミクスは、起業家も社会運動も政治家もみな利用できる。フランクリン・デラノ・ローズヴェルトやロナルド・レーガンは確かに、才能豊かで魅力もあった。しかし、彼らに投票したり、彼らのために行動した人々の多くは、他の人がそうしているのを見たから同じようにしたにすぎない。他にも才能豊かで魅力的な政治家はいるが、初期の波をつかみそこねたという理由だけで、何もなさずに終わる。SFでいう「パラレルワールド」は、歴史が違ったらという可能性を探るものだが、それほど現実離れした話ではないのかもしれない。

事の成否について事後になって説明して、いかにも起こるべくして起きたように言いたがるのもわかる。ロドリゲスは、その曲が南アフリカの人々に特に訴えかけるものを持っていたから、そこでは成功したと考えたくなるものだ。アメリカでうまく行かなかったのは、ヒスパニック系に対する偏見のせいだったかもしれない。そうかもしれないが、「不可避の幻想」には気をつけよう。ほんの少し運命が変わって、適切な時に適切なナッジがあれば、ロドリゲスはアメリカでもビッグスターになっていたかもしれない。そして、ラッキーな口コミが早い時期に始まっていなければ、南アフリカでレジェンドになることはなかったかもしれないのだ。

きっかけに注意をする

これまでのことから、製品や政策など数々のものについて、初期の人々の判断が大きく影響すると言える。より広く言えば、何らかの選択をするとき、私たちは他人の選択を参考にして様々な情報を集める。これは問題であるが、チャンスでもある。問題点は、少数の人々がある方向——たとえば暴力、差別、自己破壊行為——に動き始めると、それが最後には、大量の人々にとって恐ろしい、悲劇的な結果をもたらすかもしれないことだ。革命、憎悪、自殺といったことは感染する。小さな火元が大火事を引き起こしかねない。

共産主義の崩壊やアラブの春のような大規模な政治変革については、なぜ予測がむずかしいのか。政治学者のスザンヌ・ローマンと経済学者のティムール・クランは、その答えが音楽ダウンロード調査とシクスト・ロドリゲスの話と密接に関係しており、社会的影響が鍵だとする。[22] 情報は大切な要因である。人々は他者から学ぶもので、少数の人間が造反すると、そこからカスケードが形成され、最終的には、それまで従順だった人々も含めて大々的な反乱が起こる。評判も要因となる。人は、他人が自分についてどう思うかを気にするから、いったん反乱が始まってしまうと、反乱行為は罰せられるものではなく、報われるべきものになる。社会的圧力が平安を支持する方向から、反乱を促進する方向に変わると、大規模な変革はもはや避けられない。あらゆる政治活動家は、反乱者も含めて、これをよく承知している。望ましい行動を生み出したいのなら、官民ともに、底辺にある、このダイナミクスを理解すると役に立つ。

運転中の携帯使用を防ぐ

こうした点は、規制政策にも関係してくる。一九八〇年代初頭、大多数のドライバー――八〇パーセント以上――が、シートベルトを着用せず、予防可能だった何千件もの死亡事故の原因となった。以来、生命を守るための行動が劇的に変化し、わずか数十年間でシートベルトの着用率が一五パーセント以下から七〇パーセント以上に上昇した。[23] 規制の変化に合わせるように、社会規範も変化したのだ。シートベルトの着用はかつて、そのような社会規範ではなかった。臆病者（「私は用心深い」）であることを示すものだと思われたり、ドライバーを信頼していない（「あなたの運転は信用できない」）と非難していると思われたりしたからだ。それが今では、当たり前の行動になっている。シートベルト着用を嫌がるどころか、大半は喜んでベルトを締めている。

オバマ政権では、わき見運転の問題に真剣に取り組んだ。高速道路の安全性に関する重要な問題となってきたからだ。ここでは、システム1が大問題だった。携帯の受信ライトが点滅すると、多くの人々がそれに気を取られる。いったい誰が連絡してきているのだろうか。メッセージは嬉しいものか。友だちからか、恋人候補からか。何かへの招待だろうか。パーティだろうか。仕事関連のメッセージで、すぐに対応しなくてはならないものかもしれない。受信のライトが点滅しなくても、退屈だとか、今メッセージを送信すれば役に立つとか、単に誰かに連絡したいとか、そんなことがあるかもしれない。

ロバート・ラフード運輸長官は、この問題に高い優先順位をつけた。対策は二〇〇九年一〇月一日にオバマ大統領が発表した、多少耳慣れない、だが、かなりの話題となった大統領令から始まった。連邦職員に対し、運転中の携帯メールの送受信を禁止する大統領令である。[24]対象範囲が限られていたにもかかわらず、それだけでこの大統領令は大きな効果を発揮した。この問題に対して全国の注目が集まり、州レベルや民間部門で行動が起こされたのだ。数多くの州が似たような禁止を実施するようになった。国連も職員に対し、運転中のメール送受信を禁止した。事務総長とスーザン・ライス米駐国連大使が出席したイベントでは、運転中の安全と、世界的な問題となっているわき見運転の問題が力説された。私もこのイベントに出席するという幸運に恵まれた。

オバマ大統領がこの大統領令に署名してまもなく、運輸省は、わき見運転問題について実証的に調査してきた人々や官僚を招いて、講演会を開催した。ある日の午後、私は講演会の会場を見に行ったのだが、せいぜい二〇人くらいの人々が会議室のテーブルを囲んでいるくらいだろうと思っていた。ところが、行ってみたら、大会議場に数百人の人々が集まっており、みな講演者の話を真剣に聞いていた。この講演会はニュースでも注目された。ウェブスター辞典は二〇〇九年の「今年の言葉」に「わき見運転」を選んだくらいだ。連邦政府がいくつかの簡単なナッジの形で行動を起こしたことが、この問題に関連するリスク削減について、それまでに見られなかったほどの関心を集めたのだ。

連邦議会が、運転中のメール送受信を禁止する法律を制定したのではない。運輸省が、運転中のメールの送受信を減らす規制をいくつか発表したが、そのどれも、特に厳しいものではない。運輸省は、危険物を輸送中の運転手と大型商業トラックの運転手に対して禁止しただけだ。加えて、助言や、時に禁止令状のような形で、州や地方のレベルで行動を起こすことを奨励し、雇用側とも協力して、従業員が運転中にメールを送受信することをやめるように仕向けた。Distraction.gov のサイトに詳しいことは掲載されている。わき見運転の問題は未だに深刻であるが、地域によっては、運転中は手はハンドルに、目は道路に、という規範が生まれつつある。

この問題については、やるべきことがまだたくさん残っている。運転中のメール送受信に伴うリスクについてもっと知らなくてはならないし、運転中の携帯電話使用のリスクについても同様だ。具体的にどんな質問をしたらいいかについては、まだまだ検討しなくてはならない[25]。自動車に関する新しいテクノロジーについても理解する必要があるし、たとえば、コンピュータ搭載のダッシュボードなどで、こうした新テクノロジーが不要なリスクを作り出すことがないようにしなくてはならない。すでに運輸省が指摘しているように、こうしたテクノロジーがある方向に進めば、明らかな危険が生ずる。[26] システム1は、ゴリラは見逃すかもしれないが、それ以外のことには気を惹かれるもので、運転中も例外ではない。怪我や死亡事故が増えるような結果にならないよう注意すべきだ。社会規範は、そうした努力の中心となる。

小児肥満へのアプローチ

小児肥満の問題では、健康的な食生活と適度な運動を良しとする社会規範が、多大な効果を発揮できる。一九九八年、肥満を原因とする社会的コストが一九九五年には九九〇億ドルを超えたという研究結果が発表された。[27] これは、国家の健康関連支出の六パーセント近くにあたり、この額は、今日ではさらに大きくなっているだろう。ここでも、官民のパートナーシップが重要で、民間部門は、子どものためになり、子ども自身が選択できる、より良い選択肢を奨励する規範を生み出す、手助けができる。

「レッツムーブ」イニシアティブは、そんなパートナーシップを強く訴えている。もちろん、規制も行われており、学校給食に対しては、証拠に基づいた栄養バランスを考える政策を実施している。だが、イニシアティブの多くは、連邦政府以外の人々との協力で進められ、規制ではなく、啓蒙とナッジが主流である。効果も出てきたようだ。少し証拠を挙げよう。[28] 二〇一二年のハロウィーンの日、ある実験が行われた。無作為に選んだ子どもたちを、広いポーチの両側の二つに分けて並ばせた。一方にはミッシェル・オバマ〔大統領夫人〕の大きな写真を置き、もう一方にはアン・ロムニー〔二〇一二年の大統領選で共和党大統領候補だったミット・ロムニーの夫人〕の写真を置いた。有名な女性の写真二枚はそれぞれにナッジの機能を果たす。問題は、果物とキャンディの二つのどちらかを選ぶ子どもたちの選択は、写真に影響されるかということだった。

答えは明らか。ミッシェル・オバマの写真は有効なナッジで、子どもたちは果物を選ぶようになった。九歳以上の子どもたちでミッシェル・オバマの写真を見て、果物を選んだ割合は約三八パーセント、アン・ロムニーの写真を見たなかでの割合は九パーセントだった。面白いことに（予想されないことではなかったが）、九歳以下の子どもでは、そのような効果はなかった。おそらく「レッツムーブ」キャンペーンのことなど知らなかったのだろう。

規制で義務化しなくても、このキャンペーンは全米で効果を発揮している。州政府や地方政府、民間部門と協力し、様々な対策を講じて、肥満と闘っているからだ。主要都市では小児肥満の割合が下がっていることはすでに述べた。二〇〇七年から二〇一一年の間では、ニューヨーク市で五・五パーセントなど、本当に減少が現れている。ナッジと、オバマ政権が実施した栄養政策の両方が理由であると思われる。わき見運転の場合と同じで、やらなくてはならないことはまだたくさんあり、何よりも、健康促進のための決定に大きなインパクトを与えるアプローチを探さなくてはならない。例を挙げると、次のようなものがある。

・ミッシェル・オバマは「スーパーマーケットチェーンの」ウォルマートと協力して、健康的な食の選択を奨励している。[29] 協力の一環として、ウォルマートは二〇一五年までに加工食品の多くで、塩分二五パーセント、加糖一〇パーセントの削減や人工トランス脂肪酸をすべて取り除くなど、新しい形を導入する。また、健康的な選択のコスト削減に努め、あまり健康的でない食品との価格差を小さくしたり、果物や野菜の値下げも行っている。[30] 最後に、ウォルマートは「健康シール」を開発して、消費者に健康食品がよくわかるようにした。[31]

・クラフト・フーズ、ジェネラル・ミルズ、コカコーラ、ペプシ、ケロッグなど、多くの食品メーカーが小児肥満対策として、二〇一五年までにそれぞれの製品から、合計で一兆五〇〇〇億カロリーを削減するとしている。[32] 製品のサイズの縮小や低カロリー食品を考えている。

・果物・野菜連合、食品・家族・農業財団、青果卸売業者団体をメンバーとする団体は、全国の学校にサラダバーを六千ヵ所開設した。新鮮な野菜を子どもたちにとって、もっと身近なものにしようとするものである。

・食品マーケティング協会と食品雑貨製造業者協会は、小児肥満対策の意味も込めて、「栄養の鍵」ラベルを作成、知識に基づいた選択を促進している。[33]

・マクドナルドは、(レストランとドライブスルーの双方で)メニューにカロリー情報を記載している。

また、「四〇〇カロリー以下のお勧め」メニューを導入して、低カロリーの選択を可能にした。さらに、連邦政府の提言やフードプレートに合った方向でメニューを改善する努力も始めている。[34]

似たような例は他にもある。「請求書ショック」とは、毎月の制限量を超えて携帯を使用した結果、請求書を見て、あまりに高い料金にショックを受けるという問題だ。連邦通信委員会（ＦＣＣ）は電話会社に対し、超過料金については事前に通知することを義務化する規制を提案した。提案を聞いて、電話会社は自主的に通知することを決定し、その決定をＦＣＣと同席して、大々的に発表した。

規制が視野に入ってこないと、自主的に行動を起こさないかもしれないというのは事実だが、重要な点でもある。会社が、公か、あるいは裁判という方法で規制に抵抗することを選ばず、消費者への情報提供のために行動を起こすということは注目すべきだ。

さらに、有意義な教訓がある。重要な改善の中には、民間部門のちょっとしたアイデアやイニシアティブから始まったものもある。それが役人の目に止まり、（公的な方法の可能性を考えてみたりして）官民双方共通の利害意識を醸成する。その結果、一種の好循環やカスケードが形成され、大きな恩恵を生み出す。もちろん、これと同じ展開で悪循環となることもありうる。だが、目的が節約と生命の保護であるなら、規範に注目し、規制をなるべく少なく、あるいは避けることを意識して、官民がパートナーシップを組むことが最良の方法であるかもしれない。

第7章 規制はマネーボール方式で

新しい規制がいいアイデアかどうか、どうやって判断すればいいか。それによって空気がきれいになるとか、高速道路での死亡事故のリスクが減るというものならどうだろう。それならいいアイデアだと言えるだろうか。

事実と価値観

この問題についての反応の一つを見てみよう。規制についての論議は、事実についてではなく、価値観に関係している。空気をきれいにしたり、高速道路での安全を高めるような規制に反対するのは、証拠を問題にしているからではなく、最も大切だと思うことが問題だからだ。事実も無関係ではないが、主因ではない。

規制について、価値観が優先されることを示す証拠は多い〔1〕。初めからその方向で考えていれば、気候変動は現実のものだと信じるし、ナノテクノロジーは危険だと思う。原子力発電は良くないし、銃規制は生命を守るものだとなる。初めから違う方向で考えていれば、反対のことを信じるだろう。そもそもどのような価値観を持っているかが、ここに挙げたような問題についての事実を人々がどう判断するかを説明するヒントになる。事実について人々の意見が異なることを説明する方法の一つは、価値観の違いである。

重要な問題でも、価値観や最初からの考えの方向が鍵となる場合が多い。ワシントンでは毎日のように目にする事態だ。だが同時に、この点を強調しすぎてもいけない。人々の多くは、車に後方カメラを設置することについて明確に判断する基礎となる価値観を備えてはいない（それで事故は減るのか、どのくらい減るのか）。大気中のオゾンのレベルは、七五ppbから七〇ppbまで削減すべきか、六五ppbまでか、いっそ二〇ppbまでか（そのような削減は健康に大きな影響を及ぼすのか）。燃費を四〇MPG（一ガロン当たりの走行距離）にしたらいいのか、五〇か、六〇か、七〇か、また、二〇二〇年までにすればいいのか、二〇二五年まででいいか。価値観だけではこうした疑問には答えられない。

答えるには、事実が不可欠だ。事実なしでは、様々なヒューリスティックに頼ってしまうかもしれない。システム1が起動して、私は安全を第一に考えるから、空気をきれいにするにはあらゆる手段を講じてほしいと思うようになる。あるいは最近、自由市場は結構うまく機能している、規制担当者は熱心さが昂じて、利益集団に色々と振り回されていると思っている友人たちの集まりに参加したかもしれない。このような一般論は確かに、考え方の方向性には影響を与えるかもしれないが、抽象的すぎて具体的な答えは与えてくれない。具体的な答えを得るためには、詳細を探る必要がある。

これは障害ではなく、好機だ。規制担当者が、ある規制が高速道路の安全性を高めるのにはあまり役に立たないにもかかわらず、新車一台につき六〇〇ドルのコストになることを発見したとする。その事実は、担当者たちがその規制を支持できないと結論するに充分だ。そのような事実を知れば、それまで規制を支持していた人たちも考えを変えるかもしれない。そして、（たとえば）後方カメラの設置を義務化する規制によって、死亡事故を（年間九〇〇人とか）大幅に減らすことができ、コストもほとんどかからない（たとえば一台につき一ドル）となれば、その規制を支持する意見に異議を唱えるのはむずかしいだろう。

もちろん、人々の価値観は異なる。証拠が何を示そうと、それに逆らうこともあるだろう。私がここで力説したいのはまさにその反対で、興味深い点であり、これまで注目されてこなかった点である。つまり、明らかな証拠があれば、価値観では激しく異なる人々を同じ結論に導けるということだ。規制によって、生命が守られ、コストもかからないとなると、人は党派を超えて、その規制を支持する。逆に、規制がコストばかりかかり、効果が少ないとなると、支持政党に関係なく、人々はその規制には賛成しないだろう。

法案や規制案を考える際、関係者は自らの考えや直感に頼るだけではいけない。システム1が、国家の規制を左右してはならない。人々の道徳的信念が大事なこともあり、たとえば市民権の問題では、そうした信念が事態を決することもある。そして、どうにも動かない価値観もある。子どもの死亡を防ぐことはいいことではないとか、一〇億ドルの支出はよくないと信じている人たちに対しては、いくら事実を挙げても、合意に導くことはできないだろう。だが、私たちは善悪の判断については充分な合意に達している場合が多いから、問題は、予防できる死亡件数がどのくらいなのか、予防のためにどれほどの金がかかるかということである。

どうやって知るか？

私自身の政府での経験から言うと、むずかしい案件で本当に問題になるのは、価値観でも、まして利益団体の意見でもなく、事実であることが多かった。政府の人間が規制案について議論する際、大切なのはそのような事実を確認することだった。規制によって、何が達成できるか。コストは何か。問題が高速道路の安全性、エネルギー効率、大気浄化、職場の安全、教育など何であれ、規制の効果について明確なことがわかると、人々の意見が割れる可能性は低くなった。

人々が初めから持っている傾向が、規制についての判断に影響を及ぼすことを否定しているわけではない。政府内（その他でも）の人々の中には、疑わしきは、公衆の安全を守る方を選べ、というヒューリスティックがあるのは確かだ。政府内には（その他でも）、もう一つヒューリスティックがあって、それは、疑わしきは、民間には介入するなというものだ。さらに、政府の人々も他の分野の人と同様、話をする相手から影響を受ける。政治学者のラッセル・ハーディンが書いた優れた論文に、「過激な思考の歪んだ認識」という考えが紹介されている。[2] 意味は、過激派は、愚かだったり頭がおかしかったりするから、過激な思想を持つのではなく、ごく狭い範囲の人々からしか学ばなかったからであるというものだ。そして、歪んだ認識に陥るのは何も過激派だけでなく、ある程度、私たち皆がそうだ。私たちはあらゆることを知ることはできず、あらゆる人と話すこともできない。政府関係者は多くを知っているし、多くの人と話すことができる。だが、そんな彼らの情報も限られたものだ。政府内でもその外でも、人は接触した人々から学ぶもので、限られた接触では限られた情報しか得られない。

政府勤務の頃、利益団体の要望は、それだけでは特に重要ではなかったことはすでに述べてきた（OIRAでは、利益団体との無駄話は避けるよう努めた）。利益団体の圧力に「屈する」こともなく、私は、文字どおりそのような事例を目にしたことはなかった。しかし、民間部門の人間が、ある方向に向かうことについて証拠を示して論じたときには、規制を求めるものであれ否定するものであれ、その議論には耳を傾けた。

私が目撃したのは、重要で、ある意味、今後のヒントになるものだった。規制の効果について継続的に分析し、その費用と効果について慎重な評価を下すことによって得られる、重要で有用なインパクトのことである。評価によって、利害関係のある外部の人間が主張することを厳しく審査できる。

視野を広げてくれる。焦点を絞り、何が重要かを認識させてくれて、何が最も大事かについて、それまでそれぞれに考えていたり、聞いたりしてきた人々の視点をまとめてくれた。

『マネーボール』の例に戻ろう。フットボールや野球など、多くのスポーツ分野で、今ではそれぞれのビリー・ビーンやポール・デポデスタがいる。逸話や選手の見た目、身長体重ではなく、勝利にどのように貢献できるかを問う経営者のことだ。スポーツ分野では、直感やたとえ話、逸話や利用可能性ヒューリスティックに代えて、慎重な統計分析が主流になっている。システム２が前面に出てきたのだ。スポーツにとっての選手と同じ立場にあるのが、社会にとっての規制である。こちらもまた、厳格な評価にかける必要がある。規制がどのような恩恵をもたらすか、可能な限り調べなくてはならない。結果――費用と効果――についての分析なしでは、知識を得るに充分な立場に立つことができない。分析によって複雑さを解消できる。複雑さはコストがかかるという点だけでも、これは有益だ。マネーボール式規制が必要なのは、それですべてを解決できるからではなく、すべてではなくても多くを解決でき、さらに、むずかしい課題を明らかにできるからだ。

費用対効果分析は、単なるアルゴリズムではない。政府を数字でがんじがらめにしてはならない（私の経験では、そんなことにはならなかった）。しかし、規制担当者が妥当な選択をする手助けとしては、必要不可欠な手段だ。一般の人々にとってナッジが有用であれば、政府にとっても同じだ。最低でも、費用対効果分析は、規制担当者への重要なナッジとなる。分析を求めることは、規制を作成する人々にとって適切な選択アーキテクチャーを作成するのと同じである。

政府へのナッジとしての費用対効果分析

費用対効果分析はなぜ有効なのだろうか。答えは簡単、慎重な分析はシステム1の作用に対して、システム2によるチェックの機能を果たすからだ。

チェックは、私たちの生活でも役に立つし、不可欠だ。政府にとっても同じことだ。私はOIRAで、こうした事例を繰り返し目撃した。費用と効果に着目すると、瑣末な問題にとらわれず、大きな問題に目が向くようになる。利益団体は正しい疑問を呈するようになり、より役に立つ情報を提供してくれる。公に反対すると脅迫するのではなく、生身の人間にとってどのような効果を及ぼすかを論じるようになる。団体の言うことは（結局は利益団体なのだから）自分たちの利害にかなったものであることは確かだが、役に立つことでもあった。ここでは、必要な情報を探し出す方法として費用対効果分析を行うということを述べておきたい。

では、有用な情報が人々の判断を賢明なものとするのはどうしてなのか。規制案が生み出す効果について評価することで、初めに考えていた傾向とは違う方向に私たちを向かわせる可能性があるから、ということもある。システム1では公衆の安全を重視しているかもしれないが、分析の結果、システム2がその規制が本当に目的達成に役に立つかを疑問視するかもしれない。あるいは、システム1は問題ない、規制などバカバカしいと思うかもしれないが、分析後、システム2は用心が必要だと結論するかもしれない。つまり、システム1が心配しすぎたり、何も動かなかったりしても、費用対効果分析が、システム2の作用を強化するのだ。ここに、いくつかのポイントがある[3]。

第3章で見たように、人は、実際にそのようなことが起きた事例を思い出すと、それが起こる可能性が高いと思いやすい。学校で銃撃事件があると、同じような事件が起きる恐れが大きいと考えるが、その恐怖感の記憶が薄れるにつれ、心配する気持ちも薄れていく。直近に洪水が起きていないと、洪水地域に住んでいる人々も洪水保険に加入しない。地震直後には、地震保険への加入が急増するが、そのポイントを頂点に、生々しい記憶が薄れるにつれ、減っていく[4]。

官僚も一般の人々と同じくらい、利用可能性ヒューリスティックに弱い。また民主主義では、政策立案関係者は一般の人々の懸念に反応する。行政府では、分析に関して様々な原則が決められている。OIRAには、自分の記憶にある事例に焦点を当てるのではなく、リスクの深刻さと害を及ぼす可能性の方に注目する人々がたくさんいる。共和党政権でも民主党政権でも、OIRA、経済諮問委員会、国家経済会議などの機関は、相当な効果を発揮すると信ずべき根拠がない限り、費用のかかる規制を課すことは考えていない。三〇年に及ぶ経験を経て、費用対効果分析は政府内に根付いている。オバマ大統領がそうした分析を重要視したことが大きな役割を果たし、その土壌はさらに強化され、確固たるものになっている。二〇一一年一月にオバマ大統領は費用対効果分析を支持する大統領令に署名したが、これが、逸話ではなく、起こりうる効果についての慎重な分析を重視することを明確に示すサインになった。

それでも、利用可能性ヒューリスティックが問題を起こすことがある。人々は、有害廃棄物の放置や飛行機事故のリスクについて心配すれば、それについて厳しい規制を求めるようになる。有害廃棄物のリスクに晒されている人が何人か（それほど多くはない）とか、空の旅の安全性はどうか（とても安全だ）、といったことに注意を払うことがなくなってしまう。

費用対効果分析はこうしたことへの対抗策だ。規制による実際の効果に注目させるからで、時には、規制の効果が著しく小さいことにも気づかせてくれる。ここでの費用対効果分析は明らかに、システム1にブレーキをかけ、システム2の作用を強化する役割を果たす。最近の事例ではなく、すべてを見渡した結果に基づいて行動を起こすことを可能にする。

利用可能性ヒューリスティックは社会的に真空の状態の中で起きるわけではない。何か悪いことが起きて、それが記憶に残るものであれば、それが起きたという事実が情報カスケードを生み、官民双方の分野にかなりの影響を及ぼし、規制政策の効果を歪めることもあるかもしれない。有害廃棄物の放置について懸念が広がっている（当然の懸念の場合もあるし、心配しすぎの場合もある）のは、カスケード効果からも説明できる。カスケードは、殺虫剤Ａｌａｒの騒ぎ〔主にりんごに使われる殺虫剤Ａｌａｒが癌の原因となるとする研究結果やテレビのドキュメンタリーをきっかけに、りんごやりんごを原料とする食品を消費者が買わなくなり、Ａｌａｒを製造していた会社は一九八九年にこの殺虫剤の販売を停止した〕を引き起こしたり、飛行機事故のリスクへの懸念を高めたりした。「狂牛病」関連でヨーロッパの牛肉生産に混乱が生じたのも、カスケード効果があったからだ。ヨーロッパで遺伝子操作食品についての懸念が生まれたのも、アメリカで牛肉の「ピンクスライム」〔牛ひき肉やその加工食品に使われるくず肉のこと。二〇一二年にそれに加えられた添加物を問題としたドキュメンタリーが放映され、安全性が問題視された〕が話題になったのも、カスケードのおかげである。

営利目的の民間団体は、利用可能性ヒューリスティックを利用して、こうした効果を高めようとする。ヨーロッパ企業はアメリカ企業との競争になるのを防ぐために、遺伝子操作食品への懸念に火をつけようとした。こうした状況で、費用対効果分析が有効なのは明らかだ。分析によって、恐れや懸念を科学技術の眼で見極め、規制が必要だとする要請が噂や言い伝えではなく現実に根ざしたものであることを確かめる。それにより、人々が（情報が充分でないという理由で）規制を求めていない場合でも、政府がリスクを規制することも可能になる。

「心配性バイアス」にとらわれている人もいる。[5] 飛行機が離陸しようとするとき、操縦士が「この飛行機が墜落する危険は非常に低いものです。空の旅は安全で、あなたが死亡する可能性はほとんどありません」とアナウンスしたとしよう。アナウンスの前には落ち着いて新聞を読んでいたとしても、それを聞いてとても心配になるかもしれない。理由は、目立ちやすさだ。私たちの多くは、リスクを口にするだけでも心配になる。それがたとえ、危険性は非常に低いということを伝えて安心させるというメッセージの形であってもだ。[6]

第3章ですでに、人々の心配は、良くない結果が起こる可能性ではなく、その結果のひどさに反応しがちだと述べた。大量の死亡例とか大惨事について、生々しい記憶があると、規制への要望が高まる。ここでも、費用対効果分析の役割は明白だ。上院が下院の情熱を「冷ます役割」として設定されたように、費用対効果分析は、政策がヒステリーや警戒感に基づくものではなく、関連するリスクを充分考慮したうえで立案されたものであることを担保する。起こりうることについて充分考慮したうえで、その警戒感には根拠があるとなれば、その感覚には充分な合理性があり、直ちに、積極的な規制を行うことが適切である。

費用対効果分析は単に不要な規制をチェックするだけのものではない。規制を奨励するものでもあり、そういう役割も果たすべきだ。ある出来事や結果について生々しいイメージがないという理由で本能的な反応を呼び起こさないリスクに対しても、費用対効果分析によって規制の必要性を示せる。レーガン政権時代に行われた、ガソリンに加えられる鉛添加剤の削減規制がいい例になる。これはコスト的にも納得できるものであり、公衆衛生の点でも素晴らしい効果があった。私も政府時代は、効果が高く、コストは低いということが、規制施行を促進する例を多く見た。家電のエネルギー効率を高めるための規制は、効果がコストを凌駕していたこともあって、実施にまで至ったのである。

一つの例について、詳しく検討してみよう。オゾン層保護を目的としたモントリオール議定書では、オゾン層を破壊するガスの排出の段階的使用禁止を国々に義務付けている。レーガン政権は当初、オゾン層保護の取り組みに対しては保守派の立場から抵抗（時に嘲笑したり）していたが、後に熱心に支持するようになった。事実、この問題では国際的なリーダーシップを発揮した。経済諮問委員会の分析でオゾン層保護の効果はコストをはるかに凌駕することが示されたことが一因である。[7] モントリオール議定書は成功例となり、費用対効果分析がその成功をもたらした。だが、これには大きな裏がある。

クロロフルオロカーボン（ＣＦＣｓ）などのオゾン層を破壊する化学物質は、喘息患者用のスプレー薬にも含まれている。このスプレーから排出される量はほんのわずかで、喘息薬の規制はオゾン層保護に役立つ重要な方策とはほど遠い。だが、ＣＦＣを使わない代替薬はすでにあるか、すぐにでもできる状況にあり、ＣＦＣを規制しても大したコストはかからないという状況でもあった。モントリオール議定書を遵守することで健康に対する問題は発生しないことになる。ここまでは良し。

ところが二〇〇八年、ブッシュ政権は喘息薬のプリマテン・ミスト販売禁止を発表した。これが問題となる。プリマテン・ミストは処方箋なしで買える唯一の喘息薬だが、ＣＦＣを使わない代替品は当時まだできていなかった。ブッシュ政権が禁止を発表したのは、実際に禁止が実施される二〇一一年末までには処方箋なしで買える代替品が開発されるという理解があったからだ。ところが二〇一一年が近づいても、代替品は開発されなかった。プリマテン・ミストを使っていた人々の数は二〇〇万から三〇〇万人の間とされ、そのすべての人々が、処方箋なしの薬を買えなくなってしまうことになる。

これは、二つの点で問題となった。一つは、処方薬はかなりの高額になること、二つ目は、プリマテン・ミストを使っていた人々の中に（おそらく二〇パーセント程度）保険に入っていない人がいたことだ。この薬を使用していた人々を始め、多くの人々が強い不満の声を挙げた。代替品が高額で、医者に行かなくては手に入らない状況で、政府はなぜ、人々がそれまで選んで使っていた喘息薬を禁止したのか。薬屋に行くだけで済む方が、よほど簡単ではないか。

オバマ政権では、プリマテン・ミストの段階的禁止の期限を延長するかどうかについて多くの問いに取り組んだ。私自身は、期限を延長すべきだと考えた。しかし最終的には、食品医薬品局が延長を認めなかった。喘息患者は医師の診断を受け、個々の症状にあった処方薬を使用した方がいいというのが、その理由の一つだった。

この問題について正しい答えが何かは別として、ここに、一般的な問題を見出せる。あるリスクを削減しようとすると（たとえばオゾン層の破壊）、別のリスク（喘息に関する問題）を増加させることになる。一つの健康問題と別の健康問題を秤にかけるようなことが、リスク削減策自体がリスクを含んでいる場合には起こるもので、私たちはそうした事態によく直面する。

そのような例は数多くある。石綿を禁止すれば、メーカーは安全性の低い代替品を使わなくてはならなくなる。原子力発電所への規制を厳しくすれば、環境に悪影響を与える可能性がある火力発電所の需要が高まるかもしれない。大気汚染に対する厳格な規制は電力料金の値上げにつながり、さらに、電力料金が上がったことで、人々がエアコンや暖房の使用を控えざるをえなくなれば、規制は害を及ぼすことにもなる。ここでも、費用対効果分析の真価が発揮される。分析によって、問題の一部だけを見てしまう傾向を克服し、別のことのように見える、間接的な影響についても広く目を向けられるようになるからだ。

あるリスクについて規制すると、別のリスクが増加することを理解するのは重要だが、同時に別のリスクを減らしうるというのも本当だ。オバマ政権では、水銀の排出を削減することを主たる目的とした大気汚染防止規制を施行した。こうした排出を削減するためのテクノロジーは、やはり大気汚染物質である粒子状物質の排出も削減できるものだ。結果、粒子状物質の削減という「副産物効果」は、人の健康という面から言うと、水銀の削減よりはるかに有益であることがわかり、毎年何千という早期死亡例を削減し、何万の疾病も予防することができた。

水銀禁止については、効果の大部分が水銀には関係ないという反対意見もあった。効果の大半が粒子状物質の削減によるもので、規制はまやかしだというのである。だが、この批判は的外れだ。まやかしなどはどこにもない。どんな規制も、全体を見なくてはならない。規制によって、偶然害が発生するのであれば、その害も考慮しなくてはならない。同じように、偶然の効果についても考慮すべきである。

マネーボール式規制の実施にあたって

ここまでのところで、行動科学の知見に基づいて費用対効果分析を考える視点がわかってきたことと思う。だが、まだ深刻な問題が残っている。

食の安全についての規制が、金銭的に言うと二〇〇万ドルの効果があり、三〇〇万ドルのコストがかかるとしよう。この場合、この規制は実施してはいけないのか。この数字が何を意味するのかを知らなくていいのだろうか。二〇〇万ドルの効果は、厳密に消費者が節約できる金額のことを言っているのか。それとも、救われた生命や疾病予防を金銭で表したものなのか。また、効果の恩恵を受けるのは誰で、コストを負担するのは誰か。子どもたちには恩恵となるのか。食品加工の大企業には損となるのか。逆の例にすれば、食の安全規制の効果が三〇〇万ドルで、コストが二〇〇万ドルだったら、この規制は行われるべきか。まったく同じ質問をここでも繰り返すことができる。

なぜ、費用対効果分析が必要なのか。それは、政府は広い意味での社会福祉の促進を目指すべきで、費用対効果分析はその目的達成のためのナッジとして機能するからだ。不完全ではあるが、貴重なナッジである。それを確かめるために、いくつかの用例を考えてみよう。

①エネルギー省が冷蔵庫のエネルギー効率改善のための規制を考えている。この規制によって、冷蔵庫の値段はそもそもの値段より二〇〇ドル高くなるが、エネルギー効率が良くなるために、冷蔵庫の寿命が来るまでに消費者にとっては一〇〇ドルの節約になる。全米で毎年売れる冷蔵庫の数が八〇〇万台だとすると、規制にかかるコストは一六億ドルで、節約は八億ドルになる。規制の目的が消費者にとっての節約であれば、この規制は擁護できない。消費者は損をすることになる。費用対効果分析で、それがわかる。分析なしでは、この規制が適切であるかどうかを判断することはできない。

②①と同じ例で、消費者の節約額が四〇〇ドルだとする。そうなると、消費者のためになるわけだから、規制は有意義なものとなる。節約額は三二億ドルになり、コストのちょうど二倍になるから、いい結果だ。もちろん、確かめるべきことはある。エネルギー効率のいい冷蔵庫は、今持っている冷蔵庫と同じ性能なのか。冷蔵効果が良くなければ、規制によって新たなコストが生じることになるから、もう一度考えなおさなくてはならない。性能の悪いものであれば大問題になる。また、規制によって、消費者が新しい冷蔵庫を買う気になるかどうかも検討しなくてはならない。新しく購入する人が少なければ、規制によって、想定していなかったコストを（消費者にも経済全体にも）押し付けることになる（一方、消費者が積極的に買い換えれば、想定していなかった恩恵をもたらすことになる）。消費者がエネルギー効率がいいということで、冷蔵庫を今までより使うようになるか（いわゆるリバウンド効果）についても検証しなくてはならない。よく使うようになったとしても、結論は変わらないかもしれないが、知っておいていいことかもしれない。最後に、エネルギー効率のいい冷蔵庫がなぜ、もっと市場に出回っていないのかについても確かめなくてはならない。消費者にとって得になるなら、なぜもっと買っていないのか（その答えは、目立ちやすさと近視眼的な見方にあるかもしれない）。こうした質問はすべて、標準的な費用対効果分析に含まれている。答えが望ましいものであり、効果が費用を上回るものであれば、規制を進めることに意味がある。

③再び、①と同じ例だが、規制によって、大気汚染が相当に削減できるとする。この削減により、

毎年一〇〇〇件の早期死亡例（さらに、様々な症状の疾病や欠勤）を予防できるとする。連邦省庁では（大体において）人間の命を金銭換算で八〇〇万ドルとしている。そうであると、疾病と欠勤を除いても、規制は正当化できる。コストは一六億ドルで、効果は八六億ドルだ。ここでも、確かめるべきことはある。たとえば、人間の命はなぜ八〇〇万ドルなのか、とか、この数字はどうやって出てきたのか、などだ。こうした問いにちゃんとした答えがあると仮定すると、効果が費用を上回ることになる。

④①と同じだが、今度は大気汚染削減の効果がそこそこ程度だとする。削減で救える命は毎年五〇件（それと、若干の疾病と欠勤）だ。これでは、規制は正当化できない。コストは一六億ドルで、効果の一二億ドルをはるかに上回る。

①と②の例は簡単だ。③と④も簡単に見えるかもしれないが、ここでは、早期死亡の例をどうやって金銭的価値に置き換えるかが当然問題になる。この問題については、専門的な文献が数多くあり、私としては表面を少しなでる程度のことしか言えない。[8] 鍵は、費用対効果分析に当たっては、規制担当者は人間の命を金銭化しようとはせず、その代わりに、死亡にかかる統計的なリスクを削減するためにかかる費用を算出するということだ。こちらも簡単ではないが、はるかに扱いやすい。

十万分の一の死亡リスクを取り除くことが目的だとしよう。これだけのリスクを削減するのにいくらかかるだろうか。これには、様々な答え方がある。単純に、「これだけのリスクを取り除くのにいくら払うか」と聞いてみる方法もある。「ゼロ」とか「五〇〇ドルくらい」という答えはかなりの例外で、標準的な答えは五〇ドルだ。

このように抽象的で仮定の質問には問題がある。答えにもあまり意味はないかもしれない。十万分の一のリスクを取り除くために五〇〇ドル払うと答えてはいても、もしかしたら、五〇〇ドルあれば何が買えるかを考える方がいいかもしれない（テレビを買えるかもしれないし、一万分の一くらいの、もっと深刻な死の危険を取り除けるかもしれない）。

市場に存在する証拠を見て計算する方法もある。労働者が十万分の一の死亡リスクに晒される場合、五〇ドルのボーナス、あるは割増金を受け取れるというのが、かなりの規模の人口で共通に受け入れられているとする。その場合、統計的生命価値（ＶＳＬ）は五〇〇万ドルとなる。これは、政府が十万分の一の死亡リスクを取り除くために費やす額が五〇ドル以下でも以上でもないことを示している。

最近の専門的文献によれば、ＶＳＬは（二〇一二年のドル計算で）九〇〇万ドルくらいが適当であるとされている。[9] オバマ政権では、国民所得の増加を考慮して、ＶＳＬも若干高めに修正した。国が豊かになれば、リスク削減のために使う金も増えるから、ＶＳＬも増加する。私たちも、政府省庁の活動が専門的な文献が示す範囲を超えないように、また、大きな矛盾や説明できない状況が生じないように注意した。[10] 環境保護局がＶＳＬを九〇〇万ドルとして計算し、運輸省は三〇〇万ドル、厚生省は一〇〇万ドルなどとなってはならない。現在使われている数字はすべての省庁共通ではないが、大体七〇〇万ドルから九〇〇万ドルの範囲に収まっている。この程度の違いは、規制の実施や程度の判断に影響を及ぼしてはいないようだ。

こういったところが現状だが、まだまだ検討すべき問題はある。

・年齢

子どもの命は、成人より多く、少なく、あるいは同等に扱われるべきか。もっと詳しく言えば、子どもが直面する統計的なリスクをどう評価すべきか。一方で、子どもにはリスクを取り除くために使える金があまりない。これをどう考えるか。他方、子どもには（気をつければ）先の長い将来がある。これは考慮すべきではないか。救うことができた命の数だけではなく、その命の年数も考えるべきではないか。親は子どものリスクを取り除くために大金を惜しまないだろうが、そうした親の願望は含まれないのか。[11] 規制の効果が主に、高齢者の寿命を少し延ばす程度だったらどうか。たとえば、大気汚染規制の主な効果が八〇歳以上の人間の命を数ヵ月延ばすだけであったら。高齢者の命に関しては残り数ヵ月の単位の話かもしれないのだから、省庁は低く評価すべきではないのか。寿命を数十年延ばすために八〇〇万ドル費やすとすれば、数ヵ月延ばすために同じく八〇〇万ドル使う価値はあるか。この違いに意味はあるのか。

・条件

条件を無視するわけにはいかない。一〇万分の一の死亡リスク評価は、そのリスクが癌に関係するのか、心臓病か、突然の予期せぬ事態なのかによって変わってくるだろう。人々は、癌による死亡のリスクを避けるためには余計に金を出すという調査結果がある。[12] 政策は、この証拠も考慮すべきではないのか。死亡リスクに自動車事故、テロ攻撃や飛行機の墜落も含まれると、違ってくるのではないか。人は飛行機事故のようなおぞましい死に方を嫌悪するから、そのリスクを避けるためには余計に金を出すかもしれない。だとしたら、政策はそのことも加味すべきではないのか。

・対象者

規制によって誰が恩恵を受け、誰が損をするのかを知りたいと思うかもしれない。職場の安全に関する規制が、コスト四億ドル、効果三億五〇〇〇万ドルだったとする。一見したところ、この規制は費用対効果のテストには合格しない。しかし、コストは（たとえば高級車のような）贅沢品を売ったり、使用したりする人々にかかり、恩恵は（高級車製造過程での肉体労働者のような）経済階層としては底辺にいる人たちに施されるとしたらどうだろう。あるいは、大気汚染削減に関する規制で、コストは九億ドル、効果は八億ドル、コストを引き受けるのは汚染者（と、汚染者側で働く者、そしてエネルギーも含めて、その製品を購入する者）で、恩恵を受けるのは主に、貧困層か、それに近い人々の場合はどうか。金銭的価値だけでなく、それが意味することも知りたくなるかもしれない。人々の福祉という点から言えば、これら二つの規制は命を救ったり、事故や疾病を予防するという、大きな効果をもたらす。同じ視点から見て、大きな害にもならない。一定の産物に対し余計に金を払わなくてはならないかもしれないが、それが世の中で最悪の出来事になるわけではないだろう。金銭的なコストや効果に縛られてはならない理由がここにある。効果が三億ドルで、コストが四億ドルだから、で話は終わりではない。さらに色々な点を確認するべきだ。オバマ大統領が二〇一一年に連邦規制について発表した大統領令では、規制を進めるかどうかを決定する際には「公平さ」と「配分のインパクト」を考慮に入れることを定めた。

これらの問題は、費用対効果分析でもむずかしい問題で、結論はまだ出ていない。経済学者や政治学者などが検証を続けているが、コンセンサスはできていない。私の印象では、一般的に言って、これは実践の問題ではなく、理論的な問題であるように見える。私が見てきた規制では、これらの疑問への答えが違っていても、異なる結論に結びつくことはなかった。理由は、私たちは効果がコストをはるかに上回る数多くの規制案に目を通し、また、テクニカルな調整が施されて、その効果の度合いが上下する事例を見てきたが、それが最終的な判断に影響を及ぼすことはないからだ。コストの方が効果をはるかに上回っていた規制案が、大幅な修正を経て効果の方が上方修正された例もあったが、それでも影響はなかった。つまり、テクニカルな面からの修正で上記のような疑問が解消されることはなく、それによって規制案自体が良く見えたり、ダメに見えたりすることはなかった。

オバマ政権では、むずかしい問題に新しい視点で答えようとしたり、複雑な答えを用意したりしたことはなかった。長年の慣習に従って省庁では、統計的生命価値について年齢や条件、貧富の差などは考慮せず、一つの基準が用いられた。ただし、場合によっては、上記の疑問に関して質的な面を考慮したこともあった（これについては、後で論じる）。

むずかしい問題はここまでにして、大事な点に立ち戻りたい。費用と効果について慎重に検討することは、規制が適切であるかを判断するのにいい方法である。規制が高コストで、効果が低ければ、「やらないリスト」に載せていい（ビリー・ビーンも似たようなリストを作っていた）。規制によって多くの命が救われるのであれば、コストが著しく高いのでない限り、おそらく実施する意味がある。費用対効果分析が、民主、共和両党の政権に支持されてきた理由はこれでよくわかってくれたと思う。そして、効果と費用を一覧にすることが、より良い政策への強いナッジとなることも説明できただろう。

ここで一点、はっきりさせておこう。一方に、費用対効果分析は単なるナッジだという見方がある。省庁はそうした分析を行わなくてはならないが、それに縛られる必要はない。コストが効果を上回っても、規制を進める権限はある。他方、費用対効果分析は単なるナッジではなく、決定に関するルールであるとする見方もある。この見方では、省庁は、コストを正当化できるだけの効果がなければ、規制を進めてはいけないとなる。オバマ政権では、さらに厳正な見方をした。コストを正当化できるだけの効果がなければ、法律で実施を求められているのでない限り、規制を進めてはいけないという方針である。もちろん、金銭価値に置き換えられない、そして、量では測れない効果も重要になることはある。これについては後で触れる。

予防原則への反論

費用対効果分析をよく思わない人々が好むのが、「予防原則」である。この原則の解釈には色々あるが、基本的な考え方は、安全については余裕を持って考えるべきで、一般へのリスクを高める者へは厳しい義務を負わせるべきだというものだ。強硬な予防原則論は、活動や製品が安全であることを証明できなければ、前に進めてはいけないとする。

しかし、予防原則論は、聞こえはいいが、多くの場合首尾一貫しておらず、オバマ政権はこの考え方は採用しなかった[13]。現実には起こりそうもない危険に対しても用心すべきだというのは正論だ。自動車事故で死亡するリスクが五パーセントあるのなら、そのリスクを排除する手段を講じるべきである。予防という考え方には充分意味がある。予防原則論の問題点は、原則が求めるものを原則が禁じているという点だ。この原則が適切でない方向に導くから反対しているのではなく、この原則では麻痺が起こり、目的が果たせなくなるからだ。

イラク戦争を例に考えてみよう。ブッシュ政権は時折、予防という観点からこの戦争を正当化していた。イラクに核武装の可能性があるというだけで脅威であるから、行動が必要だというのだ。ブッシュ大統領が主張した「先制戦争」という考え方は、一種の予防原則だ。サダム・フセインが大量兵器を保有している可能性を根拠に、アメリカは戦争を始めた。だが、この予防行動には高い犠牲が伴った。影響をすべて評価したうえでこそ、先制戦争は正当化できるもので、予防という広い考え方に基づいて正当化はできない。

戦争は特殊な状況だが、同じことは別の事態でも言える。気候変動問題でも、コストの高い予防は別の種類のリスクを作り出す。気候変動がもたらした危険を回避するための行動は取らなくていいと言っているのではない。燃費に関する規制は、温室効果ガスの排出の削減を目的としたものでもあり、そのためには適切な規制の例だ。[14]だが、どんなことをしてもリスクはある。環境などの問題にあたっては、どのリスクと対決するかを決めなくてはならない。リスクのない選択肢があるなどというふりをして、いい気持ちになってはいけないのである。

遺伝子組換え食品の例で考えてみよう。「自然にちょっかいを出して」、健康や環境に有害な結果になることを心配する人は多い。だが、遺伝子操作を認めなければ、多数の死者を出し、死者がさらに多くなる可能性もあるという人もいる。遺伝子操作によって、安く、健康的な食品を生産する可能性があり、発展途上国に大きな恩恵をもたらす製品につながるというのだ。問題は、このように複雑な論争でどちらの立場を取るかではなく、予防原則から何のヒントも得られないということだ。

規制は時に、別のリスクを生み出す。たとえば、殺虫剤のＤＤＴは鳥類や人間の健康を守るために規制されることが多い。しかし、貧しい国では、ＤＤＴの使用禁止でマラリア対策に有効な方法がなくなり、人々の健康が危険に晒されているかもしれない。あるいは、新薬の導入に政府が非常に慎重な態度だと生じる「薬品ラグ」はどうだろう。厳正な審査は、不充分な試験しか行われていない薬から人々を守る。しかし、新薬の安全性が確かめられるまで、人々は新薬の恩恵にはあずかれない。「予防」というのは、徹底的な審査を求めているのか、それともその逆か。オバマ政権で、FDA（食品医薬品局）はその二つの間で正しいバランスを取ろうと努力した。このバランスを取ることが大事なのである。

これから二四時間の間に予防原則に従うべく努めなくてはならないとなると、それは大変なチャレンジだ。やらなければリスクを生み、やってもリスクを生む。大変な仕事をするのは健康に悪いかもしれないが、それをしなければ雇用者の不興を買う。だが、仕事をすれば、本人にも家族にもリスクを与えることになる。個人にとっての真実は、政策決定者にとっても真実だ。政策決定者は確かに予防ということを考える。だが、予防原則に従ってはならない。どんな予防をすべきか。その答えは、主に費用と効果にかかっている。

尊厳、公平性、配分という質的基準

規制に関する大統領令で、オバマ大統領は費用と効果を「できる限り正確に」量で表すことを省庁に指示し、「マネーボール式規制」を重視する姿勢を表明した。だが、同じ大統領令で、充分な情報がなければ量で表すことが不可能であることも認めている。また、金銭に置き換えるのがむずかしい価値があることも認めた。そのため、省庁は「公平さ、人間の尊厳、公正さ、配分のインパクトなど、量で表すことがむずかしい、あるいは不可能な価値についても考慮する（質的に考える）」ことも認められた。

これは、尊厳や公平さなど、簡単には金銭に置き換えられない要素についても考慮していいと、率直に認めたものだ。これを、こうした要素を考慮する方向に向かわせるナッジと考えてもいい。たとえば、車椅子の退役軍人たちが公衆トイレを使えるようにするといったことを考えるなどだ。

量で表すことの重要性を強調しつつ、量では表せないこともあると認めることに矛盾はない。金がかかる規制だが、早期死亡の件数を減らせるのなら、予防できる件数がどれだけなのかを確認すべきだ。二人か、五人か、一〇〇〇人か。規制にコストがかかるなら、その規模はどのくらいか。一億ドルか、二億ドルか、九億ドルか。その答えは大きな影響を及ぼす。量で表すことに限界があることを認めつつ、それでも量で考えることを信条としよう。

人間の尊厳と公平性は、アメリカの伝統に根付いている。だが、大統領令がこうした要素を特筆したことは、一般にはあまり受け入れられなかった。「ウォール・ストリート・ジャーナル」紙は社説で次のように書いた[15]。

公平性と公正さは、恩恵として何を含めてもいいと言っているのと同じだ。この計算方式では、規制のコストに九九九〇億ドルの実費がかかっても、どのようなお役所計算かわからないが、人間の尊厳が一兆ドル分増加するのなら、オバマの費用対効果テストに合格する。職や投資を減らす規制であっても、所得の不公平も減らすものなら審査に合格だ。
どんな費用対効果分析も、ある程度は判断の問題だ。だが、その基準は普通、経済的に把握できるもの、たとえばリスク評価とか割引率などだ。オバマ氏の解釈を認める企業はない。なぜなら、彼の言う「価値」は、大きな政府を志向する抜け道でしかないからだ。この大統領令が孕む危険は、過剰な規制をチェックするための重要な道具を、官僚が欲する規制はどんなものでも正当化する方法に変質させてしまうことだ。……費用対効果分析の始まりではなく終わりのように聞こえる。

連邦議会も同じように、尊厳と公平性への言及については冷笑し、官僚の好き放題を許すものだと読んだ。ジョン・サリヴァン下院議員（オクラホマ州選出）は「このデタラメ語」に反発し、意味はあるのかと不思議がった。クリフ・スターンズ下院議員（フロリダ州選出）は、省庁は「曖昧で主観的な用語と政治的に正しい《ポリティカル・コレクトネス》イデオロギーを選んで、合理的な量的、費用対効果分析を放り出した」と述べた。[16]

「我々人民」が選んだ代表たちが、長年大事にされてきた「人間の尊厳」という考えを蔑むのは、奇妙な話で、シュールでさえある。私は、こうした蔑視は恥ずべきことだと思う。だが、過剰な規制の危険を懸念する人々にとっては、これは的を射たものであるし、驚くことではない。省庁が、質的要素が含まれたことで、好き勝手していいと考えてはならないことには、当然同意見である。

ただ実際には、量化できない要素についての言及はこの大統領令のオリジナルではないし、注目されるほどに重要なポイントでもない。一九九三年以来、規制担当者が公平性と配分のインパクトを考慮することを認めた大統領令が活きている。民主党政権も共和党政権も、規制が貧しい人々だけに深刻な苦難を与えたり、あるいは多大な恩恵をもたらすものである場合には、規制担当者がそのような苦難や恩恵を考慮に入れることを認めてきた。

だがこれまでのところ、これは議論上の問題で、実践上の問題にはなっていない。車の安全性を高めたり、燃費を向上させるための規制には、いいものも悪いものも含めて、様々な効果があり、それは、金持ちも貧しい人も等しく、広範囲の人々に感じられるものだ。食の安全に関する規制についても、同じことが言える。大気浄化のための規制にも広い効果がある。貧しい人々に大きな恩恵をもたらすかもしれないが、環境保護が経済階層の底辺にいる人たちの方に特にプラスなのか、そういう人たちが他と比べて不公平なくらい大幅に恩恵を受けているのかはわからない[17]。職場の安全についての規制は、豊かとは言えない人々の役に立つかもしれないが、そのためのコストも引き受けさせられるかもしれない（規制のために、人員削減や賃下げが起きるかもしれない）。

配分のインパクトについての評価は、実証面から様々な問題を投げかけている。確かに、規制によって値段が高くなるのなら、あまり裕福でない人々への害の方が大きい。規制によって雇用が減るなら、裕福でない人間が大きい負担を背負うことになる。こうした問題には、もっと注意を払うべきだ。ＯＩＲＡで私は、規制によって雇用が減ることについてのパブリックコメントを集め、高コストの規制が雇用を創出するか、削減するか、それとも影響を出さないか、真剣に検討した。できる限りの分析の結果、規制は雇用の削減をもたらすとなれば、私はその規制には賛成できず、仲間とともに、起こりうるそのリスクを減らすべく努力した。経済学者らは、高コストの規制と雇用の関係にもっと注意を向けるべきだ。特に、経済危機の時期は、失業した人間が新たな職を得ることはむずかしい。

オバマ大統領が人間の尊厳に言及したのは確かに前例のないことで、尊厳やそれに関連する概念は、他の事例でもとりあげられている。次にその例を挙げる。

・二〇〇九年、疾病予防センター（CDC）は長年実施されてきた、エイズウィルス（HIV）感染者の入国禁止を撤廃した。これは非常に重要な決定で、二〇〇八年の大統領選期間中にオバマ大統領が訴えた公約の正当性を立証するものであった。私も多くの人々と協力して、この実現に努力した。CDCはこの決定の根拠として、予想される費用と効果について、詳細な量的分析に基づいた多くの数字を示した。経済的効果（たとえば、多くの人がアメリカに来て、経済活動に従事できる）もあれば、健康への影響（新たな入国者によって、大した規模ではないが、感染の増大の可能性など、あまり良くない影響もある）などについての数字だ。同時にCDCは、金銭的価値には置き換えられない多大な効果についても力説した。「この政策変更による効果のすべてを量的に測ることができないが、エイズウィルス感染者に対する偏見を減らす役に立つと、我々は信じている。また、入国を禁止されていた家族との再会を可能にする（家族の絆を強めることができる）。……さらに、道徳、人道、配分、国際社会に関連して重要な恩恵があるが、これらは量で測ることがむずかしい」[18]。このように量的に測れない恩恵を特記して、CDCは、新しいルールの効果は費用を上回ると結論した。

・二〇一〇年、雇用機会均等委員会（EEOC）はアメリカ障害者法に修正を加える規制を発表した。修正は、肉体的及び精神的障害を持つ人々の保護を強化するもので、差別（臨床的抑うつなどの精神障害があると誤解された人々への差別など）を禁止し、雇用者には障害者に配慮すること（運動療法や心理療法を受けるのに間に合う時間に退社させるなど）を求めた。EEOCはこの規制の効果を、「職場での包容力と公平性を促進し、障害者を二級市民扱いする傾向に歯止めをかけ、屈辱感や差別感を取り除き、働く資格のある人々が職場に参加できるようにすることで、人間の尊厳を追求できる」と述べた[19]。ここでも、金銭に置き換えられない恩恵が特に強調されている。

・議会の指示に応じて、運輸省は車の後方の視界を良くして、バックの際の事故や怪我を防止する、新たな規制について、パブリックコメントを求めた。提案は（年間二億ドル以上の）コストのかかるものだった。コストは、量的に測れる効果（死亡や怪我の予防、物損の予防など）をはるかに上回るものだった。だが、子どもの安全は特に問題となる。運輸省もこの点に鑑み、「量的分析ではすべての説明にはならない。……車のバックによって起こる事故の犠牲者の四〇パーセント以上は小さな子どもたちで（五歳以下）、これからまだ長い人生が待っているはずだった。……さらに、この規制によって、多くの場合に伴う、質的に特徴的なリスクを削減できる。自分の子どもを死なせてしまったり、怪我させてしまったりするリスクや、その一因となってしまうリスクのことだ」[20]とした。運輸省は、犠牲者の多くが子どもであることと、そのような事態を不注意で招いてしまった人たちが抱える、他に比べようのない、心が張り裂けるような傷を考慮して、公平さという点を強調したのだ。

- 司法省は、刑務所内での性的暴行事件の発生を削減する規制を発表した。この規制の効果を説明するにあたって、司法省は、州政府や地方政府が監視や訓練のために毎年数億ドルかけていることなど、純粋に金銭的なコストを示した。そして、効果としては、刑務所内の性的暴行事件を大幅に削減できるとした。削減についてはできるだけ具体的に述べようと努力し、性的暴行事件の削減は金銭的価値で示すこともできるとさえ言った。しかし、その限界も認め、人間の尊厳に関わることで、それも考慮に入れなくてはならないとも述べた。「分析では、金銭に置き換えられない効果はどうしても除外されてしまうが、それでも費用対効果分析には含めなくてはならない。公平性、人間の尊厳、公正さなどの価値のことだ。量で測れない恩恵は、暴行を受けた後に適切な治療を受けた犠牲者が感じるものだ。……量的に測れない恩恵は、広く社会にもたらされる。受刑者が社会復帰する際、屈辱感を脱し、社会の一員となる用意ができていることになるからだ」[21]。

・障害者の建物へのアクセスを広げるための規制条項の一つとして、司法省は、車椅子の利用者が使える充分な広さを確保したトイレの設置を求めた。この条項にかかるコストは非常に高い。「金銭的に測れば、この規制のコストは効果をはるかに上回る」と、司法省は認めた。[22]この点についての司法省の対応はわかりやすく説明されている、とは決して言えないが、重要な点を含んでいるため、ここで引用しておく。

障害者が安全性の向上や独立した生活圏の拡大、差別感や屈辱感の解消などから、さらなる恩恵を受けられる。こうした恩恵は、司法省の経済的モデルでは金銭的価値には置き換えられない。だが、司法省の経験に照らして言えば、そのような恩恵は非常に高いものになると考えられる。国が関与した戦争で負傷して戻ってきた復員軍人などの車椅子利用者には、トイレには横から座りなおすことを指導する。横からの移動は最も安全で、効率的で、一人でできるもので、車椅子利用者のトイレ利用を奨励できる。横からの移動が可能になれば、車椅子利用者や同様の運動障害を持つ人々が〔トイレという〕最もプライベートな行動で他人の助けを借りる必要がなくなる。……アメリカ障害者福祉法は、配分可能で公平な類の恩恵の提供を意図していることに気づくことが重要だ。トイレの基準に関するこうした条項には、障害者に平等なアクセスと機会を提供するという、金銭的に表せない恩恵がある。

こうした例では、人間の尊厳や、関連する効果への配慮が、政府の決定に影響を与えることになった。これらは、これからも必ず問題になる要素である。ここで大きな疑問が生まれる。マネーボール式の規制を行っていこうとするなら、このように量的に測れないことはどのように配慮すればいいのか。

量的に測れないことに対応する

視野を少し広げよう。量的に測れない要素には様々な形（時に重複する）がある。

・効果の規模を具体的に測れるかという問題。規制によってテロ攻撃のリスクを削減できることはわかっているが、削減を量で表すことができず、そのため関係省庁としては効果も説明できない。これは、ブッシュ政権で特に大変だった問題だ。国土安全保障省（DHS）は、九・一一事件後テロに対する防御として数々の規制を実施した。DHSは規制の効果を具体的に示すことができなかった。OIRAがこの課題に果敢に挑戦したと聞いている。多くの場合、どの方向での効果かはよくわかるのだが――規制が役に立つことはわかる――、その規模を具体的に示すのは困難か、不可能に近い。

・金銭に置き換えられるかという問題。厚生省（HHS）は、規制によって、個人の健康状態についての電子化情報のセキュリティを強化すれば、個人のプライバシーが守られることになるとする。厚生省は、影響を受ける人の数や記録の数も把握している。だが、この効果をどうやって金銭的価値で示せるかがわからない。プライバシーがよりよく保護されるのは、いくらの価値になるのか。あるいは、環境保護庁は規制の効果として、エコシステムにいい影響があり、一定の魚の数を維持できることがあるとわかっている。しかし、この効果を金銭に換算することは簡単ではないと気づくかもしれない。

・規制によって、低所得者層にプラス、マイナス、どちらかの効果がかなりの度合いで配分される場合。こうした効果そのものは、量的に測ることができない。政府は誰がどのくらい影響を受けるかについてはわかっているかもしれない。得か損かどちらであっても、貧しい人々が特に大きな影響を受けることもわかっている。だが、その程度はわからない。配分の効果を量で測ることは可能としても、標準的な費用対効果分析の一部とするのは簡単ではない。

・人間の尊厳を守ることを目的とした規制の場合。すでに見た例のように、暴行事件を減らすとか、車椅子利用者のトイレへのアクセスを簡単にするというような規制がある。だが、規制の予期せぬコストとして、人間の尊厳を傷つけることもある。たとえば、国土の安全保障を強化する規制で身体検査やスキャンが行われることになると、それを尊厳やプライバシーの侵害と感じる人もいるかもしれない。

・公正さを保持する規制の場合。政府給付金の配布の際、性的指向によって差別することを禁じたり、セクシャル・ハラスメントを禁止するような規制である。

・公平性を保持する規制の場合。保険会社に対し、既往症のある子どもへの保険を拒否することを禁じたり、深刻で長期に及ぶ疾病（癌や心臓病など）を抱えている人の保護のために、医療保険の年間限度額や契約期間総計限度額などの制限を撤廃する規制である。

恩恵は、一つのカテゴリーに収まるものではないかもしれない。「公正さ」と「公平性」の境界線は明確には引けない。このような概念をどう定義するかにかかっている。量的に測れない効果が互いに相反するような規制もある。最低賃金の大幅な上昇は、公正さという点からは正当化できるかもしれないが、そのために雇用が減少するのであれば、すでに困窮状態にある人々をさらに苦しめることになる。

こうした可能性をどのように考えるべきか。最初のステップは、説明責任をしっかりと果たすことで、ここでは、シンプルであることが非常に重要になる。私がいたときのＯＩＲＡはまさに、それに取り組んだ。重要な規制については、①規制が提案、計画している行動の費用と効果を、量的なものも、そうでないものも含めて、わかりやすくまとめた簡単な表、②不確定要因の概要、③提案に代わる妥当な代替案の概要、この三つを必ず添付することを勧めた[23]。この方法の長所は、一般の人々に対する透明性を高めることだ。たとえば、もし効果を量的に表せるとしても（水質保全など）、それを金銭で表せない場合、一般の人々にもそれを知らせるべきである。同時に、量的に表せない効果についても質の面から論じることで、官僚も市民も規制の目的を理解し、どうすればその目的を達成できるか理解する。公平性が規制の重要な目的であれば――保険会社に対して、既往症のある子どもへの保険を拒否することを禁止するような場合――、私たちは目的について明確に述べた。

同じようなステップで、私は、複雑で内容が長い規制については、明確で簡単な概要をつけることを求めた。その規制が何をするものか、どうしてそうするのかを説明し、量的、そしてそうでない費用と効果についてはっきりと示す概要だ。その動機は、規制の多くが本当に長文で複雑で、何をしようとしているのか、何のためなのかなどがわからないということだった。中には、費用と効果に関する事細かな表をつけて、一〇〇〇ページを超えるものもあった。短い概要は政府内外の人間にとって、非常に役に立つ。量的に表せない価値の効用についても明白に描ける。

省庁が透明でも、重要な効果が量的に表せない場合にどのように進めたらいいか、不明なこともある。よくあることだが、疑い深い人間なら「省庁が好き放題をしていいとお墨付きをもらったことにならないか。公平性や尊厳などの言葉を使って、お気に入りの方向に進むだけではないのか」と言うかもしれない。その疑問に答えるには、内訳分析を行うことが有効だと多くの省庁が気づいてきた。このアプローチで省庁は、量的に、あるいは金銭的に表せない恩恵がどれほどのレベルならコストを正当化できるか、具体的に示している。

たとえば、水質保全にかかるコストが年間一億七五〇〇万ドルとして、それによって、河川の汚染の削減にも大きな効果があるとしよう。こうした効果を適切に評価して一億七五〇〇万ドル以上になれば、規制は正当化できる。一〇万以上の小川がきれいになり、リクリエーションの機会が確保され、エコロジーの面からも資源を保持することができれば、一億七五〇〇万ドルのコストは正当化できる。だが反対に、規制で守れる小川の数が限られていて――たとえば二〇〇程度――、その効果も大したことがないとする。この場合、一億七五〇〇万ドルの費用を弁明することはできない。

つまり、水質への効果の内実と規模が理解されれば、効果によって費用の正当化ができるかどうかを判断することが簡単になる。むずかしい場合でも、なぜむずかしいかを理解できる。この方法は、国土安全保障やプライバシー、尊厳に関わる分野など、数多くの分野でも用いられる。内訳分析は重要な道具で、量化が推論であったり、不可能である場合に非常に有効となる。

章の最初に立ち戻って、この章を結ぶことにしよう。スポーツ界では、直感や逸話、信条《ドグマ》や印象などを排し、証拠とデータを拠り所にしようとする努力が広がっている。システム2がシステム1に対して勝利を収めることが多くなってきた。統計的分析の助けを借りて、スポーツ選手の実力について評価すること――選手の違いや戦略の違いが勝敗にどれほど関係しているか――ができるようになっている。規制に関しても、直感や逸話、信条や印象は充分ではなく、証拠やデータが喫緊に必要とされている。外国語で話すときは母国語で話すときに犯すような間違いは犯さないと言われることを思い起こしてほしい。

費用対効果分析は外国語であり、それも結構いいものだ。規制にマネーボール方式を取り入れるのに最も近い方法でもある。さあ、プレー開始だ。

第8章 さらば、官僚主義

　これから一年間にかかる経費がいくらになるか、予想できるだろうか。多くの人は当て推量に頼らざるをえず、その推量は大抵大きく的を外している。一ヵ月の経費さえ、予想に苦労する人もいる。家を建てる費用はたいがい予想をはるかに上回る。結婚式はもちろん、子どもの誕生パーティも想像をはるかに超えてしまう。官僚は、正しい数字を出そうと本当に一所懸命だ。彼らには経験も専門知識もある。それでも、一般の人たちと同じだ。費用と効果について事前に予想しようとすると、かなりの部分推量に頼らざるをえない。

　大気浄化のための規制のコストや、鉱山での怪我のリスクを削減する規制がもたらす恩恵など、政府が具体的には示せないこともある。費用と効果について、せいぜいその「幅」を示すことしかできず、その幅も結構広い。費用の予想が、二億ドルから四億ドルとされることも珍しくない。恩恵の方は、たとえば一〇〇〇から三〇〇〇の命が救えるという予想もよく見るパターンだ。さらに、この幅は、楽観的すぎるか、悲観的すぎるかのどちらかになる。コストも予想をはるかに上回ることがあり、恩恵についても同じだ。

このことについて、私たちは懸念すべきだろうか。曖昧な予想幅という点でいうと、マネーボール式規制で予想するというのは使えそうだろうか。

一貫性に欠ける信条《ドグマ》

OIRA室長時代、私はよく、規制担当者はわかりきった間違いを犯すと聞かされた。ところが、そう言ってきた人こそ、何か言いたいことがあるとき、まったく一貫性のない（コミカルでさえある）話をしたのである。

保守系のシンクタンクは言うに及ばず、ビジネス界でも、最高の知性を備えた人というのは同じ意見を持っているらしい。政府省庁は費用と効果について、自分勝手で、楽観的すぎる、という意見だ。小規模事業者の集まりで話す機会があったのだが、その時経営者の一人が絶望的な調子でこう聞いてきた。「省庁はいつも費用を安く見積もる。そんな費用対効果分析を信用できるだろうか」。保守派の多くは、省庁は規制が実際より良いものに見えるように、数字を操作すると言っていた（今でも言い続けている）。彼らによれば、省庁は救いようのないほど自己中心的で、規制を正当化するために、数字をいじりまくるという。早い話、規制担当者は信用できない。政策の好き嫌いで数字が変わり、その逆ではないなど、様々な話が続く。

公益団体の間、特に環境保護の分野では、最高の知性を備えた人はまったく逆の意見だ。環境保護活動家の集まりに出席したときには、本当にイラついた様子で、次のように聞いてきた人がいた。「費用はいつも高めに算出される。そんな費用対効果分析を信用できるだろうか」。進歩派の多くは、省庁は恩恵を過小評価し、コストを過大評価すると思っている。

環境保護派は、効果は省庁が言うよりはるかに高く、実際にかかる費用ははるかに低いと、繰り返し主張する。省庁はコストの予想では、業界に依存せざるをえないとも言う（それは本当だ。関連データの多くを保持しているのは業界で、政府は、少なくとも最初は、業界が言うことに頼らざるをえない）。このような依存のおかげで、規制実施後に企業にかかる実際のコストをはるかに超えた試算が出てくると、環境保護派は主張する。公益団体からすれば、省庁の費用予測は実際、企業による脅し戦術にすぎない。本当は、予想される費用のほんの一部しかかからない、などの話になる。

双方とも、一見納得できそうな例を持ち出してくる。オバマ政権では、コストが省庁の予想より高くなることを納得して、取り下げられた規制案もある。たとえば、職業安全衛生局が、過大な騒音から労働者を守るという、物議を醸した規制を取り下げたことがある。[1] 理由の一つは、コストを過小評価していたというものだった。

他の省庁が、文書業務や報告義務に伴う負担について現実離れした低い値を出してきたこともある。

こうした義務は、省庁としてはわかりやすく、指示通りにやれば簡単に見えるかもしれないが、実際にやる人間にとっては時間がかかる業務になる。FAFSA（奨学金無料申請制度）を改正して、財政支援が必要な学生が大学に進学する可能性を高めようとした試みについてはすでに述べた。しかし、それでは充分ではなかったとする専門家がおり、今でも、FAFSA申請には、教育省が予想したより多くの時間と労力がかかるとされる。[2]

一方、省庁のコスト予想が膨らみすぎている例もあった。大気浄化法は、企業に酸性雨削減を求めている。環境保護庁は当初、規制のコストを高く想定し、企業側は、その想定よりさらに高くかかると考えていた。ところが、実際にははるかに低くなった。[3] 時間をかけて、企業側が学ぶという例も少なくない。今日規制にかかるコストより、明日かかるコストの方が低くなるかもしれない。規制によって、コスト削減につながるイノベーションが実現することもあるからだ。この点に注目して、エネルギー省は、エネルギー効率向上のための規制のコスト予測を再検討している。[4] 正しい数字を出すには、「学習曲線」分析が必要だと、エネルギー省は考えている。企業は効率的に行う方法を学んでいくものだから、イノベーションがコストの大幅削減につながることも多い。

規制反対派がコストを過大に強調し、規制が実施されたら大変なことになると言う傾向にあるのは間違いない。そのような大げさな主張に、少なくとも毎月一回は出くわした。他方、官僚のプロたちが、OIRAや他の省庁と協力して、正しい数字を出そうと努力しているのも見てきた。企業がコストを水増しすれば、規制担当者は間違いを正そうにも、充分な情報がないことになる。

意見が分かれるのは多くの場合コストについてだが、恩恵も問題になる。省庁は恩恵を過小に、あるいは過大に描いていないか。企業側は、恩恵が大げさに述べられ、しかも、かなりの部分推測でしかないと言う。公益団体の方は、量的に表すことがむずかしかったり、科学的情報が変化したりすることから、恩恵が過小評価されていると主張する。

データは偏向しているのか?

省庁が費用と効果について、特に過小、あるいは過大に評価する傾向があるか、これは、実証が必要な問題だ。原則的には、答えを見つけることは可能である。研究者はすでに、答えを見つけようと努力し始めた。これまでに出ている結果では、どちらかの側に偏っていることを示す証拠はない。企業も公益団体も、証拠のないドグマを強く信じているにすぎないことが明らかになってきた。

経済学者ウィンストン・ハリントンが、これまでの調査に基づいて、さらに注意深く行った調査によれば、費用と効果の比率が実施の前後で同等だった規制の例が六一あるという[5]。ハリントンは傾向に偏りは見つけられなかった。省庁が費用と効果の双方で過大に評価した例は同等の頻度で見受けられた。具体的に見ると、六一例中一六の場合で、費用対効果の割合は当たっていた。二四の例では、省庁の予測よりいい比率を示し、二一例で悪い比率を示した。ハリントンはこの結果から、費用も効果も予想より低くなる傾向にあったが、費用対効果分析がどちらかの方向に偏向しているということはなかったと結論した。

ハリントンの調査は、効果と費用の比率をとりあげたもので、過小あるいは過大評価の程度はどのくらいかを示してくれるものではない。この問題を調査した研究は他にある。環境関連と労働安全関連の規制で、事後評価が行われた二五例を対象にした調査がある。結果は、コストをいくらか過大評価する傾向が見られたというものだった（進歩派の見方を支持するものだ）。一二の例で、コストは過大評価され、五例で適切な評価、二例で過小評価、六例でどちらとも言えないという結果になった。[6]

二〇〇五年、行政管理予算局で、特にOIRAスタッフが中心となって、四七の規制の事後評価について概要を発表した。[7] そこから、三つの重要な結論が得られた。①省庁は効果については、過小ではなく過大に評価する傾向にある。[8] 細かく見ると、省庁が効果を過大評価した割合は四〇パーセント、過小評価したのは二パーセントにすぎない。②費用と効果の比率については、省庁は過大評価し、規制の結果については多少楽観的な傾向がある。省庁の予想が正しかったのは二三パーセント、過大だったのは四七パーセント、過小だったのは三〇パーセントだった。③費用については、多少ではあるが過大評価する傾向が強かった。正しかったのは二三パーセント、過大評価は三四パーセント、過小評価は二六パーセントであった。

結論としては、（企業、公益団体）どちらのドグマにも根拠はないということだ。省庁は多くの間違いを犯すが、一定の方向に向かう偏向は見受けられない。

これは重要な点で、その意義は大きい。だが、もっと大事なのは、今以上に色々なことを理解する必要があると認めることだ。これまでに行われてきた研究は、実施された規制のほんの一部を対象にしているにすぎない。予想と実態を比較する研究ではまだ進めるべき分野があり、進めるべきだ。規制の中には、予想以上に効果が上がるものもあり、上がらないものもある。規制実施の実態を理解すれば、どのように進めるべきかについてもより適切な決定を出すことができ、既存の規制の簡素化、改善、そして廃止を決定する上でも役に立つことが多いだろう。

規制を再検討する

合理的な規制制度は、信条《ドグマ》のぶつかり合いを超えたものでなくてはならない。現実に根ざしたものであるべきだ。規制の実態を理解した上で、それに照らして、その規制を修正、簡素化、強化、あるいは撤廃すべきかが問題なのだ。驚くべきことだが、つい最近まで、規制の実態についての情報を集めたり、まして、それに基づいて行動したりすることはなかった。そうすることで、省庁は最も効果的な策を拡大することもできるし、意味のない規定を廃止することもできる。

特に問題で、だからこそ、シンプルさの追求が緊急の課題となるのが、省庁が民間部門に課す負担の積み重ねである。個々に見れば納得できる規制でも、全体を眺めると、無駄だったり、一貫性がなかったり、重複していたり、とてもイライラするものであったり、時には頭がおかしくなる（専門用語を使えばクレイジーメイキング）ものであったりする。政府で働いていた間に最もよく聞いた文句は、負担が次々に積み重なっていくことについてだったかもしれない。なぜ省庁間で調整して、重複する規制を簡素化したり、州政府や地方政府と協力したりできないのか。そうすれば、同じことを二回繰り返す必要はなくなる。二回どころか、五回、一〇回もの繰り返しをなくせる。

国際的な規制に協力する必要性に照らして、同じような文句を言ってきた企業団体もあった。連邦政府からの規制に加えて、カリフォルニア、ジョージア、ニューヨークなど州政府の同じような規制にも適合しなくてはならないというのが無駄な労力であるなら、アメリカ、カナダ、メキシコ、イギリス、フランスなどがそれぞれに課す、複雑で重複するような規制を理解して、適合するようにするのも無駄な労力ではないか。国々が事実認識や価値観の問題で揉めているのでないのなら、貿易や経済成長の促進のためにも、規制を調整する努力をすべきではないのか。主要なビジネス団体の代表がこんなことを言ってきた。オバマ政権による国内規制も問題ではあるが、国際的な違いの方がもっと大きな問題で、その問題を解決できれば、私たちとしては大きな貢献ができる。政権はこうした懸念に真剣に耳を傾けた。

二〇一一年一月、オバマ大統領はシンプルであることを目的として、政府全体で既存の規制の「見直し分析」を行うことを発表し、省庁に対し、短期間でそのような分析についての暫定計画を提出するよう求めた。規制制度の簡素化という大きな目的に促されたものではあるが、これにはこれなりの理由もあった。オバマ政権の一期目に、連邦議会が医療保険制度改革法案を承認し、オバマ大統領がそれに署名したことはよく知られている。これは、一九六〇年代以来、最も重要な社会保障関連法となった。他方、同じ一期目に、連邦議会はドッド－フランク・ウォール街改革・消費者保護法を可決し、大統領はそれに署名した。これは、一九三〇年代以来最も重要な金融関連法となった。私たちは、それらの恩恵の全体と費用の抑制に留意しつつ、公衆衛生や健康、環境を守るルールも複数施行した。そうしたルールの中には、費用のかかるものもあった。

こうした方向に進めるなかでも、私たちは経済的苦境にあっては特に、不要な規制を廃止し、既存の規制を見直す必要があることを意識していた。そうすることが、制度全体をシンプルにしていく第一歩になるとわかっていた。大小の企業から、先のような意見も耳が痛くなるほど聞かされていた。規制の中には、施行当初は意味のあったものでも、今は意味のないものもある。状況が変われば、規制の見直しや縮小、あるいは廃止も充分考えられる。新しいテクノロジーによって、規制が時代遅れになることもある。過剰や重複の問題もあるかもしれない。州レベルで規制が行われ、連邦規制は必要でなくなっているかもしれない。民間市場が充分機能し、古い規制にはもはや意味がなくなっているかもしれない。

見直し分析は、現行の規制の効果の実状を検討するもので、政府へのナッジとしてはいい方法である。マサチューセッツ工科大学の経済学者で、経済諮問委員会の主任エコノミストも務めたマイケル・グリーンストーンは、次のように述べている。「現在の制度の唯一、最大の問題点は、規制に関する費用対効果分析が実施前に行われるだけということだ。まだ、わかっていることが少なく、分析といっても、多くの場合、検証不能で、論議の的になるような推論に基づいているというのが問題なのだ」[9]。

見直し分析は、これとは対照的に、実際に効果を出すものとそうでないものを見せてくれる。そうすることで、効果の低い規制は廃止あるいは簡素化、効果の高い規制は強化、拡大を進められる。私の考え方にも大きな影響を与えた論文の中で、グリーンストーンは、実験と評価を重視する文化の醸成を目的とした、一連の野心的な改革を提案している[10]。提案には、評価の信頼性を高めるために、規制の記録と実施に関するものも含まれている。

実はグリーンストーンは、二〇〇九年に彼が経済諮問委員会で働いていた時期には私の同僚の立場にあった。それで、いい友人ともなった。見直し分析については、多くの議論を交わした。彼は、規制担当者が最善の意図を持って行動していても、規制の効果やコストについては確信を持って言えるほどの情報を持っていないことが多いと主張した。他にも（企業や、政治団体のあらゆるタイプに見られたように）、省庁の専門家というのは、無意識かもしれないが、政策の目的や省庁のお偉方の意向に沿うように行動する可能性があるという意見もあった。

私自身の経験から言えば、省庁はプロ集団で、正しく分析するために努力する人間たちの集まりだ。グリーンストーンもこれには同意してくれるだろう。分析を行うのは公職につく官僚であって、政治的に任命された人たちではない。加えて、彼らのすることに対しては多くのチェックが入る。ある省庁の予想が疑わしければ、ＯＩＲＡが、あるいは経済諮問委員会が、国家経済会議が、科学技術政策局や他の省庁が、それに疑問を投げかける。省庁が提出した費用対効果分析の原案が、こうした厳密な検討を経て、修正される例は数え切れないほどある。また、省庁が疑わしい分析結果をつけて規制案を提出すれば、一般からも疑問が投げかけられ、そうした疑問には真剣な関心が寄せられる。規制批判派は、省庁の当初の規制案に大幅な修正が加えられることにもなる、こうした安全装置を見ようとしないが、私はそうした例を何度も見てきた。

だが、グリーンストーンの指摘にも一理ある。省庁が規制を発表する段階では、費用と効果についてては推論に頼らざるをえない。規制が実施された後、そうした推論を検証して、その規制を見直したり、新たな規制を発表するときには、学んだことを活かさなくてはならない。これが、今後の規制改革の中心点となる。それは、負担の蓄積を回避したり、よりシンプルにするという目的を目指すといった点からいっても最も重要なステップとなる。

見直しにあたって

第一段階は、大統領が求めた、一二〇日以内に見直し分析の暫定計画を作成することだった。官僚が多くの仕事を抱えていることを考えると、この日程はかなり厳しいものだった。省庁の多くは、一般から意見を募ることから始めた。環境保護庁、商務省、運輸省、内務省、国土安全保障省、国務省、財務省などは連邦官報に、このプロセスをどのように進めるか、簡素化や廃止の対象とすべき規制は何かについて、意見を求めるお知らせを掲載した。なかには、公聴会を開催した省庁もある。[11]

政権初期には、大統領のイニシアティブに懐疑的な意見を、特に政府外でよく耳にした。ビジネス界の批判派は、これはシンボリックな行為で、実際には何の効果もないとした。公益団体の批判派も同意見で、規制の見直しは重要な事柄から関心を逸らすもので、本来は前を見て、人々を守るためであってもこれまで行ってこなかった規制を実施することの方が重要だとした。だが、二〇一一年の一般教書演説と広く報道された全米商工会議所での発言で、オバマ大統領がこのプロジェクトに意欲を示したことは、政府内には大きなインパクトを与えた。連邦政府中の省庁が、これで勢いを得た。官僚の中には、このようなイニシアティブを進めたいと思っていた人間もいたのだが、時間がないこともあり、優先順位をつけなくてはならない。そこに、大統領からの指示があったことで、すでに見直しの基本的考え方に目を向けていた人たちはそれに時間を費やせるようになり、そんなことを考えていなかった人たちは新たに創造力を刺激されることになった。最終的には、すべての省庁が大統領が設定した期限を守った（一、二の省庁については、私がおだてたりして、締め切りを守らせたのも事実である）。

二〇一一年五月、省庁は暫定計画を発表、要修正事項は何百に上り、その多くは規制の簡素化か、廃止に向かうものだった。各省庁は一般の参加の意義を理解して、暫定計画を公表し、コメントや提案を募った。[12] 私は省庁に対し、受け取ったコメントへの対応を指示し、八日以内に最終計画案を提出するよう求めた。

二〇一一年八月には、二六の計画が発表されたが、それは、八〇〇ページ以上に及ぶ内容で五八〇以上のイニシアティブが含まれた。イニシアティブは、数兆ドルの節約をもたらし、年間の文書業務や報告義務に費やされる時間を数千万時間削減することを約束するものだった。[13] その後まもなく、一〇〇以上のイニシアティブが最終確認、あるいは公式に提案された。

イニシアティブの一つは、短期間だが人々の話題になった。不要なコストを排除したからだけではなく、二〇一二年の一般教書演説の間に最もツイートされた話題になったという、名誉か不名誉かよくわからない事態があったからだ。もちろん多くの人が関わったのだが、私もその名誉か不名誉に寄与した責任の一端を担っている。

一九七〇年代以降、牛乳は法により「油」に分類されていて、油の流出を防ぐためのコストのかかる規制の対象になる可能性があった。バカバカしい話だ。油の流出は環境に悪影響を与えるが、牛乳の流出には特に問題はなく、同じ規制の対象にされるべきではない（「牛乳飲んだ？」と「油飲んだ？」を誤解する人間はいない、とある皮肉屋は言った）。小規模業者も含めて農業団体は環境保護庁に対し、この規制の廃止を長年求めてきた。見直し計画で環境保護庁は、この規制は酪農家に過大な負担を強いるものと結論し、廃止を決定した。このおかげで削減できるコストは、その後五年間で七億ドル以上と予想された。[14]

政府内で私たちは、この規制撤廃は「こぼした牛乳を嘆いても仕方ない〔覆水盆に返らず〕」ということわざに新たな意味をもたらしたと、多少人目を気にして（それに少しやけっぱち気味に）語り合っていた。大統領も一般教書演説でこの流れの冗談を言い、それに人々がうんざりして、ツイートが始まったのだ。

次にいくつか例を挙げるが、直ちに冗談になる内容ではない。だが、それぞれにインパクトのあるものである。

・厚生省は、これまで病院など医療施設に求めていた規制や報告義務のなかで不要なものを撤廃する決定を下した。今後五年間で五〇兆ドルの経費削減が予想される〔15〕。意味のない規制の撤廃を求めていた医師や看護師は、この簡素化イニシアティブを歓迎した。

・厚生省は、電話診断利用についての制限をいくつか撤廃する決定を下した。これは、過疎化地域の病院の役に立っており、医師だけでなく患者にも大きな恩恵をもたらすものである。時代遅れの制限を廃止することで、過疎化地域の人々も、コンピュータや電話の助けを借りて、質の高い医療を受けられるようになる。五年間の削減額は六七〇〇万ドルになるが、この数字では、医師や患者が受ける恩恵のすべてを表すことはできない。

・労働省は、労働者への危険警告表示について他国と調整する決定を下した。これによって、今後五年間に、主に雇用者側で二五兆ドルの節約が可能になると予想される〔16〕。基本となった考え方は、国境を越えてビジネスを展開する企業は、操業する国が変わるたびに危険警告表示を変えなくてはならず、これは無駄な費用になるというものだ（国際的な規制協力について思い出してほしい）。この決定の最大の利点は、貿易と輸出を促進することだ。また、ボーナスとして、新しい警告表示はシンプルで、わかりやすいものになり、結果、人々の命が救えることになる。

・運輸省は、鉄道業界に関する不要な規制を撤廃することを決めた。三億四〇〇〇万ドルの節約になり、規制のコストが消費者に回されることを防ぐことにつながる。[17]

・職業安全衛生局（OSHA）は、雇用者に課してきた報告義務の中で一九〇万時間分に当たる過剰業務を廃止することを決めた。年間四〇〇〇万ドルの節約になる。[18] ビジネス界の人々と話をしてみると、この改正が最も歓迎されているようだった。経済的なインパクトも一因だが、OSHAが規制を撤廃するような省庁ではなかったこともあるようだ。

・環境保護庁は、ガソリンスタンドで給油するときに使うホースのノズルに対して、州によって課せられている環境規制の撤廃を決めた。最近の車やトラックには大気汚染防止技術が搭載されており、規制は無駄なもので、撤廃しても大気汚染にはつながらないと判断したのだ。今後五年間の節約額は四億五〇〇〇万ドルと予想される。[19]

・商務省と国務省は、輸出障壁を撤廃するために一連の措置を取ることを決めた。重複したり、不要だったりする規制を撤廃して、アメリカ企業や貿易相手が担う負担や、直面する不確定要素を排除することを目的とする。[20]

こうしたイニシアティブはすでに最終決定となったか、提案済みかの状態で、今後五年間で合計一〇〇兆ドル以上の節約につながると予想されている。この数字は、実際に節約できるもののほんの一部でしかない。見直しイニシアティブは金銭で表せない、重要な恩恵ももたらす。雇用の創出や輸出に関する規制の撤廃から生まれる効果、国境を越えてビジネスを行う人々への規制の簡素化の恩恵などである。何にせよ、こうした恩恵は大きなものになると予想される。

見直し分析を行う

計画の最終案ができあがると、私たちは、この見直し分析を一度限りのものとせず、習慣にする状況を作り出すことに力を注ぎ始めた。二〇一二年、大統領は三つのことを示した大統領令を発表した。一つ目は、省庁は改革についてのアイデアを一般から求めることを継続的に行うというものだ。二つ目は、省庁は、たとえば大幅な経済的節約など効果の高い改革を優先する。新たなイニシアティブは真に違いを生み出すものでなくてはならず、形式的に行うとか、単なる更新であってはならない。三つ目は、最も重要な点になるが、省庁は進捗状況を継続的にＯＩＲＡに報告、一般にも公表しなくてはならないとしたことだ。これは、説明責任を果たさせることを意図しており、省庁が充分な動きをしていなければ、一般の人々にもそれがわかるようにし、矯正案を出してもらおうとするものだ。他のところでもしたように、行動していなかったり、目的を失っていた場合、日光を使って、それを明らかにしようとしたのだ。これらの方策は、連邦政府自身のために、一種の選択アーキテクチャーを作り出す、さらなる努力の表れである。

二〇一二年に大統領は別の大統領令で、規制調整の国際協力を促進して、お役所的な面倒を取り除こうとした。[21] このような協力を見直しと密接に関連させ、国ごとの不均衡を排除して、コストの削減と制度の簡素化を進めるイニシアティブを呼びかけた。この分野では、経済成長や貿易への障害を取り除くなど、まだやることがたくさんある。私が共同議長を務めた規制協力会議を通じて、カナダとアメリカはまさにそのために協力して前進し、[22] メキシコともかなりの成果を上げることができた。[23] これをさらに進めれば、ヨーロッパも巻き込んで大きな成果が期待できる。ヨーロッパも自ら見直しを行わなくてはならないだろう。

全般的な簡素化の努力の一環として、私は省庁に対し、積み重ねの効果についての覚書を発表し、過剰で、一貫性に欠ける規制を削減する手立てを考えるよう指示した。対象となる規制の相互効果や、規制と過去の規制の関連を探るのに、民間部門と協力することも方法の一つとした。[24] 規制に関する国際協力と積み重なる負担の削減は、今後も優先順位の高い、大きな課題になるだろう。この点については、党派を超えたコンセンサスが期待できる。

さらに、私は省庁に対し、報告と文書業務の削減についても新たなイニシアティブにとりかかるよう、追加の指示を出した。申請の簡素化、略式文書という選択肢、小規模業者に対する免除や簡略化、電子申請、そして不必要な規制の撤廃などを呼びかけた。[25] 具体的には、文書業務を最も多く課している省庁に対し、少なくとも一つのイニシアティブ、あるいは組み合わせて一つのものを見つけ出すことを指示した。年間の報告義務にかかる、時間にして二〇〇時間の削減に相当するイニシアティブである。さらに、すべての省庁に対し、年間にして、少なくとも五万時間の削減につながる、同じようなイニシアティブを始めることも求めた。充分な時間があれば、こうした努力は、目標を超えて大きな成果を生むと、私は考えている。

国民が義務付けられている文書仕事の八〇パーセント以上は、財務省と、特に国税庁（ＩＲＳ）に関するものだ。ＯＩＲＡ時代、私はもっと簡単に、イライラしないでやれる余地がたくさんあると、多くの納税者に思い知らされた。国税庁はＯＩＲＡとも協力して、すでに書式を簡素化しており、たとえば、様式１０４０ＥＺや電子申請などがある。[26] ＥＺ〔イージー／簡単〕様式は他にも採用され、すでに使用されていて、人々の手間を軽減している。私も策定に深く関わった二〇一〇年の「プレーンライティング法」は、物事をはっきりさせるもので、政府が市民とコミュニケーションを行う場合には、人々にわかりやすい方法にしなくてはならないとした。[27]

税制はもっと簡単にすべきだという意見には誰もが賛成すると、自信を持って言える。だが残念ながら、ＩＲＳが簡素化を進める能力は議会によって制限されている。納税者が想像する様々な手段は、現行の法律に適合しないのだ。議会が、税制を中心に見直しをして、簡素化を優先すればいいと考えるのは、私が初めてではないはずだ。しかし、そうした法的制限の中でも、ＩＲＳにはやれることがもっとあり、私の覚書はその方向に勢いを与えるためのものだった。

見直しは、規制の簡素化と負担及びコストの削減に力点を置いたもので、それはこれからも同じである。オバマ大統領は「デモインレジスター」紙のインタビューで二期目の優先事項について述べているが、その発言をここで特にとりあげておきたい。「国民の健康や安全に役に立っていない規制を撤廃することが、私の心からの願望で、そのための大統領令も出してきた。見直しにも力を入れ、すでにある規制が役に立っていないなら、それを根絶やしにし、それにくっついている余計な下草も取り除けないか、やってみようではないか。これは、イデオロギーとは関係ないもののはずだ[28]」。

この発言に見られるように、見直しは「根絶やしにすること」に注目し、役に立っていない規制を取り除いて、「下草」を取り去ることである。二〇一一年の大統領令も同じことに力点を置いていたが、同時に、見直しによってその効果が示されれば、省庁はその規制を「拡大する」ことも認めた。なぜそうなのかは簡単に想像できるし、慎重な見直しは、規制の撤廃だけでなく、その拡大も正当化することもわかる。規制にかかるコストが予想より低いことがわかることもあれば、費用対効果分析によって、もっと節約する必要があることがわかるかもしれない。あるいは、書面ではなく電子報告のような、新しいテクノロジーによって、法令遵守に金も手間もかからなくなれば、（たとえば）小規模事業者を免除することは必要でなくなるかもしれない。規制はうまく機能しているが、対象とする範囲が狭すぎる、もっと多くの人々を対象とすべきだとなるかもしれない。

こうした点は正しい指摘であるし、重要でもあるが、見直しのプロセスでは重要視してこなかったし、これからも重要視されることはないだろうと思う。その理由は、オバマ政権では規制の隙間を埋めることに専念し、すでに機能している規制に基づいて進めることに従事していたからだ。見直しでも、そうした責務は果たせた。隙間を埋めることは非常に重要だが、このイニシアティブにとっては、隙間を埋めるのではなく、簡素化と負担の軽減に注目するのが一番だと私たちは学んだ。規制の拡大を否定するわけではないが、シンプルにすることこそが主たる関心事であったし、これからもそうであり続けるだろう。

実験や試行の大切さ

事実を正確に把握するためには、もっと分析や実験を行わなくてはならない。これは見直し分析に関することではないが、関係がないわけではない。今後の規制改正だけではなく、政策決定一般について重要なポイントとなる。

この一〇年ほどの間に、政策イニシアティブの効果について学ぶ方法として、ランダム化比較試験に関心が集まってきた。[29] 医薬品ではもちろん、そうした試験で、薬の安全性や効果を試している。薬については、想像や知識に基づいた推測、単なる使用前後の比較などに頼るわけにはいかない。ある喘息薬を使った人が、使用前より使用後の方が調子がいいとしよう。その場合、確かに様子はよくわかるが、情報は充分とは言えない。使用前後を比較するだけでは、効果に絡んでくる要因を考慮していない。調子が良くなったのは、環境の変化のせいかもしれないのに、使用前後についてだけ見ていたら、この点は適切に考慮されない。

医薬品分野でランダム化比較試験が役に立つのは、そうした要因の介入について明確にする可能性を持っているからだ。マサチューセッツ工科大学の経済学者、エステル・デュフロは共同で、政策評価のためにランダム化比較試験を利用する方法を開発し、多くの事例で、わずかな施策、ナッジ程度のものが、特に貧しい人々の支援では大きな効果を生むことを示した。[30]

規制分野では、そのような実験はまだ予備的段階にある。費用対効果分析も、そのような実験の成果を取り入れてはいない。だが、その可能性はたやすく想像できる。次にその例を挙げる。

・州政府が運転中の携帯使用を禁止することで、本当に命を救うことはできるだろうか。これには様々な議論がある。実験室での実験では確かに、別のことに気を取られていると、人々の反応時間は遅くなる。だから、質問への答えはイエスになる。携帯で通話しながら運転することは、飲酒運転と同じようなところがあり、衝突事故のリスクは四倍に増加する。[31] だが、このような実験は、現実の世界について語るときには当てにならない。携帯の使用禁止が安全に大きな影響があるかを確かめるには、似たような地域で、一方は使用禁止、一方は禁止なしという二つを比較するという方法がある。あるいは、携帯の使用率が上がる時間帯と、たとえば、率が下がる午後九時以降を比べるという方法もある。[32]

・車の後方の視界をよくする方法は様々あるが、効果に違いはあるだろうか。後方カメラがダッシュボードに設置されていたら、事故は減るだろうか。どのくらい、それに、何と比較しての話か。鏡がもっとよく見えるものなら、効果はあるだろうか。障害物を感知すると警報音を鳴らす、探知機のようなものはどうだろうか。効果は鏡と同じくらいだろうか。

・すでに指摘したように、様々な情報公開義務については評価する必要がある。燃費ラベルが違うと、同じ状況でも消費者には違う影響があるだろうか。同じラベルでも、違う選択を導くだろうか。それはどういった違いか。ラベルが、年間の燃料代に注意を向けるようなものだったら、効果はあるか。人々は環境について関心があるだろうか。どれほどの関心か。クレジットカード、融資、携帯電話、教育ローンなどについても、同じような質問が投げかけられるかもしれない。

ランダム化比較試験によって、規制案を事前に試験してみることが重要な分野もありそうだ。この方向に進んでいくと、現在よく使われるフォーカスグループのような方法より優れた利点がある。フォーカスグループのような定性調査はかなり人為的で、人が好むものはわかるが、実際にどう行動するかについてはわからないこともある。ある燃費ラベルが好みだとか、フードピラミッドが好きだ（というのは、ほとんどいないが）という人もいるかもしれない。だが、それを知っても何の役にも立たないし、情報を知ったうえでの選択ができるようになるわけではない。見せ方はいいが、人々の理解や行動にはあまり効果のないものもある。

ランダム化比較試験が無理な状況であれば、実際の行動を再現するような実験を考えてもいい。人々に対し、一定の情報があったり、一定の範囲の選択肢を与えられたりした状況で、どのような行動をするか、具体的な形で質問するという方法だ。現在の燃費ラベルについては、このような実験をしたことはすでに述べた。だが、そのような実験はあくまでも二番目の選択だ。ランダム化比較試験がやはり一番である。

規制分野でランダム化比較試験を利用するには、法律的な側面からだけではなく、資源や実行可能性といった側面からも限界はある。だが、この試験が適切で有益である場合もある。省庁の見直し分析計画には、その方向への関心が明確に表れている。財務省は、「それが適切な場合には、見直し分析に実験的な手段も取り入れたい」としている。[33] 労働省は、「様々な規制の効果を確かめるために、実験的な手段の利用を考慮している」とした。[34] 内務省は、「ランダム化比較試験など、実験的、あるいはそれに近い手段の」利用を考慮するという。[35] 将来、この方向での前進は大いに期待できる。

規制の見直しについて、私たちは大胆なスタートを切った。だが、やるべきことはまだたくさんある。見直し分析が当たり前になり、省庁が一〇年前、いや数年前、さらに数ヵ月、数週間前の規制についても、いつでも、改正、簡素化のための準備をしていることが必要だ。うまく行っている企業というのは柔軟で適応性がある。企業はリアルタイムで学ぶ。政府も同じであるべきだ。

第9章 いかにして政府は世話を焼くべきか？

運転免許の更新に行ったとしよう。州陸運局では、大分嫌な思いをさせられる。本当のところ、完全に嫌気がするほどだ。窓口担当は身分証明書類を三種類、住所を証明する書類を三種類提出せよと言う。計六種類の書類は同じものであってはならない。記入すべき申請書は二種類、うち一つは一八ページに及ぶ。活字は細かく、過去三年間の駐車違反についての質問など、答えを思い出せないものもある。両親や子どもについての質問もある。嘘を書けば、刑事犯罪となる。助けてくれる人はいない。

こんな、悪夢のような（おそらく誰もが経験したことのあるような）例を考えれば、多くの場面でシンプルにすることに反対する人がいないというのはよくわかる。多くの州では、免許更新をもっと簡単にする手段を大々的に実施し始めた。なかには、電子申請すると、（驚くかな）新しい免許証が直ちに郵送されてくるという州もある。免許を更新しようとする人たちにしてみれば、無用な負担と複雑さを排除する選択アーキテクチャーは大歓迎だ。陸運局でそうなら、他の省庁でも同じことで、要件をシンプルにすることで、より効率的に仕事を進められる。選択アーキテクチャーは結果に影響を与えるものだが、それは必ずしも〔上から目線の〕温情からとは限らない。国税庁が確定申告をシンプルにすれば、人生は少し楽になる。そこに温情主義《パターナリズム》は関わってこない。

にもかかわらず、選択アーキテクチャーやナッジの種類によっては、間違いなく温情主義的なものもある。ナッジは、見えないところで人を操作するようなもので、だから余計に狡猾だと心配する人もいる。こうした人たちは、ナッジでは選択の余地が保持されていると言われても納得しない。選択の保持だけでは充分な予防手段にはならず、特に本書で検証しているような認知のむずかしさやバイアスに照らして考えてみると充分ではない。

この視点から、二〇一二年に当時のニューヨーク市長、マイケル・ブルームバーグが下した決定を見てみよう。市の公衆衛生局が承認したもので、炭酸飲料を一六オンス（四七〇ミリリットル）以上の容器で販売することを禁止するものだ。大変な論議ともなった。ブルームバーグ市長は肥満減少を目指していて、これは目的達成に有効だと信じた。だが、大きな容器で飲み物を飲みたいという人もいるわけで、市長のやり方では、そうした人に選択の余地を与えないことになる。このイニシアティブへの反論は主に、これは温情的な動きで、それゆえに受け入れられないというものだった。なぜ、ブルームバーグ市長に飲み物の容器のサイズを決めてもらわなくてはいけないのか、と批判派は、時に怒りを込めて反対した。全米飲料業協会が、ブルームバーグ市長に乳母の衣装を着させた広告を発表するなど、痛烈な反応が出てくるのはわかりきっていた。

だが、批判したのは自己利益を追求する業界だけではなかった。コメディアンのジョン・スチュアートの発言を見ると、それがよくわかる。「いやいや……。私は一六オンス以上のソーダを禁止するというアイデアは結構だと思うよ。ただね、政府が手を伸ばして色々やるのはみんなも構わないと思うけど、この場合は期待通りの結果にはならないぜ」[1]。スチュアートのこの発言は、一般に根強くある温情主義全体についての懐疑論と、特にナッジに対する人々の疑念をよく表している。この懐疑論に従えば、シンプルにすることは結構だが、選択に影響したり、押し切ったりするのはよくない。こうした懐疑論の極端な形が、私を「アメリカで最も邪悪で、危険な男」と呼んだグレン・ベックの批判である。これはちょっと言い過ぎだと思う（自分のことだから贔屓目はあるかもしれないが、それでもね）。それはともかく、温情主義に対しては納得できる反論もあり、そうした温情主義一般に対する批判や、特にナッジに対する批判に応えることは大切である。アメリカ人は特に、温情主義には懐疑的であり、時にその懐疑論が行きすぎることはあっても、それは、自由を尊重する文化の要ともなる重要な要素である。

温情主義には様々なパターンがあり、ここで言う温情主義を定義しておく必要があるだろう。様々なパターンに共通するのが、政府は、人々は自らのためになる選択ができないと考えていて、人々のためになるように、選択に影響を与えたり、修正したりする手立てを政府が取らなくてはならないと信じている、という姿勢だ。政府が他者への害を防ごうとする場合、たとえば、人々の健康を守るために汚染業者を規制しようとする場合、それは、温情主義的な行動とは言えない。選択する者を自らの選択から守ろうとした場合、その選択アーキテクトは温情主義的に行動していると言える。

まずは、手段についての温情主義と目的についての温情主義を区別する必要がある。違いを理解するために、車のＧＰＳ（あるいはスマートフォン）を例に考えてみよう。ＧＰＳは一つの場所から別の場所に行くための情報を提供する。ＧＰＳの指示を無視して、自分で道を選んでもいいが、その場合は迷子になるかもしれないリスクを冒すことになる。手段についての温情主義は、このＧＰＳの例に基づいている。車を買うとき、車の購入代金とその車に乗っている期間のガソリン代を比べて、合理的に節約できる方を買いたいと思う。だが、そのような計算をする人はなかなかいない。手段についての温情主義は、購入時の段階ですべての経費を考慮することができる方向に人々を導こうとする。目的についての温情主義はもっと野心的だ。こうした人たちは、貞節や健康的に長生きすることは大切だと自分たちが考えると、そう思わない人々に対しても、貞節や長寿の方向に向かわせようとする。ナッジは手段の温情主義に専念し、人々の目的を問うことはしない。

根本的な概念を理解するために、温情主義的な政府が取り得る手段をいくつか挙げてみよう。

①　政府が喫煙を禁止し、喫煙は刑事罰として、罰金二〇〇ドルを科す
②　政府が喫煙を禁止し、喫煙は刑事罰として、罰金一セントを科す

③政府が喫煙を禁止し、喫煙は民事罰として、制裁金二〇〇ドルを科す
④政府が喫煙を禁止し、喫煙は民事罰として、制裁金一セントを科す
⑤政府は喫煙を禁止しないが、タバコ一箱につき六〇セントの税金を課す
⑥政府は喫煙を禁止しないが、六ヵ月禁煙できた人に対し五〇〇ドルの助成金を提供するプログラムを創設する
⑦政府は喫煙を禁止しないが、喫煙の危険を強調した、生々しく、恐ろしい画像の広報キャンペーンを実施する
⑧政府は喫煙を禁止しないが、タバコのパッケージに喫煙の危険を強調した、生々しく、恐ろしい画像を掲載させる
⑨政府は喫煙を禁止しないが、喫煙が反社会的で、社会から逸脱した行動であり、かっこよくないものであるとする、社会啓発キャンペーンを実施する
⑩政府は喫煙を禁止しないが、喫煙の危険についての情報を公開し、事実を伝える啓発キャンペーンを実施する
⑪政府は喫煙を禁止しないが、喫煙の危険についての情報を公開し、事実に基づいた情報をタバコのパッケージに掲載させる
⑫政府は喫煙を禁止しないが、販売店に対し、タバコを目立たない場所に置き、わざわざ聞かなければ購入できないようにすることを義務付ける

⑬ 政府は喫煙を禁止しないが、一箱一〇本入りの小型の箱で販売するよう義務付ける（現行は一箱二〇本）

温情主義的な方法としてこれらを比べてみると、まずは、このすべてが同じ例ではないことを認識しなくてはならない。いくつかはハードな温情主義で、人々の選択に物質的なコストを課している。服役や制裁金はハードな温情主義だ。もちろん、段階的な流れがあって、厳罰は軽い罰より選択に大きな影響を及ぼすし、わずかな罰則（たとえば、形だけの罰金）については特にハードだとは思わないかもしれない。[2] 一方、物質的なコストはないが、それでも人々の選択に影響を及ぼす、ソフトな温情主義もある。生々しい画像を使ったり、場所を変えたりして、人々に特定の選択をさせないようにするのは、ソフトな温情主義の一つだ。ナッジは、人々の選択に物質的コストを課すものではないという意味で、ソフトな温情主義の代表である。軽い制裁とか、大したコストなしに無視することを可能にするアプローチはナッジではない。物質的なコストが関わるからだが、これは絶対的な温情主義というわけではなく、制裁が本当にわずかなものであれば、ナッジのようなものと考えられる。

さて、先に挙げた一三の例のうち、どれが温情主義だろうか。一から五までのアプローチは、民事、刑事の罰を伴うから、明らかに温情主義の一つであり、それもハードな温情主義である。ただし、制裁が小さくなっていけば、絶対的な温情主義ではなくなる。六番目のアプローチは判断がむずかしい。行動に助成金を与えるというのは温情だろうか。温情主義には制裁だけでなく、助成も含まれるだろうか。選択的な助成、たとえば、フードスタンプ（食料品割引切符）の適用からソーダやチョコレートバーを除外するというのはどうだろうか（二〇一一年にブルームバーグ市長はこれに似たような申請を農務省に対して行ったが、農務省はこれを却下した）。

行動を助成するのは温情主義ではないと言いたくなる気持ちはわかる。助成を断って、タバコ（ソーダ、チョコレート）を買う人間はいるだろうからだ。しかし、これは有用な答えではないし、多少疑わしいところもある。人々が自分のためになる選択を行うよう、影響を与えるのが助成の目的であれば、その目的がどうであれ、温情主義と考えるべきだ。そして、助成は物質的なインセンティブとなるわけだから、ハードな温情主義である。もちろん、温情主義であっても助成なら構わない、だが、制裁金や罰則はダメと考えることも可能ではある。

一方、正直な情報の提供はナッジの典型で、これは通常、温情主義とは見られない。なぜか。情報公開義務は自らのためになる選択について、人々がよりよく理解することを助けるもので、それに代わろうとするものではないからだ。だが、注意すべき点がある。情報公開を義務付ける際、政府としては多少の温情主義は避けられないかもしれないということだ。人々の対応は情報公開の仕方――フレーミングの仕方――によることはすでに見てきた。そして、情報公開義務にはどうしても、一定のフレーミングが絡んでくる。それに、政府が一般への情報公開を求めるのはどういう内容のものか。自動車では、燃費についての情報公開は求めているが、速度、加速、冷却については求めていない。ことさら燃費を強調すること自体、人々の選択に影響を与えるだろう。この例からもわかるように、特定の情報の開示義務は単に選択のための情報提供なのか、それとも、ある結果を導くために意図的に行われるものなのかについては議論が分かれるところかもしれない。ある種の情報開示は確かに、ソフトな温情主義のカテゴリーに含むことができる。

では、生々しく、恐怖感を覚えさせるような画像を使用する、七番目と八番目のアプローチはどうだろう。物質的なコストだけでなく、心理的なコストも、人の行動に影響を与えることはすでに見てきた。人を怖がらせ、単に事実を開示するだけでなく、システム1の注意を引くような試みは、ソフトな温情主義の一つと考えるべきだとする人もいる。一理ある見方である。

一二番目と一三番目もソフトな温情主義の一種である。製品を目立たないところに置き、購入を控えさせることを意図しているとすれば、それは、人々には自分のためになる選択をする判断力があると信じていないからで、ある方向に人々を導こうとしていることになる。金銭的なペナルティはないが、対象の製品を見つけるには時間と労力を費やさなくてはならない。また、政府が小さい入れ物で販売することを義務化して、消費量を減らそうとしているならば、人々が自分の好み通りに選ぶことをむずかしくしているという意味で、温情主義的な行為であると言える。

私は、政府をシンプルにし、同時に温情主義は排するという主張は不可能ではないと述べた。しかし私自身は、この立場に根拠はなく、一種の教条主義で、大言壮語であるとしか思えない。何にしても、温情主義への反論には相当の威力があり、それなりにきちんと対応しなくてはならないだろう。

温情主義の問題点

温情主義への最初の反論は、それが人々の福利につながるかということ、二番目は人々の自律（自主性）についてのものだ。

人々が問題なく日々の生活を続けているかという、広い意味での福利は大事だ、人々の生活はできるだけスムースに進むべきだとしよう。ジョギング、睡眠、セックス、歌、ジャンプ、喫煙、飲酒、ギャンブル、食（食べ過ぎ）など、人々には真に楽しんでいることがある。どうすればこうした活動を楽しめるか、人それぞれに考えがある。他人に害を与えるのでない限り、自分の生活をうまく導く最良のガイドは自分自身の判断ではないか。あらゆるタイプの温情主義に対して、必ず向けられる反論の最たるものが、間違いが起こるとすれば、それは個人のせいではなく官僚のせいであるというものだ。官僚には、個人が持つ情報がない。

嗜好や価値観について、人が多種多様であることはいうまでもない。食生活、貯蓄、運動、クレジットカード、融資、携帯電話、医療保険、コンピュータなど、人にはそれぞれ好みや状況があり、そうしたなかで、何を優先し、何をあきらめるか、その決め方もそれぞれに違う。そうした人々の選択に影響を与えたり、圧力を加えたりする必要があるだろうか。人は多様であるという事実から考えれば、政府がある結果を導く方向にナッジを行い、それが自分にとっての最良を決める個人の判断からずれるものであれば、人によっては、福利が増進されるどころか、減じられることになる。

人は間違いを犯し、そのために福利が阻害されることもすでに見てきた。だが、間違いから学ぶことができる。人生は映画のようなもので、スナップショットではない。つまり、政府は試行錯誤から学ぶという貴重なプロセスを中断して、近道を取らせるようなことをしてはならない、という意見だ。ダイエットや飲み物、恋愛、投資について人が間違いを犯すとしても、そこから人は貴重な教訓をえられ、その教訓によって生活をより良いものにしうる。

官僚にも、それぞれ偏見があり、動機がある。強力な圧力団体の言いなりになっているかもしれない。私の経験から言うと、これは、少なくとも大統領府の中では杞憂だと思う。官僚は正しいことをしようとしている。だが、どこかで、何かのときに、官僚の判断が強力な圧力によって歪められている可能性があることは誰も否定できない。そして、動機は正しくても、官僚も人間であるから、一般の人々が影響を受けるような偏見に左右されないとは言えない。官僚にもシステム１はある。

最後に、市場経済では、企業は互いに競争し、人々は幅広い選択肢から自由に選ぶことができる。冷蔵庫がそれほどいいものではなく、値段も高ければ、人々はそれを買わなくなる。結果、企業はもっといい冷蔵庫を製造しなくてはならない。消費者の中には騙されたり、うまく乗せられたりする人もいるかもしれないが、長い目で見れば、自由競争とオープン市場が解決策を提供してくれる。この見方では、温情主義は大きなリスクだ。競争プロセスを止めてしまうからだ。官僚が行動市場の失敗について充分承知していて、公共奉仕の意欲に燃えていたとしても、自由市場に勝ることはできない（という反論になる）。

これらの懸念を総合すると、温情主義の最大の問題点は、人々の生活を良くするのではなく、悪くする結果になりかねないということに尽きる。[3] 確かにソフトな温情主義なら柔軟性もあり、それが強みでもある。だが、温情主義全体に対しては、これらの懸念が反論としてとりあげられるのももっともだ。

人々の福利を増進するナッジ

これまでの反論には威力がある。だが、福利が大切と考え、一般的には、自らの生活の進め方についてはそれぞれの個人が最良の判断を下せるとしたとしても、「一般的には」という言葉が気にかかる。「一般的に」という条件がついていることで、温情主義への反論が、ある程度は実証的評価に基づいていることがわかる。その評価が間違っていることはないだろうか。人々の選択は常に、自分たちの生活の改善につながっているだろうか。この質問には、直感や逸話では答えることができない。選択の自由と福利増進の関係については、少なくとも理論的には検証可能で、すでに行われた検証では複雑な結果が出ている。毎日のように新たなことを学び、適切なナッジは役に立つこともわかってきた。人の命を救うことだってできるのだ。

第2章と第3章で論じた結果から、人々の選択が常に自らの福利を増進するわけではないのにはいくつか理由があり、ゆえに選択アーキテクチャーが重要で、不可欠でさえあることは述べた。福利が私たちの指針であるなら、ソフトな温情主義はぜひとも必要で、禁止されるべきではない。人々がぐずぐずして動かず、その理由がシステム1であるなら、現状を変えないでいることは間違いであり、状況の悪化、時には危険なほどの悪化を招くかもしれない。財政的リスクや健康への害に対して予防措置を取らないという決断を考えてみてほしい。

確かに、人々は学ぶ。確かに、人々の関心事や心配事は多様だ。ある行動を選択するのは、それが楽しいとか、楽だからではなく、それが正しいことだから、あるいは意味があるからだ。人は人生で目的を持ちたいと考えており、単純に幸せであればいいと思っているわけではない。人は賢く、時に高潔な姿勢で、必ずしも楽しくないことを選択する。たとえば、大して楽しいわけではなくても、他人を助けようとする。ある調査では、人々は「一般的には」、自らの幸福や主観的に見ての福利を増進すると信じる選択を行うが、時に、他の様々な目的のために自らの幸福を犠牲にするような選択も行うという結果が出ている。そうした目的とは、家族の幸福のためだったり、自分で自分の人生を決めるためだったり、社会的地位の上昇のためだったり、人生の目的についての意識を変えるためだったり、様々である。[4]

だが、私がとりあげたいのはもっとわかりやすい例で、人が望み通りにしても、望んでいなかった、あるいは期待していなかった結果に終わってしまう事態である。簡単に言えば、彼らの選択は自らを幸せにはしない。そして、ナッジがあれば、彼らの福利は減じられることなく、増進されるかもしれない。専門用語では「感情的予想の間違い」という。[5]魅力を感じる言葉ではないが、それほどわかりにくいものではない。期待される結果をもたらすと信じて行った選択だったが、そうはならなかったという、容易に想像できる場合に適用されるものだ。

感情的予想の間違い以外にも多くの間違いがある。家族の幸せにつながる決定と信じても、その考え自体が誤っているかもしれない。誕生日やクリスマスの行動経済学研究などというものは容易に想像できる。よく知ってはいるが、それほど好きではない人物から誕生日のプレゼントを受け取ったことはないだろうか。何かのためのボウル、謎めいた小物、醜いネクタイ、読めそうもない本、どうにも着られない柄のセーターなどだ（これには証拠がある。好意や親愛の情を込めて友人や家族が送ってくれたクリスマスプレゼントでも、気に入らなければ、年間一〇〇兆ドル規模の経済的損失を生み出すというのだ。送り手が払った金額に比べて、受け手にとっての価値はかなり低いという意味での損失である）。[6]同じように、社会的地位や目的意識、意義の向上につながると思ったことが、そう考えること自体間違いであることもある。「意義予想の間違い」についての行動科学的文献は見たことがないが、いずれ現れると私は予想する。

温情主義が実際に人々の福利を増進する可能性を示す、わかりやすく、しかも驚くような例がある。政府が人々が欲しがる製品の値段を上げれば、人々にとっては悪い結果になると私たちは通常考える。コンピュータ、照明、靴などにもっと金を払わなくてはならないと政府に言われれば、生活は苦しくなる。しかし、実証研究では、それに例外があることが示されている。[7]具体的に言うと、喫煙者はタバコ税を歓迎しているらしいということだ。そうだとすると、それは喫煙者が自分がタバコを吸うことをいいとは思っていないからだ。税金がかかれば、タバコの量が減る、あるいは止められるかもしれない。結果、喫煙者の状況はよくなる。

常習性など様々な理由から、喫煙は特に例外的なことかもしれない。だが、唯一の例ではない。自分が選択する商品に税金がかかることを歓迎する場合は想像できる。たとえば、肥満を引き起こす食品への課税だ。[8] 様々なことを考えて、このような税金が正当化されるかはわからないが（複雑な問題である）、こうした課税を支持するもっともな主張はある。間違いや誤用のリスクを考慮して、この議論は慎重に進めなくてはならないが、広く言って、予想される福利と実際の体験の間には乖離があるということだ。福利を指針とすると、少なくともナッジ形式の温情主義への反論はむずかしくなることを、この乖離は示しているようである。

正気の人間なら、官僚が人々のために選択することがいいとは考えない。その通りだ。選択の自由と自由市場は、繁栄と人間の自由をもたらす偉大な動力である。本書に書かれていることはどれも、この見解と矛盾しない。それどころか、シンプルであることは自由を拡大し、繁栄の促進を助けるものだ。ナッジは選択の自由を保持する。ここで私が力説したいのは、温情主義とされるアプローチで福利が増進できる状況をすでに指し示せるということだ。人々の福利を考えるなら、こうしたアプローチを除外してはならない。

自主性

福利はそれほどではなく、選択の自由の方に特別な、独自の意義があるとしてみよう。人には選択の権利があり、政府は、たとえ状況を熟知していたとしても、人の選択の権利を踏みにじってはならないと考えることができる。二一四オンス（約一リットル）のソーダを買いたかったら、エネルギー効率の悪い冷蔵庫が欲しければ、また、燃費がとんでもなく悪い車を買いたければ、人にはそうする権利がある。ギャンブル、喫煙、貯蓄より無駄遣い、運動は一年に一回だけ、などが望みなら、それが害となる場合でも、政府がとやかく口を挟むべきではない。マネーボール式規制はいいアイデアだが、それが人々の自主性を阻害するようになったら、別の方法を考え始めた方がいいかもしれない。

このような立場に立って、しかし表面をなぞっただけの意見によれば、選択の自由は人々の福利の一部、それも重要な一部であるから、選択の自由への介入が福利に及ぼす悪影響を充分に考慮しなければならないという。人は、自分の選択を政府によって邪魔されたり、押し切られたりするのは好まないし、そうされると、福利面での損失、それも深刻な損失を感じる。定年後に備えて貯蓄せよ、脂肪分の多い食品を食べてはいけない、運転中に携帯電話で話してはいけない、シートベルトを締めろ、などと政府に言われると、イラついたり、怒りを覚えたりするかもしれない。だとすれば、政府はこの問題に慎重に対応しなくてはならない。

より根本的な意見によれば、選択の自由は人々の福利の単なる一部ではなく、それ自体が目的であり、まさに切り札である。したがって、選択の自由は阻害されたり、歪められたりしてはならず、どうしてもそうすることが必要である場合は、納得できる理由がなくてはならない。温情主義への反論に強弱はあるとしても、その根本には、このような判断、あるいは直感がある。反論はしばしば、「どのような権利を根拠にすれば、政府は正当な形で自由な成人の選択に介入できるのか」という疑問形を取る。こちらの意見は実証的な疑問に基づくものではないから、これ以上議論を続けられない。人が手段ではなく目的となり、その原則を根拠に、政府は個人の選択に介入できないとするのであれば、これ以上議論する余地はない。この場合、政府はもっと簡素化されるべきだが、ナッジを行ってはならない。

自主性を尊重するナッジ

選択の自由が大事な要素であるとしよう。また、選択が否定された場合、人々はイラついたり、不当な扱いを受けたと感じることもあり、福利面での損失を被るとも仮定しよう。その場合、温情主義に対しての正当な反論が成り立つ。特に、積極的な選択が大事になってくるだろう。さらに、自由はそれ自体重要なもので、政府が人々の選択に介入することは間違いであるとも仮定しよう。政府による介入が人々の福利を害するからではなく、介入は人々を尊重せず、軽視することになるからだ。

重要な点として、こうした指摘は抽象的な議論では強力であっても、具体的な事例では決定的なものではなく、ソフトな温情主義に対しては大した力を持たなくなる。新しく、複雑で、よく知らない、専門性の高い分野では、人は選択を強制されることよりデフォルトルールの方を好むかもしれない。（官民ともに）雇用者の多くが従業員を一定の年金プランにデフォルトで加入させていることを思い出してほしい。そして、それは正しいことで、従業員もデフォルトルールに反対したり、自らの自主性を軽視するものとは見てはいない。自主性を重視する人たちの間でも、選択の自由を保持するナッジは受け入れられ、望ましいものだとされている。状況によっては、積極的な選択は恩恵ではなく負担となる。多くの人が求めるものではないこともある。

自主性を重視する二種類の意見は両方とも、重要な疑問を投げかけており、特にハードな温情主義はそれに答えなくてはならない。しかし、そうした疑問は、私がここで推奨しているナッジについても深刻な疑問となるだろうか。警告やデフォルトルールもやってはいけないのか。選択アーキテクトが選択の自由を保持する限り、ナッジへの反論はかなり根拠薄弱となる。

だが、もっと根本的な問題がある。私たちはみな、原則的には、実際に決断を下している場合をはるかに超えて、多くの決断を下せる。だが、毎日、毎時間、官民の団体が私たちの代わりに選択してくれていて、その結果、私たちの生活はいいものになっている。時間には限りがあり、問題の中には複雑か、つまらないものもある。意図的にでも、そうでなくても選択を委譲することによって受ける恩恵がなければ、私たちの状況はもっと悪くなっていただろう。本当に重要なことに時間を割くことができないという理由だけでも、私たちの自主性は失われることになる。この点は重要だ。だからこそ、慣例に任せることもある。オバマ大統領が、着用するスーツの数が少ない理由を説明している発言を考えてみてほしい。「決定の回数を少なくしようとしている。食べるものや着るものについてまで、自分で決めたくはない。他に決めなくてはならないことが多いからだ。意思決定についてのエネルギーは集中させる必要がある。習慣化できることはそうしなくてはならない[9]」。

これは、国家指導者だけに限らず、素晴らしいアドバイスだ。頭のいい人は、自分自身の生活を習慣化させるものだ。だが、私たちの生活も習慣化されており、他人が下した数知れない決定により、私たちの生活は成り立っている。冷蔵庫のデザインはどうしたらいいか、仕事場のあるビルには部屋がいくつあるべきか、自動車はどうやって組み立てるのか、水道水を浄水するにはどうしたらいいか、飛行機はどうやって操縦するのか、列車にはどんな安全装置があればいいか、など、多くの人々は知る由もない。

裕福な人々は、他の人が必要な決定をしてくれて、その大半は自分のためになっているから、広い範囲のことで自ら責任を取る必要がないという事実を述べた、エステル・デュフロの主張を思い出してほしい。「私たちは何もしなくても、正しいプロセスに乗っている。貧しい人々の多くは、何もしなければ、間違ったプロセスに乗ってしまう[10]」。私たちは誰も、意思決定に費やすエネルギーを節約しなくてはならない。そうすれば、日々の生活は簡単になり、重要な面で自由にもなる。他人がしてくれた選択を前提に行動できるからだ。

もし、自分に関係があるすべてのことについて、選択しなくてはならないとなると、たちまち時間がなくなる。この点を理解できないとしたら、それは、社会環境をあまりに当然のように受け入れてしまっていて、気がつくことさえしないからだ。適切な選択アーキテクチャーというのは、私たちが下す決断が適正な数であることを約束するものである。その数は、本来下さなくてはならないはずの決断の中のほんのわずかな数である。

透明性と政治的予防手段

ある種のナッジについてよく聞かれる反論の一つに、見えないということがある。命令や要請は明確に見えるもので、政府に説明責任が生じる。官僚が燃費の向上を義務化したり、ヘルメットなしでオートバイに乗ることを禁じたり、シートベルト着用を義務化したりしても、謎めいたことはないし、隠されたことも、秘密もない。禁止には受け入れられるものも、受け入れがたいものもあるが、陰険という要素はない。人々が反対すれば、政治的な予防措置が発動される。政府は自らの決定を、公に擁護しなくてはならない。その論旨が充分でないとされれば、禁止令は瓦解する。

この点、ソフトな温情主義はうまくない。ソフトだということで、ナッジは背景に隠れるものになる。ナッジがなければ逆であったかもしれない行動や考え方そのものを変化させるという意味で、ナッジは自らを隠すようなものであるかもしれない。ナッジを批判する人々は、透明性の欠如が深刻な問題だとする。経済学者のエドワード・グレイザーは、「ハードな温情主義は通常、計測可能な手段を用いる。〔酒・タバコなどの〕罪悪税は見える形のものだし、有権者はどんな行為が禁止されたかを理解できる。ハードな温情主義の政策については、事前に政府がどの程度までやれるかを示すルールを決めることができる。効果的に実施されるソフトな温情主義は、状況に敏感で、その意図を示す言葉も工夫にあふれている。であるからこそ、ソフトな温情主義は本来、管理がむずかしく、少なくともその理由で、ハードな温情主義より乱用の危険が高いものである」[11]。

このような懸念に対応する最良の方法は、何も隠さないことだ。ソフトな温情主義、ナッジ、その他行動科学に基づいたアプローチはすべて、目に見える形にし、審査を受け、監視の下に置かれる。すでに例にとりあげたイニシアティブを考えてほしい。フードピラミッドに代えてのフードプレート、新しい燃費ラベル、その他情報公開義務、スマート情報公開、貯蓄や医療保険への自動加入、現行の要件の簡素化、目立つ形での健康被害警告などだ。これらのイニシアティブはすべて、透明で公表されている。秘密は何もない。すべては、公的審査の対象であったし、これからもそうだ。それで何か問題になるだろうか。

取り消し可能なナッジ

選択に対して物質的なコストをかけないという意味で、ナッジは命令や禁止令とは異なる。そうしたコストがないということは、ナッジは取り消しも簡単だということだ。

作り話ではなく事実に基づいて選択が行われることを目的として行われる情報提供はナッジと考えられる。それは、選択に影響を与えることも目的としているかもしれないが、人々はそれを無視することもできる。あからさまな画像も個人の選択をひっくり返すものではない。中立的な情報ではなく、選択に影響を与えたいという意図があるかもしれないが、無視したいと思えばそうできる。カフェテリアや青果店の店主が果物や野菜を店の前に置き、タバコや脂肪分の多い食品を奥に配置したとしても、客は奥まで入ってゆける。貯蓄プランやプライバシー条項などに自動加入させるデフォルト・ルールは結果に大きく影響し、多くの人々にとっては大事なことかもしれない。だが、それから脱退することはいつでも可能だ。

だから、ナッジを使っての権限乱用や権力行使については心配することはないだろうか。とんでもない。すぐにわかることだが、取り消し可能に関連する重要な問題が一つある。システム1も一因となって、ナッジは決定的な力を発揮することがある。[12]

確かに、チョコレートやタバコが欲しければ、店の奥まで行くこともできるし、（クリックするだけで）ウェブサイトのトラッキングに関する規約への同意を拒否するという選択もある。だが、惰性に任せて、多くはそうしようとはしない。生々しい警告が非常に効果的なのはまさに、人間の認知力に訴えかけやすいところをターゲットにしているからだ。こうした状況では、取り消し可能というのは単なる表現、もしかしたらまやかしで、聞こえはいいが、ナッジをかける側が間違ったり、動機が不純だったりすることへの懸念に答えているとは言えないだろう。

これは強力な反論だ。取り消し可能（そう見える）だからといって、すべてのリスクが排除されたとするのは誤解を招く。（高額な手数料で、分散投資が充分でない）巧妙な貯蓄プランや費用のかかる医療保険への加入がデフォルトになっているときに、望むなら別の方法を選べると言うだけでは不充分だ。望んでもいないeメールリストに入っていることを知ったとき、わざわざ「講読停止」をクリックすることが何度あるだろうか。多くは、なかなかそうはしない。

だが、選択の自由を保持するということからいって、ナッジは命令や禁止に比べると、強引ではないし、危険でもない。惰性や引き延ばし傾向がなければ、その自由をもっと活用するかもしれないが、そうでなくてもナッジの危険性は高くはない。すでに見たように、本当に嫌であれば（少なくとも、それについて理解していれば）、人はデフォルトルールを拒否する。自分にとって不利な医療保険に自動加入させられれば、多くは保険を変える。貯蓄に多くの金を回し、今使える金が少なくなるような年金プランが自動加入であれば、それには加入しない。このように、選択の自由は防御手段となる。

ここで述べたように、自由がすべてを解決する万能薬ではない。だが、非常に重要な要素である。

システム１の正当性

私がこれまでに述べてきた中心的な議論が、システム１があるために人は間違いを犯すというものだった。これを理解する方法の一つとして、システム2の力を強化するということがある。つまり、システム2が充分に機能して、自己を管理し、偏見や短期的な視点への偏りに対抗する力を強化することである。適切なナッジは、人が完璧に合理的であるなら取るであろう方向に人を導く。これが、適切な選択アーキテクチャーの基本である。

だが、システム1にも正当な言い分はある。それについてはどうしたらいいか。手っ取り早く言えば、ナッジは、人生において重要なことを無視してはいないかということだ。人々の多くは、二〇年後の消費より現在の消費についての方が気にかかる。好きな食べ物の中には脂肪分の多いものもある。確かに、多くの人は健康に気をつけてはいるが、それればかり心配しているわけではない。アルコールやタバコが好きな人もいる。人生が楽しいのは、システム1のせいだ。将来も大切だが、現在も大切である。官僚でも誰でも、人がそうしたいと思うこと以外のことに目を向けさせていいのか。人々の意欲や懸念の一部でも、それは大したことではないとけなしたり、傷つけたりする選択アーキテクチャーを作らせていいのか。実際、こうしたことに配慮しなければ、システム2は機能不全に陥るのではないか。何をすべきなのか、わかっているのか。

アントニオ・ダマシオの患者の一人で、脳の損傷で感情を経験できなくなった人の例を見てみよう。[13]患者は「本能的な反応」に欠けているために、ある種の作業は簡単に行えた。たとえば、凍った道では、横滑りしても本能的にブレーキをかけるということがないため、安全に運転することができた。他方、予測する力に欠けることで、決断を下せないということにもなった。

同じ患者と、研究所での次の診察予定について話し合った。私は、次の月で大して離れていない二つの日にちを提案した。患者は手帳を取り出し、カレンダーを確かめ始めた。……ほぼ三〇分の間、患者は二つの日にちの利点と欠点を数え上げた。前からの予定、他の予定との関係、天気予報など、一つの日にちに関して考えられる限りの様々な要素が並んだ。凍った路面を冷静に運転し、それについて落ち着いて語ったときと同じように、彼は私たちに、費用対効果分析を細く説明し、選択肢と予想される結果について、意味のない比較を長々と話し続けた。（私たちは）とうとう、二番目の日に来なくてはならないと、静かに彼に告げた。彼はこれまでと同じように落ち着いた様子で、直ちに反応した。そして一言、「それで結構」と言った。

感情なし、システム１なしでは、ありうる可能性について延々と議論するばかりで、選択するという動機が生まれてこないのかもしれない。

この根底にある疑問はもっともなもので、ある種のナッジの問題点を指摘しているようだ。同時に、私が展開してきた議論やそれに基づいたイニシアティブに対する根本的な誤解も表れている。この点を理解するために、ナッジが対抗する偏見には間違いの種類について二つの異なる理解があることを、それぞれ区別して考えてみよう。

一つ目の理解では、選択アーキテクチャーは、人々がシステム２に直接反応したときのような行動を取らせることを目的に作るべきだというものだ。この考え方は直ちに却下だ。なぜなら、人生の楽しみの中にはシステム1に訴えるものもあるからだ。人は好きなことについてはリスクも冒すという事実に無関心な機関は、官民どちらにもない。人は恋に落ちる、食べ過ぎる、夜遅くまで起きている、酔っ払う、直感で行動する、見込みのなさそうなアイデアに走る、無数の新しいことを試みる。そういうものなのだ。

別の理解では、人間は自ら深刻な間違いと認めることをしてしまうし、後から深刻な間違いだったと思うこともある。選択アーキテクチャーはそうした間違いの頻度を少なくし、損害も少なくするために作られるべきだという。複雑さと楽観論が携帯電話利用者の経済的損失の原因で、情報公開義務でその損失を抑えられるなら、そのような義務は歓迎できる。自己管理の問題が、人々が健康に害を及ぼす危険につながっていて、官民の機関に人々が助けを求めているのなら（そのことで利用されるのではなく）、助けを得られることに文句を言う理由はない。惰性によって、人々が自らのためになると思っている行動も取らないというのなら、惰性を利用して、人々のためになる結果を導くことも許されるかもしれない。システム1の正当な主張を軽視しなくても、こうした点を認めることができる。

こうした問題は、抽象的に考えているだけでは限界がある。具体的な問題について、具体的な質問をしなくてはならない。選択アーキテクチャーの例で、人々が本当に願っていることを無視しているという理由で反対されるものを考えてみよう。たとえば、給料の五一パーセントを自動的に貯蓄に回す「今は我慢して将来を楽しもう年金制度」や、従業員にきつくて、楽しくないエクササイズを毎日行わせる「楽ではない、健康増進プログラム」、美味しい食べ物は比較的見にくいところに置いてある「わびしいカフェテリア」などだ。だが、役に立ち、害にはならない選択アーキテクチャーも想像できる。課題は、害を回避して、役に立つことを目指すことだ。

本当の問題はなにか？

最も問題となるナッジは、温情主義だから認められない類のものではなく、まったく異なることに関するもので、動機として認められない類のものである。ソフトなものも含め、温情主義そのものへの反論のなかで最も直感的なところから出てくるのが、政府の行動に、本当かどうかは別として、違法な動機はないかという疑問である。

たとえば、投票について政府が現職への投票をデフォルトとするような場合だ。市民がそうしないという意思表示をする、あるいは実際に投票所に出かけることをしない限り、現職に投票したと見做される。あるいは、国勢調査のために、白人ではないと明確に表明しない限り、白人と見做される。啓蒙キャンペーンとして、政府が、一定の宗教（カソリックとか、ユダヤ教とか）の人々が行った過ちのすべてを（事実をそのまま）伝える決定をする。政府に近い圧力団体が製造した製品を選ぶように、人々を説き伏せる効果のある鮮明な画像を使うことを決める。

こうした例はすべて、温情主義の問題ではない。問題は、政府によるナッジの目的が、正当ではなかったり、違法であったりすることだ。政府は、自らの地位を安定させるために投票の基本ルールを利用してはならない。一定の人種を優遇したり、一定の宗教の人々を敵視したり、お気に入りの集団の製品を買うよう人々に指示したりするようなことがあってはならない。こうした例が重要なのは、これらにより、強制的側面がほとんどない政策についても制限することになるからだ。ソフトでもハードでも、不当な目的の温情主義は、そもそも目的が間違っているのだから、誤りである。だからといって、この考え方がある種のナッジを誤りとする主張の根拠になるわけではない。

分別のある人間なら、政府の温情主義を全面的に受け入れることはしない。だが、シンプルを求める試みは、すでに本書で示してきたように、人々が健康で、楽に、長生きできることを意図した選択アーキテクチャーとナッジをその中心的要素としている。選択の自由は良き人生の大切な要素であり、したがって、ソフトな温情主義が志向するものである。不当な温情主義について懸念するのはもっともだが、だからといって、人々の生活を改善する最良の方法を見つけようとする官僚の努力を阻害してはならない。たとえ、それが人々の選択に影響を与えることになってもだ。

第10章 選択アーキテクチャーをシンプルにする

民間機関は、人々のために事を簡単にしようと思ったら、どうすべきか知っている。クレジットカード会社はオンライン申請を可能にしたり、郵便料金受取人払いの返信用封筒をつけたりする。雑誌は購読を自動継続にする。更新の手続きをわざわざ取らなくてはならないとなると、その雑誌を読むのを楽しんでいたとしても、更新しないかもしれないことを承知しているからだ。公職に立候補した人々は、人々が簡単に献金できる方法を使い始めた。競争市場では、シンプルにすることが勝利の戦略となることは日々確かめられている。複雑で混乱する方法で金を稼ぐ方法もあるかもしれない。だが、長期的に見れば、それはベストなビジネスモデルではない。そうだったとしても、結局は、それに対して政府が適切なナッジを配してくるに違いない。

政府そのものも、シンプルにならなくてはならない。確かに、世界は数え切れない形で複雑になっており、公的部門はその複雑さに呼応していなくてはならない部分もある。医療保険制度改革は多くの人の助けになっているが、決して、すぐ簡単に利用できる制度ではない。ローマは一日にして成らずということわざは、政府をシンプルにすることについても当てはまる。だからといって、文書業務に費やす何千万という時間を削減する、平易な文章を用いる、時代遅れの規制を撤廃する、一般の参加を促進する、妥当なデフォルトルールを実施する、概要の記載を求める、わかりにくい情報公開条項に代えて、人々が義務を背負いこむ前に実状を理解できるようにする、などの効果を過小評価したり、見過ごしたりしてはならない。多くの分野で、意味のないお役所的な決まりは廃止されている。ワンクリック政府はまだ実現していないが、重要な分野で、それが到来しつつある様子も見えてきた。

目に見えないところで、選択アーキテクチャーは私たちの健康、財産、安全、仕事、そして環境に影響を及ぼしている。官民双方の分野で、システム2を疲弊させることなく、物事を自動的に、直感的に、有効に行えるようにすることが重要になってきた。ナッジのおかげで、命が助かっている人も多い。二〇一一年には、高速道路での死亡事故件数が記録に残るなかで最も低くなったことを思い起こしてほしい。多くのナッジは嬉しい結果を残している。啓発キャンペーン、警告、官民パートナーシップなどがそうだ。高速道路の安全などの分野では、金を節約し、命を救う機会が限りなくある。ナッジの利点の一つは、あまり結果を出さなかったときでも、費用はかかっていないし、ほとんどの場合害も引き起こさないということだ。政府の知識の限界を謙虚に反映しつつ、政府による大規模計画の短所に悩まされることもない。

規制を実証することの大切さも力説してきた。事前にできるだけの情報を集めることと、事後に学ぶことの大切さだ。マネーボール式規制を目指して、歩みを進める必要がある。これまでは、直感や当て推量に基づいた規制があまりに多かった。規制が何の役にも立っていなくても、時に害を生じるものであっても、そのまま実施され続けることも多かった。命を救い、節約につながる規制がうまく機能し、さらに強化されるべきときでも、それをしてこなかったことも多かった。シンプルにするという試み自体、事前、事後の詳細な検証の対象とするべきである。

インセンティブが重要であることを疑う人はいない。人は金には気を使うし、健康についてもそうだ。ガソリン価格が上がれば、人は車を使うのを減らす。タバコが病気の原因となると納得すれば、喫煙も減るだろう。大切なのは、様々なところで、人々のインセンティブを改善する（そして目につきやすくする）ことだ。それでも、結果はそれぞれ、選択アーキテクチャーや社会環境、そして、広く受け入れられている社会規範に影響される。

選択の自由を尊重することは正しいことだ。だが、多くの場面で、私たちは選択してもらっている。ありがたい限りだ。自分に関係するすべての決定にこだわらなくてはならないとしたら、すぐに、その複雑さに圧倒されてしまうだろう。背景が確立されれば、それは自由を促進することさえあれ、阻害することはない。

アメリカでは、憲法もいくつかの選択をし、その選択は原則では修正可能だが、実際にはほぼ既定のものになっている。連邦議会を置くべきかどうか、言論の自由や宗教の自由を認めるべきかなどについては、議論の余地はない。私たちのほとんどは、きちんと機能するブレーキの作り方などわからないし、塩やセメントの作り方、道路や高速道路の場所の選定、財産法や契約法の内容なども知らない。人が幸せに長生きできたとしたら、それは、自分のためになっていることを、社会的背景や規範が当然のように用意してくれているために、考えることさえしないで済んだからだ。肥満になる人とそうでない人がいるとすれば、後者は適切な選択アーキテクチャーに恵まれ、前者はそうではなかったからだ。

情報公開は規制の手段として重要なもので、官民双方で活用できる。同時に、公開情報は単に専門的に見て正しいだけでは不充分で、明白で、有用、有効なものでなくてはならない。選択アーキテクチャーは、人々がどのように情報を取り入れて、利用するかを考慮に入れたものでなくてはならない。人々が恩恵を受け、損失を回避できるような情報を提供するのが最良のアプローチである。ピラミッドではなくプレートだ。

購入時に提供される概要開示と、インターネット等で提供される全面開示も区別しなくてはならない。概要開示は明快でわかりやすく、すぐに目につくべきもので、たとえば、エネルギー効率がどれほどの節約につながるかなど、人々の関心に答えるものである。節約できるのは一ドルか、五ドルか、それとも二〇五ドルか。情報を提供するだけではなく、人々が製品やサービスを比較できる形で提供することが大切だ。

全面開示は民間部門が様々に利用できる情報を提供するもので、それによって、自由市場が機能する。GPSの例に戻って考えてみよう。二〇〇〇年にクリントン大統領が基本データの公開を決めたことで可能になったものだが、それによって、それまで軍に限られていた情報を民間も利用できるようになった。企業も個人も今ではその情報を無数の方法で利用しており、クリントン政権が予想もしていなかった方法での利用もある。ウェブサイトdata. govは、人々が市民としてあるいは消費者として、利用できるデータの宝庫になるよう私たちが設計したものである。

情報が公開されると、最もうまく利用するのは民間部門であるのが常で、たとえば、面白いソフトや創意工夫に富んだアプリケーションを開発して、様々な選択肢を比べられる比較サイトが生まれたりする。「スマート開示」と言われる方法では、利用者は過去に行った選択の理由や結果を参考にして、異なる選択の結果などを予想して、今後の参考にできる。企業は、携帯電話契約やエネルギー、クレジットカード、医療保険などについて大量の情報を保持している。人々も自らの選択から学ぶ機会を与えられるべきだ。すべての場合において、情報公開は、大きなリスクを避ける、あるいは大きな利益を得るには、どう行動すべきかを知らせることができてこそ、最も役に立つと言える。繰り返すが、ピラミッドではなくプレートなのだ。

デフォルトルールは、私たちが気づいていなくても、そこらじゅうに存在し、結果に大きな影響を及ぼしている。よくできたデフォルトであれば、命令や禁止を補うものとして機能する。デフォルトルールの利点は、人々の選択をシンプルにし、楽にしてくれることだ。たとえば、人のためになるプログラムに自動加入させるもので、不参加を選ぶ自由も残してある形だ。複雑な問題や、誰にも（あるいはほとんどの人に）共通して適用できる場合にデフォルトルールは真価を発揮する。選択アーキテクトが常にベストなデフォルトルールを知っているわけではない。自らの利害関係や、圧力団体の影響を受けている場合も考えられる。対象集団の構成が多様で、人々が自ら選択することを厭わず、よくわかっている範囲の問題であるなら、デフォルトルールより能動的な選択の方が望ましいかもしれない。能動的な選択は人々の嗜好について知る最善の方法で、それにより、適切な個人仕様のデフォルトを作れるかもしれない。すでに見たように、個々の状況に即した情報に基づいて作られた個人仕様のデフォルトルールは、能動的選択の利点も多く含んでいる。全員（あるいはほとんどの人にも）共通に適用できるものではないかもしれない。

プログラムによっては、人々が参加しないためにうまく進まないものもある。人々が参加しないのは、参加条件のハードルが高すぎるからだ。文書作成や書類記入の負担を減らせば、効果は出る。質問項目を減らす、スキップできるような質問パターンにする、電子申請を可能にする、そして、自動的に事前記入されている様式にするなどである。

地元の人間が道を教えるときに「見逃しっこない」と言う例を、もう一度思い出してみよう。「見逃しっこない」と言う人の頭には、その場所は明らかに描かれていて、目に入りやすいものだから、正気の人間なら見過ごすはずがないと思わざるをえない。だが、その地域を知らない人間にしてみれば、「それ」は見てもわからないもので、ややこしい、広大な背景に紛れ込んでしまっているかもしれない。

私の経験では、規制や政策、様式を作る人など、政府内の人々の多くはこれと同じだ。彼らにとっては、条項や質問、分野をいくつか追加することなど大したことではない。そんなのは慣れ親しんだ話だからだ。だが、政府書類を何とか理解しようとしている学生や保護者、小規模業者にとっては、訳がわからなくなるのも当然だ。結果、あきらめてしまう人も出てくる。これは望ましいことではなく、時に悲劇ともなる。

ゴリラを見えるようにすることから始めよう。重要な事項やリスク、可能性などが目につけば、人はそれに反応する。効果的な警告をデザインする人は、見えないゴリラの問題をよく承知しているものだ。

適切な規制は、社会規範と合致しているものであり、命を救い、節約する助けになり、法の遵守を促進する。規制をまったく必要としない場合もある。民間部門の創造力を活用した官民パートナーシップが最も単純で、最適なアプローチだ。世界中のどこでも、肥満とわき見運転は深刻な問題だ。飲酒運転の減少やシートベルト着用の増加など、その他の面では官民パートナーシップが功を奏している。肥満やわき見運転でも改善のためには、有効な規範や適切な選択アーキテクチャー、官民パートナーシップが役に立つだろう。

本書の初めに、とんでもなく複雑でありながら同時に限りなく単純な、現代テクノロジーの枠に触れた。一般の人（子どもも含めて）にとっては、こうしたテクノロジーは簡単に利用でき、わかりやすい。そして、毎日ますますシンプルになっている。システム1はやすやすとそれらを使いこなしている。多くの場合、システム2が出てくる必要はない。これが、政府も含め、制度や組織の見本となる。

さあ、シンプルを目指して進んでいこう。

終わりに

三つの教訓

四半世紀にわたって法律を教えた後、私は連邦政府で働くという幸運に恵まれた。そこで多くを学び、そのほとんどは本書で述べた。なかでも三つ、特筆すべきことがあり、それをここで特に記しておきたい。

驚くべきことに、人は、外国語を話しているときには、深刻な間違いを犯さないようになる。完全にマスターしていない言語を使っているとき、システム1は引っ込み、システム2が起動する。速度が遅くなり、慎重に考えるようになる。

政府で私は、費用対効果分析がある意味、外国語のようなもので、そういう働きをすることを学んだ。費用対効果分析は、残念な結果や時に危険な結果に結びつくような直感や反発を排する効果を持つ。ヒステリー的な反応や怠慢にも対抗できる。費用対効果分析はそれ自体簡単なものではないが、物事をシンプルにする動力になる。

公共政策を数字でがんじがらめにすべきでないことは確かだ。人間の尊厳など、ある種の価値は金銭的価値には置き換えられないことも力説してきた。それでも、ランダム化比較試験の助けも借りて、有効な費用対効果分析の結果は利用すべきだ。ナッジの可能性は、多大なコストをかけずに多大な恩恵を生み出せることにある。情報公開やデフォルトルールで、人々が節約できたり、健康を改善できたり、長生きできるようになるのなら、それは正しい方向への動きである。

第二の教訓は、不要な複雑さの原因に関するものだ。政府は、人々に奉仕することを選んだ、仕事熱心な人間であふれている。彼らはプロだ。専門家であり、自分の領分についてはよく知っている。決まりが一般の人々には複雑で、苛立たしく、理解不能であっても、それを書いた人間にとっては簡単明瞭に思える。書いた人間は専門家で、彼らのシステム1は高度に訓練されているからだ。チェスの名手は一瞬で盤を読むことができ、プロのテニス選手も一瞬で、クロスコートの痛烈なバックハンド・ショットを打ち返す方法を判断する。同じように、ルールを書く人間は、専門用語だらけの文章や要件を読み解ける。だが、ルールの対象となる人間にとってはチンプンカンプンだ。私が政府でしたことの多くは、本書で示した提案と同じで、ルールを書く人間たちに、一度立ち止まって、ルールを理解しなくてはならない人たちのシステム2への負担を減らすことを考えさせることだった。

第三の教訓は、一般の人々の間に散在する情報に関することだ。官僚は色々なことを知っていると、私は強調してきた。だが、彼らでも、一般の人々が持っている重要な情報を持っていないということは避けられない。

たとえば、政府が自動車をより安全にするための、あるいは医師や看護師など病院勤務者の負担になっているコストやお役所的な決まりごとを削減するための、ルールを採用しようとしているという例を考えてみよう。自動車業界は安全性のためのルールがどんな効果を生むか、よくわかっている。医師や看護師は経費削減やお役所的な決まりの廃止がどのような結果をもたらすか、よく知っている。官僚はこうした人々が知っていることを見つけ出す必要がある。「規制の適正なプロセス」とでも呼ぶべきことを、官僚は尊重しなくてはならない。

政府関係者はこれまで何度も、規制案に関するパブリックコメントから多くを学んできた。ルールをシンプルにすれば、パブリックコメントも情報に基づいたものになり、情報に基づいたコメントは翻って、ルールをさらにシンプルなものにする。規制案が最終案になる前に一般からコメントを募ることは、単に望ましいだけではなく、間違いを予防するための不可欠の手段である。これは、自治と正当性について、「我々人民」の主権につながるポイントでもある。だが、それだけではない。これは、間違いについてと、そのような間違いを避けるにはどうしたらいいかについてのポイントでもある。選択アーキテクチャーを作成する際にアーキテクトが意識すべきポイントだ。

ルールは、宣伝活動や事実を無視した署名活動、圧力団体による陳情によって、よくなるものではない。私たちの目的がマネーボール式規制であるなら、規制は国民投票で作られるべきではない。重要な情報は民間分野の人たちから寄せられることが多く、彼らは、コスト、恩恵、うまく機能するもの、しないもの、予想外の悪影響、複雑すぎること、単純すぎること、などの情報に独自のアクセスを持っている。

ここで、最後のナッジをしておきたい。アメリカ国民に奉仕するという幸運に恵まれた人々は、奉仕する、まさにその人々の言うことに耳を傾けよう。

謝辞

オバマ政権関係者は誰一人として本書を読んではいないが、感謝を述べたい元同僚たちは、書ききれないほど大勢いる。その全員に、個々に感謝を申し上げる。誰か一人を名指しすることは避けるが、長い期間にわたって、特に近い立場で一緒に働いた五人の名前に限って述べることで、自制したとご理解いただきたい。

キャロル・ブラウナーは、大気浄化法だけでなく、政府全体について、同僚との付き合い方について、友情について、多くを伝授してくれた。ラリー・サマーズは何についても賢く、楽しい人間で、マネーボール式規制を推奨し、周りの人間を鍛えてくれた。ジーン・スパーリングは費用対効果分析については、私よりやや否定的だが、それが彼の器の大きさを示している。第3章にちょっと登場してくれているジェフ・ジエンツとは、二年間オフィスを分け合った。彼の知恵、親切心、会議進行能力、そして、長い時間でもフットボールを回してくれる意欲（結構な変化球を投げてくる）に感謝する。ナンシー＝アン・デパールはアメリカの宝と言ってもいい人物で、目が回るほどの数の問題で彼女と緊密に仕事をできたのは私の栄誉でもあり、とても楽しかった（蛇の話もあるが、長くなるのでやめておこう）。

アメリカ合衆国は、バラク・オバマという人物を大統領に持つことができて幸運であったし、特に私は、同僚として、ボスとして、また友人として、彼と付き合えて大変光栄だった。彼の格好よさは誰も知るところだが、そこに彼の思いやりには限りがないことを付け加えておきたい。

本書のいくつかの章は、研究論文で使った内容を使用している。第3章と第4章は、私の Empirically Informed Regulation, 78U. *CHI. L. Review*. 2011〔「実証に基づいた規制」〕に基づいている。第10章は（他のいくつかの部分同様）Behavioral Economics and Paternalism, *YALE L.J*, 2013〔「行動経済学と温情主義」〕を参考にしたが、これは二〇一二年一一月一二日と一三日にイェール大学ロースクールで行ったストーズ講座講演の元になったものである。『シカゴ大学法レビュー』と『イェール大学法ジャーナル』の編集者のみなさんには貴重なコメントと論文内容の使用を許可してくれたことに感謝している。本書で述べた以上の詳細の議論については、この二つの論文を参照されたい。また、未発表論文 Impersonal Default Rules vs. Active Choosing vs. Personalized Default Rules（2012）（http://papers.ssrn.com/sol3/papers.cfm?abstract_id=2171343 で入手可能）にも面白いところがあるかもしれない。

ハーヴァード大学ロースクールや、広くハーヴァード大学の友人や同僚には、特に知的な環境を提供してもらい、多くの人の意見は本書にも多大な影響を及ぼした。特に、マーサ・ミノウ学部長には、考えうるあらゆる類の助けをいただき、感謝している。原稿の大部分はハーヴァードからの研究休暇の時期、オフィスとブルッキングス研究所の快適な環境で執筆した。ストローブ・タルボットとダレル・ウェストの厚意に感謝する。

クリスティン・ジョルズ、チップ・ヒース、ダニエル・カーネマン、マイケル・ルイス、エリック・ポズナー、リチャード・セイラーには、有益なコメントを提供してくれたことに感謝する。このように素晴らしい人々が、わざわざ原稿を読む手間を厭わないことには、本当に驚いている。本書よりはるかに長い原稿だって読んでくれるのだ。彼らの提案や助言に適切に答えられなかったことは痛いほどわかっている（本当に努力はしたのだが）。

エージェントのサラ・チャルファントは、始まる前からこのプロジェクトに可能性を見出してくれて、彼女の支えや意見、そしてその知恵には感謝の念を禁じえない。ダン・カンターは内容について適切なコメントをしてくれて、本当に有能なリサーチアシスタントである。彼の尽きることのないエネルギーと助けのおかげで、この本ははるかにいいものに仕上がった。

編集者のトーマス・ルビアンには、初稿から三万字ほどカットされたのだが、それは許そうと思う。彼は考えられる限り最高の編集者だからだ（カットは正しい判断だった）。トーマスは、私が書いたよりはるかに明快で、シンプルな本を目指し、素晴らしい配慮（と速度）を持って、執筆を導いてくれた。本書が彼が目指したものに近くなっているとすれば、それは彼の力量のおかげである。

他にも多くの人々が様々な形で助けてくれている。親切、支援、別の視点、知恵、ユーモア、ランチ、夕食、そして、時には馬鹿騒ぎを通じて、著者の道のりを楽しいものにしてくれたり、笑わせてくれたりして、執筆のBGMとなってくれた。ここに名前は挙げないが、誰のことかはわかってくれるだろう。

本書を二人の人物に捧げたい。この二人には特に感謝している。リチャード・セイラーは長い間、大切な友人で、私のインスピレーションの源である。本書は、彼の研究と、二人で書いた『実践 行動経済学』なしでは出来上がらなかった。『実践 行動経済学』は本書の内容を生み出した種本のようなものだ。もちろんリチャードが本書の内容のすべてに賛成しているわけではない（時には彼も嫌な奴になる）。だが、内容として納得でき、優れている点は、彼の業績でもある。

サマンサ・パワーは、史上最良のシステム1を備えている。ホワイトハウスでは外交政策関連の仕事をしているが、規制や簡素化、ナッジについても計り知れない影響力を発揮している。本書に描かれたことは、彼女なしでは起こりえなかった。ボクシングだったら、自分のコーナーにいてほしい人物だ。怪我をしても、すぐにリングに上がってそばにいてくれる。親切で、優しくて、素晴らしい聞き手、タフだが、（とても）面白い。理想も高く、時に激しくもなる。バスケットボールでは歯が立たないけれども。とにもかくにも、彼女との日々は歓びにあふれている。

【解説】

ナッジは政府を変えられるのか

西田亮介
（東京工業大学リベラルアーツ研究教育院准教授）

アメリカ法学界きってのスター研究者

学問の世界でも、多くの分野に、多大な影響を与えるスターが時折現れる。本書の著者、キャス・サンスティーンもそのひとりだ。一九五四年に生まれ、ハーヴァード大学ロースクールを修了し、米最高裁や米司法省といった法実務の現場を経験したのち、シカゴ大学、ハーヴァード大学に勤務するという、アメリカ法学界のエリートコースを歩んできた。

研究者は一般に、二つのタイプに大別できる。一つは、狭い主題や領域で長く深く掘り下げていくタイプ、もう一つは積極的に新しいテーマや分野を開拓し、戦線を拡大していくタイプだ。これは両者のどちらかが優れているということではなく、研究者の生き様の違いのようなものだが、サンスティーンは明らかに後者に属している。ときに共著や共同研究を通して手がけてきた仕事は幅広く、多様で、しかも論争的だ。合衆国憲法や憲法史、言論の自由、民主主義といった法学における王道であり、古典的な主題から、動物の権利、人間の価値、クローンの倫理性、ソーシャルメディアをはじめとする情報社会論に至るまで多岐にわたっている。

最近では映画『スター・ウォーズ』シリーズについて論じる著作さえも記している（*The World According to Star Wars*）。専門的な論文から一般的な著作に至るまで、大変多作の書き手といえるだろう。また、それらの著作の多くが世界各国で翻訳されていて、法学を中心に政治学、社会学といった諸学界のみならず、政策実務の現場や一般の読書人にも強い関心をもって受け止められている。日本語にも数多く翻訳されている。ここ一〇年の代表的な仕事を列挙してみたい。

二〇一七年　『選択しないという選択――ビッグデータで変わる「自由」のかたち』（勁草書房）

二〇一六年　『賢い組織は「みんな」で決める――リーダーのための行動科学入門』（リード・ヘイスティとの共著、NTT出版）

二〇一五年　『恐怖の法則――予防原則を超えて』（勁草書房）

二〇一三年　『動物の権利』（マーサ・C・ヌスバウムとの共編著、向学社）

二〇一二年　『熟議が壊れるとき――民主政と憲法解釈の統合理論』（勁草書房）

『最悪のシナリオ――巨大リスクにどこまで備えるのか』（みすず書房）

二〇〇九年　『実践　行動経済学――健康、富、幸福への聡明な選択』（リチャード・セイラーとの共著、

日経BP社)

個人的には、二〇〇〇年代前半に情報社会論の文脈で紹介された一冊が記憶に残っている。『インターネットは民主主義の敵か』(二〇〇三年、毎日新聞社。原著 *Republic.com*, 2001)である。「Web2.0」的な状況のなかで、インターネットと民主主義の関係も肯定的な論調が占めるなかで、サンスティーンの議論は異彩を放っていた。「集団極化」や「サイバーカスケード」といった現在でも通用する概念で、「ポストトゥルース」とも評される現代のメディア状況を予言的に論じていた。

残念なことに、邦訳は現在絶版であるが、原著は *Republic.com 2.0* (2009) や *#Republic: Divided Democracy in the Age of Social Media* (2017) と進化を遂げながら、発展的に——ときに「転向」などといわれながら——議論が継承されている。また、今風にいえばビッグデータの先駆けとして話題になった予測市場を論じた *Infotopia: How Many Minds Produce Knowledge* (2006) などもある。情報法、情報社会論分野におけるサンスティーンの議論に再び光をあてるべく邦訳、文庫化などに期待したい。

行動経済学と「ナッジ」の台頭

サンスティーンが二〇〇〇年代後半以後、一貫して強い関心を示しているのは、本書でも頻繁に参照される行動経済学の知見である。本書でも言及されるように、伝統的な経済学においては、長く

「合理的な人間」としての「ホモ・エコノミクス」や「合理的な期待」が仮定されてきた。わかりやすくいえば、経済合理的な評価軸をもった人間が合理的選択を行うというイメージだ。だが必ずしもこれらの仮定を自明視してしまうと、現実を説明する説得力のあるモデルとはいえなくなってしまうことが指摘されてきた。損失回避や現状維持は、人間の認知において過大評価されがちであることも実験等を通じて知られるようになり、それらも合理的モデルとは折り合いが悪かった。

現代の経済学は、複雑性と認知心理学、取引コストと経路依存性、実験といった隣接する分野の手法や知見を貪欲に取り込むことで新たな発展を見せている。行動経済学もその一つだ。なかでも人の選択に際して、系統的に発生するバイアスの傾向を、実験等の社会科学における新しい知見も貪欲に取り入れながら体系的に説明する、つまり「現実になされる選択を記述する」点がその特徴だという(リチャード・セイラー『セイラー教授の行動経済学入門』二〇〇七年、ダイヤモンド社)。

行動経済学の象徴的な到達点は、やはり二〇〇二年の認知心理学者ダニエル・カーネマンのノーベル経済学賞の受賞だろう。エイモス・トヴェルスキーとの共同研究「プロスペクト理論」の業績によるものだ。これがきっかけとなって、経済学を越えて、広く行動経済学に関心が向けられるようになった。カーネマンについては本書でも、世界的なベストセラーとなった『ファスト&スロー――あなたの意思はどのように決まるか?』(上下巻、二〇一四年、早川書房)などに言及がなされている。

こうした経緯によって、最近ではこの行動経済学の知見を政策評価や政策形成プロセスに導入しようという試みが世界中でなされていることは本書で言及されているとおりである。余談だが、筆者も二〇一四年にイギリスの「ナッジユニット」こと「行動洞察チーム」を視察で訪問する機会があった。ナッジユニットは、二〇一〇年にイギリス政府の内閣府に設置されたが、二〇一三年に政府系ジョイントベンチャーとして独立している。政府機関等とのコラボレーションを通じて政策の合理化、イノベーションに貢献するための組織だ。セイラーの『行動経済学の逆襲』（二〇一六年、早川書房）によれば、セイラーとサンスティーンの『実践 行動経済学』が設立に大きく影響したと記述されている。

ナッジユニットの洒落た、といっても全体的にカラフルでポップに仕上げられた内装は、まるでIT企業のオフィスを彷彿とさせるものだった。経済学はもちろん心理学、ヘルスケアなどさまざまな分野の博士学位を持った専門スタッフがおよそ一〇〇人配置され、カジュアルな服装で新しい政策評価の手法や機能的で費用対効果の高い政策について自由闊達に議論していたことを思い出す。

本書は、こうした行動経済学的知見とそれらが社会に与える影響、制度設計と導入例、さらには設計思想を論じている。加えてサンスティーン自身が、米オバマ政権のもとで二〇〇九年から二〇一二年までのあいだに、行政管理予算局情報・規制問題室（ＯＩＲＡ）の室長として政策実務に携わった経緯も随所に描写されることで、類を見ない著作に仕上がっている。

ナッジで何ができるのか？

本書には聞きなれない（といっても、サンスティーンの熱心な読者にとってはおなじみだが）概念が頻繁に登場する。以下でそのなかの幾つかを取り上げながら改めて整理、概観することで、新しい読者のための補助線としたい（なお、これらの概念については、前述の『実践 行動経済学』等にまとめられている）。

- **ナッジ**（Nudge）――直接的には「軽く、肘でつつく、押す」といったニュアンスだが、選択に際して「適切な選択」を推奨するさまざまな仕掛けのことを指している。『実践 行動経済学』では、「選択を禁じることも、経済的なインセンティブを大きく変えることもなく、人々の行動を予測可能な形で変える選択アーキテクチャーのあらゆる要素を意味する」と定義されている（一七ページ）。本書のなかで、サンスティーンはOIRAで取り組んだ施策はおもにナッジの活用を企図したものであったと述べている。
- **選択アーキテクチャー**（choice architecture）――選択肢の背後に存在する社会環境や構造のことを指すが、しばしば不可視な状態になっているとされる。
- **選択アーキテクト**（choice architect）――選択アーキテクチャーを実装する主体のこと。本書では「人々を『ナッジ』する」と表現されている。
- **デフォルトルール**（default rule）――積極的な選択をしない状態で推奨される、いわば初期設定の選択肢のこと。
- **シンプルにすること／簡素化**（simpler）――本書の中核となる概念で、人々が選択に際して直面する複雑さを極力低減するアプローチのこと。サンスティーンは民間部門、公的部門を問わず、選択における複雑さを有害視する傾向にある。

これらは政策現場においても、各所で実装されている。たとえば本書ではアメリカにおける個人向け年金プログラム「SMART 401k」(https://www.smart401k.com/) を例に挙げている。よく知られているように、アメリカでは公的年金が手薄なこともあって、労働者は私的な年金プログラムに加入し、個々人が老後に備えて自己責任のもとで資産形成を行わなければならない（近い将来の日本でも同様だろう）。しかし理屈ではわかっていたとしても、これが意外と難しいとされている。現状維持バイアスが働くからだ。

少なくない給与所得者は一般に労働契約を結ぶキャリア初期の時点で、（人生後半の、したがって、遠い先のことのように思えてしまう）将来のリスクとコストを過小評価してしまい、将来の生活維持に必要な水準よりも低い水準の選択肢を選んでしまうのである。さらに複雑で、手間もかかる年金プログラムの設定変更は忌避されがちだとも指摘されていた。リスク評価の失敗は個々人の私的生活を脅かすのみならず、高齢の生活破綻者の増加を招き、場合によっては公費を投入して問題の解決に当たる必要が生じるだけに政府にとっても望ましい事態ではない。

そこで解決策として、給料上昇に応じて拠出率を自動で引き上げる仕組みを初期ルールに設定することを試みた。本人が面倒で手間がかかると捉えがちな将来の人生設計に関する選択を棚上げしたとしても、自動で拠出率が上昇していくようにデフォルトルールを設定したのである。将来のリスクへの備えを促すべく（つまり望ましくない社会保障関連費等の公的支出の発生、増大を予防しつつ）、デフォルトルールでは公共（政策）的視点から望ましい給与の伸びと拠出率が連動する設定になっている、しかしそれでいて本人の意向次第では他のオプションを選択する自由は妨げていないところがポイントだ。

日本の場合、国民皆年金の前提があるので、実態はさておくとして、無年金状態を選択することはできない（少なくとも、長期間支払いが滞ると、督促や財産の差し押さえの対象になる）。これは個人の選択の自由という視点では少なくない制限が課せられていると見なすこともできる。それに比べれば、一手間かければ個々の加入者が設定変更できるだけに、「SMART 401k」の場合、個々人の裁量（自由）の範囲が広いとも言えるだろう。

自由と平等の対立を調停する思想

サンスティーンは、このような個々人の選択の自由を極力尊重しつつ、公共的視点に基づく政策的介入を否定しないアプローチを「リバタリアン・パターナリズム」と呼んでいる（ただしセイラーは『行動経済学の逆襲』のなかで、着想はセイラーによると回想している）。本来、自由至上主義と温情的父権主義をそれぞれ意味するリバタリアニズムとパターナリズムは相反する立場である。サンスティーンは行動経済学的アプローチ＝ナッジ的アプローチは両者の調停を可能にするアプローチだと見ている。この点を『実践 行動経済学』では、「リバタリアン・パターナリズムは相対的に弱く、ソフトで、押しつけ的ではない形のパターナリズムである」(一七ページ)と述べている。

ここで、少しアメリカの政治社会的文脈についての補足が必要かもしれない。アメリカ社会は一般に建国の歴史や連邦政府に対する不信感等の理由で、連邦政府によるパターナリスティックな介入を顕著に忌避する傾向にある。もっぱら共和党支持層に分類されるが、銃規制に対する根強い反対やトランプ政権誕生後のオバマケア廃止をめぐる議論からもそのことが伺える。また、西海岸のIT業界でいまも根強く信奉されている、反権威主義的側面を含んだ自由至上主義的傾向、いわゆる「カリフォルニアン・イデオロギー」などもリバタリアンの系譜に位置づけることができる。

その一方で、アメリカにおけるリベラル派はおもに民主党を支持し、連邦政府による積極的な介入の必要性を主張する傾向にある。アメリカは二大政党制の国でもあるから、両者の対立、分断は根深い。まさしく相反する思想的立場だけに、双方を納得させることは困難なのだ。だが、サンスティーンによれば、ナッジ的アプローチは、前述のとおりどちらの立場からも少なからず合意可能な政策手法だという。

本書の中核をなす「シンプルにすること/簡素化」も「リバタリアン・パターナリズム」に貢献するナッジ的アプローチの一つといえる。(能動的)選択における複雑さの問題について、サンスティーンは、「選択する人の負担」「選択提供者の負担」「間違いの増加」の三点を指摘している。

具体例として、本書では「長ったらしい奨学金申請書類」を例に挙げている(質問項目一〇〇以上!)。このような書類が、優秀な学生の奨学金申請を阻害したり、申請者に書類政策を通じて高い負担を課している。簡素化を通じて、申請者の増加や進学が見込めるという。簡素化の重要な利点の一つは、場合によって追加の大規模な予算措置を必要とせずに顕著な効果を期待できるケースが少なからずあるからである。

さらに簡素化アプローチは、「大きな政府か、小さな政府か」「福祉国家か（本書の表現に倣えば、世話焼き国家）、市場主義か」といったやはり根強く存在し膠着傾向にある既存の二項対立の超克を企図するものでもある。簡素化は政策手法でいえば明らかに規制緩和のバリエーションの一つだが、恐らく既存の手垢のついた議論とステロタイプ、バイアスを回避するために、「規制緩和（deregulation）」という表現を極力回避しているように見える。

政策効果という意味では政治の裁量範囲は拡大（≒福祉国家的）しているようにも見えるが、規制の総量は減少し、市場や個人の裁量が拡大している。この問題に即座に優劣をつけることは難しいが、二項対立に対して、サンスティーンは「複雑化か、簡素化か」という新機軸を持ち込むことで、調停を試みたのだ。

ナッジは万能か？——日本への導入にあたって

本書やその他で提唱されるナッジ的アプローチ、そして簡素化は、日本ではどのように捉えられるだろうか。読者も知ってのとおり、日本社会は随所で申請主義と複雑怪奇な書類に溢れている。生活者と提供主体（自治体等）、企業等の負担感は高い。加えて、国、地方あわせて、一〇〇〇兆円を優に越える負債と、今後の高齢化による社会保障費、同関連費の増大にともなって、新規の政策のための財源に乏しい現状がある。

それだけに、ナッジ的アプローチや簡素化の効果は大きそうだ。日本でも近年「政策のための科学」等の名称で、エビデンスベースの政策立案や政策評価について調査研究がなされている。学界でも「仕掛学」など、議論が端緒についている。だが実装や地方自治体といった観点からいえば、まだ存在感が乏しいのが実情だ。

一九九〇年代から「新公共経営」といった名称で、政策立案や政策評価、業績評価等に民間の手法を取り入れようとしてきた背景がある。コストカットを中心に、正規職員の非正規職員への置き換えといった当該組織にとってわかりやすい「利点」がある施策は、積極的な導入が進められてきた。だが短期的にコスト増が見込まれる手法や、既存の利益関係を大きく変更しうる可能性があったり、外部からの見通しがよくなるような施策については、導入が見送られたり、従来方法と大差ないように換骨奪胎して取り入れる、といった独自のローカルルール化が多々見られるのが現状だ。

たとえば、自治体の総合計画におけるＰＤＣＡサイクルは、計画から再実行が年単位で想定されていたりする。迅速な改善を促進する手法であるはずのＰＤＣＡサイクルだが、これでは名ばかりといわざるをえない。こうした事例は枚挙に暇がない。

こうした状況から、ナッジ的アプローチ、簡素化アプローチの課題も見えてくる。ここでは二つほど挙げてみよう。まず懸念されるのは、選択する側が過度に選択アーキテクチャーを自明視してしまう可能性である。本書でも取り上げられる比較的効果測定が容易で費用便益分析の俎上に載せやすい行政的主題はまだしも、政治的性質を帯びる主題になればなるほど問題の深刻さは増してきそうだ。

具体的には、選挙や憲法改正にかかわる施策だ。ともすれば参加促進がいわれるが、むしろ人々の脊髄反射を阻害し、熟慮を促すべきであって、デフォルトルールの影響に配慮すべきかもしれない。ただし、あらゆる選択はデフォルトルールの拘束から免れえないことを加味すると、その線の引き方についての議論は必要だ（このあたりの論点については、『選択しないという選択』が詳しい）。

それから、もう一つは、「棚上げ」だ。前述のように情報公開や透明性の増大、経済合理的な政策は、しばしば政治的な利益配置の変更を誘発する。既得権益を有する側からすれば、望ましくない結論に至ることは少なくない。本書でも言及されるように、オバマ政権は透明性を重視し、「オープンガバメント」を掲げ、インターネットを活用しながら、積極的に取り組んだ。

呼応するかたちで、日本でも「オープンガバメント」は民主党政権のもと鳴り物入りで導入されるかに思われた。だが、当初から政治的透明性についての議論は消極的で、「情報公開が経済効果をもたらす」という文脈が過度に強調されて引き継がれた。所轄も経済産業省だ。ホワイトハウスやOECDが政治の効率化や政治的腐敗防止を強調するのに対して、日本版オープンガバメントは、効果の実態も不明瞭なままに経済活性化にフォーカスし、既存の利益配置変更が生じにくい、似ても似つかない独自のローカルルールとなった。

その後、自民党政権へと政権交代が起き、オープンガバメントや透明化に対する政治的関心そのものが失われてしまったようだ。最近の森友学園問題、加計学園問題、自衛隊の南スーダンへのPKO派遣の日報問題などを見ても、現政権はとても情報公開に積極的には思われない。しばしば指摘される「一票の格差」解消のための選挙制度改革も、司法は「違憲状態」という判断を下しているにもかかわらず、最低限の改革しか進まないのが現状だ。区割りの変更は、とくに現職議員たちにとっては次の選挙を戦うための死活問題だということに起因する。良かれ悪しかれ、政治は必ずしも「合理性」を好まないのだ。だが、合理的な施策の導入を実質的に決定するのは現在の政治である。

ナッジ的アプローチも同様で、合理的で、費用便益の観点で効果が見込めるがゆえに、政治的理由で導入が見送られる可能性は否定できない。「政策のための科学」や日本版オープンガバメントの動向を見ていると、なおさらだ。環境省は日本版ナッジユニットの実証実験に着手した（「平成二九年度低炭素型の行動変容を促す情報発信（ナッジ）による家庭等の自発的対策推進事業」）。ただし環境省に設置されるとなると、その対象とできる範囲は相当制限されるのではないかという懸念も生じてくる。その動向も気になるところである。

ただし、これらの課題は何も日本に限った問題ではない。現に、オバマ政権後のアメリカに目を向けてみても、オバマ－サンスティーンの路線から急旋回を見せている。トランプ政権に入ってから、理性と合理性を志向する政治は、情報公開や透明性の問題を含めて鳴りを潜めているようにも見える。

すでに本書でも多くの例が提示されるように、ナッジ的アプローチは、政府、政策の合理化を強力に推し進める可能性を秘めている。ただし政治のインサイダーやステークホルダーがそれらを好まない場合に、社会はどのようにその導入を促進できるのかといった、古くて新しい問題にも直面している。また、一度デフォルトルールが設定されてしまうと他の選択肢が認知しにくくなるという課題もある。このとき、ナッジ的アプローチがもたらす便益が為政者や導入者ではなく、適切に社会、生活者を向いたものになっているかどうか、またその効果をどのように検証、監督するのかといった疑問も生じてくる。日本のように、政治監視についての意識が乏しい社会ではなおさらだ。

しかし、このように関連した学術的、社会的論点が次々に惹起することをもってしても、サンスティーンの本書における議論が論争的かつ創造的なものであることは疑いえない。アカデミズムのみならず、政策担当者、一般読者含めて示唆に富む論点を多く含んでいる。邦訳刊行をきっかけに、サンスティーンの議論が広く人口に膾炙し、政策への実装可能性や、法学、社会科学的な知見等、活発な議論が行われることを期待したい。

注

はじめに

(1) Michael Lewis, *Moneyball: The Art of Winning an Unfair Game* (New York: W. W. Norton & Company, 2003), 31. 〔中山宥訳『マネー・ボール』早川書房，2013年〕
(2) Richard H. Thaler and Cass R. Sunstein, *Nudge: Improving Decisions About Health, Wealth, and Happiness* (New Haven, CT: Yale University Press, 2008) . 〔遠藤真美訳『実践　行動経済学――健康，富，幸福への聡明な選択』日経BP社，2009年〕

第1章

(1) Cass R. Sunstein, *On Rumors: How Falsehoods Spread, Why We Believe Them, What Can Be Done* (New York: Farrar, Straus and Giroux, 2009) .
(2) F.A. Hayek, *The Road to Serfdom: Text and Documents: The Definitive Edition,* ed. Bruce Caldwell (Chicago: University of Chicago Press, 1994, 2007), 88〔西山千明訳『隷属への道』〈ハイエク全集別巻〉春秋社，2008年／村井章子訳『隷従への道』日経BP社，2016年〕を参照.
(3) Office of Management and Budget〔行政管理予算局〕, *Draft 2012 Report to Congress on the Benefits and Costs of Federal Regulations and Unfunded Mandates on State, Local, and Tribal Entities,* 54, www.whitehouse.gov/sites/default/files/omb/oira/draft_2012_cost_benefit_report.pdf を参照.
(4) US Food and Drug Administration〔アメリカ食品医薬品局〕, "FDA: New Final Rule to Ensure Egg Safety, Reduce Salmonella Illness Goes into Effect," press release, July 9, 2010, www.fda.gov/NewsEvents/Newsroom/PressAnnouncements/ucm21846.htm を参照.

第2章

(1) Dan Ariely, *The (Honest) Truth About Dishonesty: How We Lie to Everyone: Especially Ourselves* (New York: HarperCollins Publishers 2012). 〔櫻井祐子訳『ずる――嘘とごまかしの行動経済学』早川書房，2014年〕
(2) Eric Johnson et. al., "Can Consumers Make Affordable Care Affordable? The Value of Choice Architecture" (unpublished manuscript, 2012) を参照.
(3) Daniel Kahneman, *Thinking Fast and Slow* (New York: Farrar, Straus and Giroux, 2011). 〔村井章子訳『ファスト＆スロ――あなたの意思はどのように決まるか？』〈上･下〉早川書房，2012年〕
(4) B. Keysar, S. L. Hayakawa, and S.G. An, "The Foreign-Language Effect: Thinking in a Foreign Tongue Reduces Decision Biases," *Psychological Science* 23. no. 6 (June 2012): 661-68.

(5) John E. Hunter and Ronda F. Hunter, "Validity and Utility of Alternative Predictors of Job Performance," *Psychological Bulletin* 96, no. 1 (July 1984): 72-98. より限定的な分析については，Michael A. MacDaniel et. al., "The Validity of Employment Interviews: A Comprehensive Review and Meta-Analysis," *Journal of Applied Psychology* 79, no. 4(August 1994): 599-616 を参照.
(6) Paul Slovic, *The Feeling of Risk: New Perspectives on Risk Perception* (New York: Taylor & Francis, 2010).
(7) Colin Camerer, George Lowenstein, and Drazen Prelec, "Neuroeconomics: How Neuroscience Can Inform Economics," *Journal of Economic Literature* 43 (March 2005): 9, 17.
(8) Jason P. Mitchell et. al., "Medial Prefrontal Cortex Predicts Intertemporal Choice," *Journal of Cognitive Neuroscience* 23, no. 4 (April 2011): 857-66 を参照.
(9) 引用の出典は下記の通り．Susan Parker, "Esther Duflo Explains Why She Believes Randomized Controlled Trials Are So Vital," *Centre for Effective Philanthropy Blog,* June 23, 2011, www.effectivephilanthropy.org/blog/2011/06/esther-duflo-explains-why-she-believes-randomized-controlled-trials-are-so-vitals/.
(10) Matthew Syed, *Bounce: Mozart, Federer, Picasso, Beckham, and the Science of Success* (New York: Harper Perennial, 2011); Sian Beilock, *Choke: What the Secrets of the Brain Reveal About Getting It Right When You Have To* (New York: Free Press, 2010)〔東郷えりか訳『なぜ本番でしくじるのか――プレッシャーに強い人と弱い人』河出書房新社, 2011 年〕を参照.
(11) 下記の名著にある通り．Jack McCallum, *Dream Team: How Michael, Magic, Larry, Charles, and the Greatest Team of All Time Conquered the World and Changed the Game of Basketball Forever* (New York: Ballantine Books, 2012), 19.

第 3 章

(1) これらの論文は，Richard H. Thaler, *Quasi Rational Economics* (New York: Russell Sage Foundation, 1994) に収録されている.
(2) 全般的には下記の文献を参照．Thomas Gilovich, Dale Griffin, and Daniel Kahneman, eds., *Heuristics and Biases: The Psychology of Intuitive Judgment* (Cambridge, UK, Cambridge University Press, 2002); Daniel Kahneman and Amos Tversky, eds., *Choices, Values, and Frames* (Cambridge, UK: Cambridge University Press, 2000). 関連する議論については，Kahneman, *Thinking Fast and Slow*〔前掲邦訳『ファスト & スロー』〕を参考にされたい.
(3) Mitchell et. al., "Medial Prefrontal Cortex,"（第 2 章注 8）.
(4) Ibid., 861.
(5) Ted O'Donoghue and Matthew Rabin, "Choice and Procrastination," *Quarterly Journal of Economics* 116, no. 1 (January 2001): 121,122; Richard H. Thaler and Shlomo Benartzi, "Save More Tomorrow: Using Behavioral Economics to Increase Employee Saving," *Journal*

of Political Economy 112, no. 1 (February 2004): S164, S168-69. 貧困に関しては，Abhijit V. Banerjee and Esther Duflo, *Poor Economics: A Radical Rethinking of the Way to Fight Global Poverty* (New York: Public Affairs, 2011), 64-68.〔山形浩生訳『貧乏人の経済学――もういちど貧困問題を根っこから考える』みすず書房，2012 年〕

(6) Esther Duflo, Michael Kremer, and Jonathan Robinson, "Nudging Farmers to Use Fertilizer: Theory and Experimental Evidence from Kenya," *American Economic Review* 101, no. 6 (October 2011: 2351-2353 を参照（ケニヤ西部の農民は，経済的に有利となる肥料に投資しようとはしないが，肥料購入の費用に対し，期間限定の割引を少額でも行うと，購入する気になる．レッセフェール的アプローチや，多額の援助金より高い効果を生む）．

(7) Hal E. Hirshfield et. al., "Increasing Saving Behavior through Age-Progressed Renderings of the Future Self," *Journal of Marketing Research* 48 (November 2011): S23-S37.

(8) Shlomo Benartzi and Richard H. Thaler, "Myopic Loss Aversion and the Equity Premium Puzzle," *Quarterly Journal of Economics* 110, no. 1 (Februrary 1995): 73, 88 を参照．

(9) David Laibson, "Golden Eggs and Hyperbolic Discounting," *Quarterly Journal of Economics* 112, no. 2 (1997): 443, 445 を参照．

(10) Raj Chetty et al., "Active vs. Passive Decisions and Crowdout in Retirement Savings Accounts: Evidence from Denmark" (unpublished manuscript, December 2012), http://obs.rc.fas.harvard.edu/chetty/crowndout.pdf. さらに Brigitte C. Madrian and Dennis F. Shea, "The Power of Suggestion: Inertia in 401(k) Participation and Savings Behavior," *Quarterly Journal of Economics* 116, no. 4 (2001): 1149, 1184 を参照．旅行方法の選択についての惰性の影響については，Alessandro Innocenti, Patrizia Lattarulo, and Maria Grazia Pazienza, "Heuristics and Biases in Travel Mode Choice," (working paper 27, University of Siena Experimental Economics Laboratory, Siena, Italy, 2009), 20, http://papers.ssrn.com/sol3/papers.cfm?abstract_id=1522168 を参照．

(11) Eric J. Johnson and Daniel G. Goldstein, "Do Defaults Save Lives?," *Science* 302 (November 21, 2003): 1338, http://papers.ssrn.com/sol3/papers.cfm?abstract_id=1324774; Duncan J. Watts, *Everything Is Obvious: How Common Sense Fails Us* (New York: Crown Business, 2011), 30-31〔青木創訳『偶然の科学』早川書房 , 2012 年〕; Eric J. Johnson and Daniel G. Goldstein, "Decisions by Default," in *The Behavioral Foundations of Public Policy*, ed. Eldar Shafir (Princeton, NJ: Princeton University Press, 2013), 417 を参照．

(12) Daniel Pichert and Konstantinos V. Katsikopoulos, "Green Defaults: Information Presentation and Pro-Environmental Bahaviour," *Journal of Environmental Psychology* 28, no. 1 (March 2008): 63-73 を参照．

(13) Howard Leventhal, Robert Singer, and Susan Jones, "Effects of Fear and Specificity of Recommendation upon Attitudes and Behavior," *Journal of Personality and Social Psychology* 2, no. 1 (July 1965): 20, 27-28 を参照．

(14) Chip Heath and Dan Heath, *Switch: How to Change When Change Is Hard* (New York: Broadway Books, 2010), 15-17（ウェスト・ヴァージニアでの低脂肪牛乳の宣伝効果につ

いて検証したもので，6ヵ月間で同地域での低脂肪牛乳の市場シェアが 18 パーセントから 35 パーセントに増加したことを示している）.

(15) Ibid., 27; David W. Nickerson and Todd Rogers, "Do You Have a Voting Plan? Implementation Intentions, Voter Turnouts, and Organic Plan Making," *Psychological Science* 21, no. 2 (2010): 194, 198（いつ，どこで投票するかを尋ねると，人は投票に行く確率が高くなることを示している）．専門文献にも言及している一般書としては，Heath and Heath, *Switch,* 15-17 が参考になる.

(16) Jason Riis and Rebecca Ratner, "Simplified Nutrition Guidelines to Fight Obesity," in *Leveraging Consumer Psychology for Effective Health Communications: The Obesity Challenge,* eds., Rajeev Batra, Punam Anand Keller, and Victor J. Strecher (Armonk, NY: M. E. Sharpe, 2010), 334（健康関連のコミュニケーションではシンプルであることが重要であることを論じている）．食生活のガイドラインに関連するアドバイスの例としては，US Department of Agriculture, "Dietary Guidelines 2010" (January 2011), www.cnpp.usda.gov/Publications/DietaryGuidelines/2010/PolicyDoc/SelectedMessages.pdf を参照されたい．具体的には，「皿の半分は果物や野菜にする」「無脂肪か，脂肪分 1 パーセントの牛乳に変える」「糖分の入った飲み物ではなく水を飲む」などのアドバイスが挙げられている．Katherine L. Milkman et. al., "Using Implementation Intentions Prompts to Enhance Influenza Vaccination Rates," *Proceedings of the National Academy of Sciences of the United States of America* 108 no. 26 (June 28, 2011); 10415-420, www.pnas.org/content/108/26/10415 も参照（予防注射を受ける日にちと時間を書いてくださいというような，きっかけとなる質問に答えてもらうと，実際に注射を受ける率がかなり上がるが，日にちだけを書いてもらう質問ではそれほどの効果はないことを示している）．さらに，フード・ピラミッドをフード・プレートに置き換えることを論じた第 4 章も参照されたい.

(17) Daivd Pogue, "A Tablet to Rival the Leader," *The New York Times,* July 5, 2012, B1, www.nytimes.com/2012/07/05/technology/personaltech/nexus-7-googles-new-tablet-seriously-challenges-the-ipad-state-of-the-art.html.

(18) Elli Stuhler, "Lost and Confused at Ikea? It's All Part of Their Plan," *Globe and Mail* (Canada), September 10, 2012, www.theglobalmail.com/life/the-hot-button/lost-and-confused-at-ikea-its-all-part-of-their-plan-/article613259/.

(19) Irwin P. Levin, Sandra L. Schneider, and Gary J. Gaeth, "All Frames Are Not Created Equal: A Typology and Critical Analysis of Framing Effects," *Organizational Behavior and Human Decision Processes* 76 no. 2 (November 1998): 149, 150 を参照.

(20) Marti Hope Gonzales, Elliot Aronson, and Mark A. Constanzo, "Using Social Cognition and Persuasion to Promote Energy Conservation: A Quasi-Experiment," *Journal of Applied Social Psychology* 18, no. 12 (September 1988); 1049, 1062 を参照．社会保障を申請する時期についての人々の決定がフレーミングに影響されることについては，Jeffrey R. Brown, Arie Kapteyn, and Olivia S. Mitchell, "Framing Effects and Expected Social Security Claiming Behavior" (working paper 17018, National Bureau of Economic Research, Cambridge, MA, May 2011), 4, 5, http://papers.ssrn.com/sol3/papers.cfm?abstract_

id=1833155（「損益分岐分析」を利用すると，人々は早めに申請するようになり，後になって申請する方が損ではなく得だとフレーミングされると，申請を遅らせるようになることを示している）.
(21) Donald A. Redelmeier, Paul Rozin, and Daniel Kahneman, "Understanding Patients' Decisions: Cognitive and Emotional Perspectives," *Journal of the American Medical Association* 270, no. 1 (July 7, 1993): 72, 73 を参照.
(22) John W. Payne et al., "Life Expectancy as a Constructed Belief: Evidence of a Live-to or Die-by Framing Effect" (working paper 10-12, Columbia Business School, New York, January 18, 2012), http://papers.ssrn.com/sol3/papers.cfm?abstract_id=1987618 を参照.
(23) Richard E. Nisbett et al., "Popular Induction: Information Is Not Necessarily Informative," in *Judgment under Uncertainty: Heuristics and Biases,* eds. Daniel Kahneman, Paul Slovic, and Amos Tversky (Cambridge UK: Cambridge University Press, 1982) を参照.
(24) Eric Johnson et al., "Framing Probability Distortions, and Insurance Decisions," *Journal of Risk and Uncertainty* 7, no. 1 (August 1993): 35-51.
(25) Ximena Cadena and Antoinette Schoar, "Remebering to Pay? Reminders vs. Financial Incentives for Loan Payments" (working paper 17020, National Bureau of Economic Research, Cambridge MA, May 2011), http://papers.ssrn.com/sol3/papers.cfm?abstract_id=1833157 を参照.
(26) Victor Stango and Jonathan Zinman, "Limited and Varying Consumer Attention: Evidence from Shocks to the Salience of Bank Overdraft Fees" (working paper 11-17, Federal Reserve Bank of Philadelphia, Philadelphia, April 1, 2011), 27, 28, http://papers.ssrn.com/sol3/papers.cfm?abstract_id=1817916 を参照.
(27) Nicola Lacetera et al., "Heuristic Thinking and Limited Attention in the Car Market," *American Economic Review* 102, no. 5 (August 2012).
(28) Devin G. Pope and Maurice E. Schweitzer, "Is Tiger Woods Loss Averse? Persistent Bias in the Face of Experience, Competition, and High Stakes," *American Economic Review* 101, no. 1 (February 2011): 129, 132（損失回避のおかげで，世界ランキング上位 20 人のゴルフ選手たちは年平均 64 万ドルの損を被っていると結論している）. Tom M. Sabrina et al., "The Neural Basis of Loss Aversion in Decision-Making Under Risk," *Science* 315, no. 5811 (January 26, 2007): 515 を参照.
(29) M. Keith Chen, Venkat Lakshminarayanan, and Laurie R. Santos, "How Basic Are Behavioral Biases? Evidence from Capuchin Monkey Trading Behavior," *Journal of Political Economy* 114, no. 3 (2006): 516 を参照.
(30) Roland Fryer Jr. et al., "Enhancing the Efficacy of Teacher Incentives Through Loss Aversion: A Field Experiment" (working paper 18237, National Bureau of Economic Research, Cambridge, MA, 2012), www.nber.org/papers/w18237.pdf を参照.
(31) この分野での重要な研究としては，Tatiana A. Homonoff, "Can Small Incentives Have Large Effects? The Impact of Taxes Versus Bonuses on Small Bag Use" (job market paper, Princeton University, Princeton, NJ, October 26, 2012), www.princeton.edu/~homonoff/

Thomonoff_JobMarketPaper がある.

(32) 以下を参照. David Hirshleifer, "The Blind Leading the Blind: Social Influence, Fads, and Informational Cascades," in *The New Economics of Human Behavior*, ed. Mariano Tommasi and Kathryn Ierulli (Cambridge UK: Cambridge University Press, 1995), 188-89 (「他人の行動を見ることができる場合は, 他人と同じ選択をする傾向にある」). Esther Duflo and Emmanuel Saez, "The Role of Information and Social Interactions in Retirement Plan Decisions: Evidence from a Randomized Experiment," *Quarterly Journal of Economics* 118, no. 3 (August 2003): 815, 839 (年金プランについて論じている) ; Hunt Allcott, "Social Norms and Energy Conservation," *Journal of Public Economics* 95, nos. 9-10 (October 2011): 1082 (エネルギー節約について) ; Scott E. Carrell, Mark Hoekstra, and James E. West, "Is Poor Fitness Contagious? Evidence from Randomly Assigned Friends" (working paper 16518, National Bureau of Economic Research, Cambridge, MA, November 2010, 17, www.nber.org/papers/w16518 (体型維持に関しては仲間が大きく影響し, 維持するための決まりを守れなくなる可能性にも影響を及ぼす) ; Banerjee and Duflo, *Poor Economics,* 68 〔前掲邦訳『貧乏人の経済学』〕(第 3 章注 5) を参照. 「知識は広がる」ことに注目し, ベッド用の蚊帳を無料で支給された人の友人や隣人は, 蚊帳を自ら購入するようになると述べている. 数多くの例を述べたものとしては, Nicholas A. Christakis and James H. Fowler, *Connected: The Surprising Power of Our Social Networks and How They Shape Our Lives* (New York: Little, Brown and Company, 2009). "Is Fitness Contagious" は後に発表された.

(33) Hirshleifer, "Blind Leading the Blind," 188, 189 (飲酒, 喫煙, 非合法薬物の摂取などの中毒は「局地的同調」によるものだとしている). 水の消費について社会で比較することの大きな効果については, Paul J. Ferraro and Michael K. Price, "Using Non-Pecuniary Strategies to Influence Behavior: Evidence from a Large-Scale Field Experiment" (working paper 17189, National Bureau of Economic Research, Cambridge, MA, July 2011), www.nber.org/papers/w17189.pdf. を参照.

(34) Brent McFerran et al., "How the Body Type of Others Impacts Our Food Consumption," in *Leveraging Consumer Psychology,* 151, 161-63 を参照 (第 3 章注 16).

(35) 例としては以下を参照. James Surowiecki, *The Wisdom of Crowds* (New York: Anchor Books, 2005) 〔小高尚子訳『「みんなの意見」は案外正しい』角川書店, 2009 年〕; Scott E. Page, *The Difference: How the Power of Diversity Creates Better Groups, Firms, Schools, and Societies* (Princeton, NJ: Princeton University Press, 2007) 〔水谷淳訳『「多様な意見」はなぜ正しいか』日経 BP 社, 2009 年〕; Cass R. Sunstein, *Infotopia: How Many Minds Produce Knowledge* (New York: Oxford University Press, 2006).

(36) Jan Lorenz et al., "How Social Influence Can Undermine the Wisdom of Crowd Effects," *Proceedings of the National Academy of Sciences of the United States of America* 108, no. 22 (May 31, 2011): 9020-25 を参照.

(37) Geoffrey Cohen, "Party over Policy: The Dominating Effect of Group Influence on Political Beliefs," *Journal of Personality and Social Psychology* 85, no. 5 (November 2003): 808-22

を参照.

(38) 概要については，Thaler and Sunstein, *Nudge*〔前掲邦訳『実践 行動経済学』〕(はじめに注 2) を見よ.

(39) Hirshleifer, "Blind Leading the Blind" (第 3 章注 32) 19 を参照.(「情報カスケードは，前の人間の行為に暗に示されていた情報――結果としての見返り――が決定的なもので，合理的に考える人間がそれに続き，他の情報を無視して，無条件に前者の行為を真似することで発生する」). 面白い適用例としては，Brian Knight and Nathan Schiff, "Momentum and Social Learning in Presidential Primaries" (working paper 13637, National Bureau of Economic Research, Cambridge, MA, November 2007), 13, 14, 15, 16, www.nber.org/papers/w13637.pdf がある (大統領選予備選挙に社会的学習を適用し，先に投票する有権者は候補者の選択について，後から投票する有権者に比べて過大な影響を及ぼすことを発見した).

(40) Timur Kuran, *Private Truths, Public Lies: The Social Consequences of Preference Falsification* (Cambridge, MA: Harvard University Press, 1997) 35-38 を参照.

(41) 以下を参照. Robert A. Kagan and Jerome H. Skolnick, "Banning Smoking: Compliance Without Enforcement," in *Smoking Policy: Law, Politics, and Culture*, ed. Robert L. Rabin and Stephen D. Sugarman (New York: Oxford University Press, 1993) 69, 72. (室内での喫煙を禁止する法律を遵守させる力は一般の同意であることを発見した)；Tho Bell Dinh-Zarr et al., "Reviews of Evidence Regarding Interventions to Increase the Use of Safety Belts," *American Journal of Preventive Medicine* 21, No. 4 (supplement) (November 2001), 48-49 (シートベルトの着用の義務化が成功した大きな原因は，着用が社会規範となったからである)；Maggie Wittlin, "Buckling Under Pressure: An Empirical Test of the Expressive Effects of Law," *Yale Journal on Regulation* 28, no. 2 (February 11, 2011): 419, 443-47, http://papers.ssrn.com/sol3/papers.cfm?abstract_id=1759993. (違反切符が切られた件数を考慮に入れないとしても，シートベルト着用を義務化した法律は効力を発したと言える).

(42) Neil D. Weinstein, "Unrealistic Optimism about Susceptibility to Health Problems: Conclusions from a Community-Wide Sample," *Journal of Behavioral Medicine* 10, no. 5 (October 1987): 481, 494 を参照. 人々がむずかしい作業や例外的な仕事に際しては，自分自身を平均以下に評価しがちになるという，興味深い複雑化要因については，Don Moore and Deborah Small, "Error and Bias in Comparative Judgment: On Being Both Better and Worse Than We Think We Are," *Journal of Personality and Social Psychology* 92, no. 6 (June 2007): 972 を見よ.

(43) Heather Mahar, "Why Are There So Few Prenuptial Agreements?" (discussion paper 436, Harvard Law School John M. Olin Center for Law, Economics, and Business, Cambridge, MA, September 2003), 2, www.law.harvard.edu/programs/olin_center/papers/pdf/436.pdf を参照.

(44) Paul Slovic, "Do Adolescent Smokers Know the Risks?" *Duke Law Journal* 47, no. 6 (April 1998): 1133, 1136-37 (1998) を参照.

(45) Joshua Tasoff and Robert Letzier, *Everyone Believes in Redemption: Overoptimism and Nudges,* (unpublished manuscript, November 9, 2012), http://papers.ssrn.com/sol3/papers.cfm?abstract_id=2066930.

(46) Amos Tversky and Daniel Kahneman, "Availablity: A Heuristic for Judging Frequency and Probability," *Cognitive Psychology* 5, no. 2 (September 1973): 207, 221 を参照.

(47) Elke U. Weber, "Experience-Based and Description-Based Perceptions of Long-Term Risk: Why Global Warming Does Not Scare Us (Yet)," *Climatic Change* 77, nos.1-2 (2006) 103, 107-8 を参照.

(48) 以下を参照. Paul Slovic, Baruch Fischhoff, and Sarah Lichtenstein, "Cognitive Processes and Societal Risk Taking," in *The Perception of Risk,* ed. Paul Slovic (London: Earthscan, 2000), 32, 37-38；Laurette Dubé-Rioux and J. Edward Russo, "An Availability Bias in Professional Judgment," *Journal of Behavioral Decision Making* 1, no. 4 (October-December 1988): 223, 234.

(49) Ye Li, Eric J. Johnson, and Lisa Zaval, "Local Warming: Daily Temperature Change Influences Belief in Global Warming," *Psychological Science* 22, no. 4 (April 2011): 454-59.

(50) わかりやすい見せ方としては, Brian Wansink, David R. Just, and Joe McKendry, "Lunch Line Redesign," *The New York Times,* October 21, 2010, A35, www.nytimes.com/interactive/2010/10/21/opinion/20101021_Oplunch.html を見よ. 特に, 次の意見に注意されたい.「賢いランチルームは強制的に押し付けるわけではない. 選択肢の見せ方を変えることによって, 生徒たちが自ら健康な選択をするよう, ナッジするものである. たとえば, 私たちがニューヨーク州北部で見学した学校では, サラダバーを壁際からレジの前に移しただけで, 学生が購入するサラダの量が 3 倍に増えた」. 同様の例については, Anne N. Thorndike et al., "A 2-Phase Labeling and Choice Architecture Intervention to Improve Healthy Food and Vending Choices," *American Journal of Public Health* 102, no. 3 (March 2012): 527, http://javeriana.edu.co/redcups/Thorndike.pdf を参照（色分けラベルが健康的な選択を促進し, さらに, 健康的な選択が目につき, 取りやすいということも大きな効果を及ぼした).

(51) Paul Rozin et al., "Nudge to Nobesity I: Minor Changes in Accessibility Decrease Food Intake," *Judgment and Decision Making* 6, no. 4 (June 2011): 323, 329 を参照.

(52) Banerjee and Duflo, *Poor Economics*〔前掲邦訳『貧乏人の経済学』〕, 269 (第 3 章注 5).

(53) National Highway Traffic Association〔運輸省全国高速道路局〕, *Corporate Average Fuel Economy for MY 2017-MY2025 Passenger Cars and Light Trucks: Final Regulatory Impact Analysis,* August 2012, 983. www.nhsta.gov/staticfiles/rulemaking/pdf/café/FRIA_2017-2025.pdf. 根底にある複雑な問題とこれからも学ぶべき問題を概観したものとしては, Hunt Allcott and Michael Greenstone, "Is There an Energy Efficiency Gap?" *Journal of Economic Perspectives* 26, no. 1 (Winter 2012): 3 を参照.

(54) Daniel J. Benjamin, Sebastian A. Brown, and Jesse M. Shapiro, "Who Is 'Behavioral'? Cognitive Ability and Anomalous Preferences" (unpublished manuscript, March 2012), http://faculty.chicagobooth.edu/jesse.shapiro/research/iq.pdf を参照.

(55) Hans-Martin von Gaudecker, Arthur van Soest, and Erik Wengström, “Heterogeneity in Risky Choice Bahavior in a Broad Population,” *American Economic Review* 101, no. 2 (April 2011): 664-94 を参照.

第 4 章

(1) Heath and Heath, *Switch*, 61-62 (第 3 章注 15).

(2) www.ChooseMyPlate.gov.

(3) Archon Fung, Mary Graham, and David Weil, *Full Disclosure: The Perils and Promise of Transparency* (New York: Cambridge Univeristy Press, 2008), 5-6; Brian Wansink and Matthew M. Cheney, “Leveraging FDA Health Claims,” *Journal of Consumer Affairs* 39, no. 2 (Winter 2006): 386, 393, 396 を参照.

(4) Amartya Sen, *Poverty and Famines: An Essay on Entitlement and Deprivation* (New York: Oxford University Press, 1983)〔黒崎卓，山崎幸治訳『貧困と飢饉』岩波書店，2000 年〕を参照.

(5) US Environmental Protection Agency〔アメリカ環境保護庁〕“Greenhouse Gas (GHG) Data,” www.epa.gov/ghgreporting/ghgdata/index.html を参照.

(6) Chris Hamby, Center of Public Integrity, “EPA Hopes Disclosure Leads to Greenhouse Gas Reductions,” news release, January 11, 2012, 4:35p.m.,www.publicintegrity.org/2012/01/11/7850/epa-hopes-disclosure-leads-greenhouse-gas-reductions.

(7) Marty Makary, *Unaccountable: What Hospitals Won't Tell You and How Transparency Can Revolutionize Health Care* (New York: Bloomsbury Press, 2012) を参照.

(8) Friedrich A. Hayek, “The Uses of Knowledge in Society,” *American Economic Review* 35, no.4 (September 1945): 519-30〔嘉治元郎，嘉治佐代訳「社会における知識の利用」『個人主義と経済秩序』〈ハイエク全集 I－3〉所収，春秋社，2008 年〕を参照.

(9) Jeffrey R. Kling et al., “Comparison Friction: Experimental Evidence from Medicare Drug Plans,” *Quarterly Journal of Economics* 127, no. 1 (February 2012): 199-235 を参照.

(10) Fuel Economic Label Format Requirements, 40 C.F.R. §600. 302-08 (2011)

(11) Fuel Economy Regulations for Automobiles: Technical Amendments and Corrections, 74 fed. Reg. 61,537, 61,542, 61,550-53 (November 25, 2009) (to be codified at 40 C.F.R. pts. 86,600) を参照.

(12) Richard P. Larrick and Jack B. Soll, “The MPG Illusion,” *Science* 320, no. 5883 (June 20, 2008): 1593 を参照.

(13) Ibid., 1594.

(14) Hunt Allcott, “ Consumers' Perceptions and Misperceptions of Energy Costs,” *American Economic Review* 101, no. 3 (May 2011): 98, 102.

(15) 一つの見解としては，Carolyn Fischer, “Let's Turn CAFE Regulation on Its Head,” 1, 2 (issue brief 09-06, Resources for the Future, Washington DC, May 2009), www.rff.org/RFF/Documents/RFF-IB-09-06.pdf を参照.

(16) Fuel Economy Regulations for Automobiles, 74 Fed. Reg. 61, 537 を参照.
(17) Kling et al., "Comparison Friction" を参照（第 4 注 9）.
(18) Revisions and Additions to Motor Vehicle Fuel Economy Label, 76 Fed. Reg. 39,478, 39,480 fig.I-1 (July 6, 2011) (to be codified at 40 C.F.R. pts.85, 86, and 600).
(19) Oren Bar-Gill, *Seduction by Contract: Law, Economics, and Psychology in Consumer Markets* (Oxford, UK: Oxford University Press, 2012) を参照.
(20) Credit Card Accountability Responsibility and Disclosure Act of 2009〔クレジットカード法〕Pub. L. No. 111-24, 123 Stat. 1734 (codified in various sections of Titles 15 and 16).
(21) Credit Card Act §203, 15 USC §1632
(22) Nutrition Label Content, 9 C.F.R. §317,309 (2012)
(23) Ibid.
(24) 一例として，以下を参照．US Department of Health and Human Services〔厚生省〕, HealthCare.gov, www.healthcare.gov（最終閲覧は 2012 年 11 月 16 日）. 透明性を高め，比較しての購入を促進することを目的としている．Patient Protection and Affordable Care Act §6401(a), 42 USC §1395cc (j) も参照.
(25) Patient Protection and Affordable Care Act §1103, 42 USC 18003 (2010).
(26) Patient Protection and Affordable Care Act §1103(b)(1), 42 USC §18003 (b)(1) (2010).
(27) Patient Protection and Affordable Care Act; Exchange Function in the Individual Market: Eligibility Determinations; Exchange Standards for Employers, 76 Fed. Reg. 51,202, 51, 210 (August 17, 2011)(to be codified at 45 C.F.R. pts. 155, 157).
(28) Patient Protection and Affordable Care Act §4205(b), 21 USC §343 (q)(5)(H) を見よ．また，21 USC343(q)(1)(C)-(D) (2010) も参照.
(29) Riis and Ratner, "Simplified Nutrition Guidelines," 334（第 3 章 注 16）を参照．（健康に関するメッセージ伝達では，簡単であることが大事であることを強調している）を参照．さらに，Jessica Wisdom, Julie S. Downs, and George Loewenstein, "Promoting Healthy Choices: Information versus Convenience," *American Economic Journal: Applied Economics* 2, no. 2 (April 2010): 164, 175-76; Julie S. Downs, George Lowenstein, and Jessica Wisdom, "Strategies for Promoting Healthier Food Choices," *American Economic Review* 99, no. 2 (May 2009): 159, 162; Wansink and Cheney, 394（第 4 章注 3）も見よ.
(30) Susanna Kim Ripken, "The Dangers and Drawbacks of the Disclosure Antidote: Toward a More Substantive Approach to Securities Regulation," *Baylor Law Review* 58, no. 1 (January 2006): 139, 160-63 を参照.
(31) Dodd-Frank Wall Street Reform and Consumer Protection Act〔ドッド - フランク金融改革及び消費者保護法〕§1032, 12U.S.C §5532 (2010).
(32) Ibid. また，Riis and Ratner, "Simplified Nutrition Guidelines," 334 (第 4 章注 29)（簡素化の重要性を力説）を参照.
(33) Dodd-Frank Wall Street Reform and Consumer Protection Act §1013, 12 USC §5493 (2010)（局内の研究部署の責務を定めている）．関連する議論としては，John Y. Campbell et al., "Consumer Financial Protection", *Journal of Economic Perspectives* 25, no. 1 (Winter

2011): 91,92

(34) Fiduciary Requirements for Disclosure in Participant-Directed Individual Account Plans, 29 C.F.R. §2550. 404a-5 (2011). 規定の概要については，US Department of Labor, *Fact Sheet: Final Rule to Improve Transparency of Fees and Expenses to Workers in 401(k)-Type Retirement Plans*, February 2012, www.dol.gov/ebsa/newsroom/fsparticipantfeerule.html を参照．新しい規定の下で，雇用主が従業員に対して年金プランを説明する際に使えるチャートについては，US Department of Labor, *Model Comparative Chart*, www.dol.gov/ebsa/participantfeerulemodelchart.doc.（最終閲覧は 2012 年 11 月 16 日）を参照．

(35) Program Integrity Issues, 75 Fed. Reg. 66,832 (October 29, 2010) (to be codified at various parts of 34 C.F.R.)

(36) Reporting and Disclosure Requirements for Programs that Prepare Students for Gainful Employment in a Recognized Occupation, 34 C.F.R. §668.6 (2010). 規定の概要については，US Department of Education, "Department of Education Establishes New Student Aid Rules to Protect Borrowers and Taxpayers," press release, October 28, 2010, www.ed.gov/news/press-release/department-education-establishes-new-student-aid-rules-protect-borrowers-and-tax を参照．

(37) US Department of Agriculture（農務省）, Nutrition.gov, www.nutrition.gov（最終閲覧は 2013 年 1 月 3 日）を見よ．US Department of Agriculture, ChoosemyPlate.gov, www.choosemyplate.gov（最終閲覧は 2012 年 11 月 16 日）も参照．

(38) Pub. L. No. 99-499, 100 stat. 1728 (codified at 42 USC §11001 et seq)

(39) Archon Fung and Dara O'Rourke, "Reinventing Environmental Regulation from Grassroots Up: Explaining and Expanding the Success of the Toxics Release Inventory," *Environmental Management* 25, no. 2 (2000): 115, 116 を参照．

(40) James T. Hamilton, *Regulation Through Revelation: The Origin, Politics, and Impacts of the Toxics Release Inventory Program* (New York: Cambridge University Press, 2005), 248 を参照．

(41) US Department of Labor（労働省）, Occupational Safety and Health Administration, "Workplace Injury, Illness and Fatality Statistics," www.osha.gov/oshstats/work.html（最終閲覧は 2013 年 1 月 3 日）

(42) US Department of Justice（司法省）, "Data," October 2012, www.justice.gov/open/data.html: Data.gov, www.data.gov（最終閲覧は 2013 年 1 月 3 日）を参照．

(43) US Department of Labor, "Enforcement Data, http://ogesdw.dol.gov/searchphp（最終閲覧は 2012 年 11 月 16 日）を参照．

(44) US Environmental Protection Agency, "Enforcement and Compliance History Only (ECHO)," www.epa-echo.gov（最終閲覧は 2012 年 11 月 13 日）を参照．

(45) ピーター・R・オーザグ行政管理予算局長から各省庁長官への覚書「開かれた政府について」2009 年 12 月 8 日，2,7, www.whitehouse.gov/omb/assets/memoranda_2010/m10-06.pdf を参照．「開かれた政府のためのパートナーシップ」の国際協力の一環として設定された 2011 年の「連邦政府による全国アクション・プラン」については，*The*

Open Government Partnership: National Action Plan for the United States of America, September 20, 2011, www.whitehouse.gov/sites/default/files/us_national_action_plan_final_2.pdf を参照のこと．国際協力については，www.opengovpartnership.org/（最終閲覧は 2013 年 1 月 3 日）を見よ．

(46) Interactive Data to Improve Financial Reporting, 74 Fed. Reg. 6776 (February 10, 2009) (to be codified at various parts of 17 C.F.R.).

(47) Ibid., 6776.

(48) Katrina Jessoe and David Rapson, "Knowledge Is (Less) Power: Experimental Evidence from Residential Energy Use," (working paper 18344, National Bureau of Economic Research, Cambridge, MA, 2012), www.nber.org/papers/w18344.pdf を参照.

第 5 章

(1) Constanca Esteves-Sorensen and Fabrizio Perretti, "Micro-Costs: Inertia in Television Viewing," *Economic Journal* 122, no. 563 (September 2012): 867-902 を参照.

(2) チップのクレジットカード払いについては，Michael M. Grynbaum, "New York's Cabbies Like Credit Cards? Go Figure," *New York Times*, November 7, 2009, A1, http://www.nytimes.com/2009/11/08/nyregion/08taxi.html を参照．チップの増額分の概算については，Joshua Gross, "The $144,146,165 Buttons," Unwieldy.net, May 13 2012, http://notes.unwieldy.net/post/22958656041/the_144-146-165-button を参照．数字は非公式の計算によるものであるから，慎重に扱う必要がある．

(3) Richard H. Thaler and Will Tucker, "Smarter Information, Smarter Consumers," *Harvard Business Review* (January/February 2013), http://hbr.org/2013/01/smarter-information-smarter-consumers/ar/1.

(4) Eric J. Johnson, Steven Bellman, and Gerald L. Lohse, "Defaults, Framing and Privacy: Why Opting In-Opting Out," *Marketing Letters* 13, no. 1 (2002): 5-15 を参照.

(5) Eric J. Johnson, and Daniel G. Goldstein, "Do Defaults Save Lives?" *Science* 302 (2003): 1338-39, http://papers.ssrn.com/sol3/papers.cfm?abstract_id=1324774; Watts, *Everything Is Obvious*,〔前掲邦訳『偶然の科学』〕30-31（第 3 章注 11）; Johnson and Goldstein, *Decisions by Default* 417（第 3 章注 11）．概要については，Thaler and Sunstein, *Nudge*〔前掲邦訳『実践 行動経済学』〕（はじめに注 2）を見よ．

(6) Arlene C. Chua et al., "Opt-Out of Voluntary HIV Testing: A Singapore Hospital's Experiences," *PLoS ONE* 7, no. 4 (April 2012): e34663.

(7) Daniel Pichert and Konstaintinos V. Katsikopoulos, "Green Defaults: Information Presentation and Pro-Environmental Behaviour," *Journal of Environmental Psychology* 28, no. 1 (March 2008): 63-73.

(8) Madrian and Shea, "Power of Suggestion," 1149, 1158-60（第 3 章注 10）を参照．William G. Gale et al., "Introduction," in *Automatic: Changing the Way America Saves*, eds. William G. Gale et al. (Washington DC: Brookings Institution Press, 2009), 1 も見よ．

(9) Gale et al., *Automatic*, 13.
(10) Peter R. Orszag and Eric Rodriguez, "Retirement Security for Latinos: Bolstering Coverage, Savings, and Adequacy," in *Automatic*, 173, 182; Leslie E. Papke, Lina Walker, and Michael Dworsky, "Retirement Savings for Women: Progress to Date and Policies for Tomorrow," in *Automatic*, 199, 216; Ngina Chiteji and Lina Walker, "Strategies to Increase the Retirement Savings of African American Households," in *Automatic*, 231, 248-49.
(11) Pub. L. No. 109-280, 120 Stat. 780 (codified in various sections of Titles 26 and 29).
(12) Pension Protection Act §902, 26 USC §§401, 411, 416 (2006).
(13) WhiteHouse.gov, "Weekly Address: President Obama Announces New Initiatives for Retirement Savings," news release and transcript, September 2009, www.whitehouse.gov/the-press-office/weekly-address-president-obama-announces-new-initiatives-retirement-savings（このイニシアティブではＩＲＡへの加入を促し，年金貯蓄を補助することを訴えている）．この呼びかけに対する国税庁（ＩＲＳ）の対応については，Internal Revenue Service, "Retirement & Savings Initiatives: Helping Americans Save for the Future," *Retirement News for Employees,* September 2009, www.irs.gov/pub/irs-tege/rne_se0909.pdf（年金貯蓄プラン改善に関する四つの通知と三つの規定について論じている）を参照．
(14) Tom Coburn, "Individual Auto-Enrollment: An Alternative to the Individual Mandate," (2009), www.coburn.senate.gov/publicc/index.cfm?=Files.Serve&File_id=e87f06bf-d429-4eac-8e7e-ade046b8b882 を参照．
(15) Congress of the United States, Congressional Budget Office, *Key Issues in Analyzing Major Health Insurance Proposals* (December 2008), 54, www.cbo.gov/sites/default/files/cbofiles/fptdocs/99xx/doc9924/12-18-keyissues.pdf.
(16) Pension Protection Act §1511, 29 USC §218 (a) (2006) を見よ．
(17) Department of Health and Human Services, Centers for Medicare and Medicaid Services, Re: Express Lane Eligibility Option (February 4, 2010), http://downloads.cms.gov/cmsgov/archived-downloads/SMDL/downloads/SHO10003pdf.
(18) Healthy, Hunger-Free Kids Act of 2012, Pub. L. No. 111-296, 124 Stat. 3183 (2012)
(19) Healthy, Hunger-Free Kids Act of 2012 §101, 42USC §1758 (b)(4) (2012)
(20) "SAVEings," OMBlog, blog entry by Peter Orszag, March 29, 2010, 3:00p.m., www.whitehouse.gov/omb/blog/10/03/29/SAVEings/.
(21) 概観については，US Department of Labor, "Fact Sheet: Final Regulation Relating to Service Provider Disclosures Under Section 408 (b)(2), 2 February 2012, www.dol.gov/ebsa/newsroom/fs408b2finalreg.html を見よ．
(22) Rozin et al., "Nudge to Nobesity I," 323-4, 329-30 (第３章注 51). 簡単明瞭な要約としては，Wansink, Just, and McKendry, "Lunch Line Redesign"（第３章注 50), www.nytimes.com/interactive/2010/10/21/opinion/20101021_Oplunch.html を見よ．
(23) Janet Currie et al., "The Effect of Fast Food Restaurants on Obesity and Weight Gain," *American Economic Journal: Economic Policy* 2, no. 3 (August 2010): 60, 61 を参照．

(24) Rozin et al., "Nudge to Nobesity I," 324, 329-30（第 3 章注 51）を見よ．全般的には，Brian Wansink, *Mindless Eating: Why We Eat More Than We Think* (New York: Bantam Books, 2007), 58-68, 83-88 が参考になる．利便性と（ある意味）デフォルト選択の重要性については，Jessica Wisdom, Julie S. Downs, and George Loewenstein, "Promoting Healthy Choices: Information versus Convenience," *American Economic Journal: Applied Economics* 2, no. 2 (April 2010): 164, 166 を参照．メニューで料理を並べる順番については，Eran Dayan and Maya Bar-Hillel, "Nudge to Nobesity II: Menu Positions Influence Food Orders," *Judgment and Decision Making* 6, no. 4 (June 2011): 333, 339-40（研究所での実験と実社会での検証の両方に基づいて，メニューのそれぞれのカテゴリーの最初と最後に料理を並べると，中ほどの順番のときより 20 パーセント，注文が増加するという）．

(25) Wansink, *Mindless Eating* が参考になる．ここで根拠としている議論の詳細については，Cass R. Sunstein and Richard Thaler, "The Survival of the Fattest," *New Republic*, March 19, 2007, 59-63, www.tnr.com/article/books-and-arts/the-survival-the-fattest を参照．

(26) Paul Rozin et al., "The Ecology of Eating: Smaller Portion Sizes in France than in the United States Help Explain the French Paradox," *Psychological Science* 14, no. 5 (September 2003: 450-54.

(27) US Centers for Disease Control and Prevention（全米疾病予防センター）, "The New (Ab) Normal," MakingHealthEasier.org, http://makinghealtheasier.org/newabnormal（最終閲覧は 2013 年 1 月 3 日）．

(28) 全般的には，Janet Schwartz et al., "Inviting Consumers to Downsize Fast-Food Portions Significantly Reduces Calorie Consumption," *Health Affairs* 31, no. 2 (February 2012): 399-407 を参照．

(29) "Nudge, Nudge: New Tools to Encourage Sensible Behaviour," *Economist*, December 15, 2012, www.economist.com/special-report/21568072-new-tools-encourage-sensible-behaviour-nudge-nudge を参照．

(30) 例としては以下を参照．William G. Gale, J. Mark Iwry, and Spencer Walters, "Retirement Savings for Middle – and lower-Income Households: The Pension Protection Act of 2006 and the Unfinished Agenda," in *Automatic*, 11, 13-14; Isaac M. Dinner et al., "Partitioning Default Effects: Why People Choose Not to Choose" (unpublished manuscript, November 28, 2010), http://ssrn.com/abstract52488; Gabriel D. Carroll et al., "Optimal Defaults and Active Choices," *Quarterly Journal of Economics* 124, no. 4 (November 2009): 1639, 1641-43.

(31) 以下を参照．Craig R. M. McKenzie, Michael J. Liersh, and Stacey R. Finkelstein, "Recommendations Implicit in Policy Defaults," *Psychological Science* 17, no. 5 (May 2006): 414, 418-19; Madrian and Shea, "Power of Suggestion," 1182 (第 3 章注 10). もちろん，すべてのデフォルトが，人々に最良の結果をもたらすことを意識して選ばれているわけではない．また，自動加入は暗にそれを推奨していることを示しているが，自動加入しないことをデフォルトとする場合は，人々は選択アーキテクトが自動加入しないことを暗に薦めているとは感じないようであり，そうした示唆は何もないと言える．David

Tannebaum and Peter H. Ditto, "Information Asymmetries in Default Options," (unpublished manuscript, (2012), https://wefiles.uci.edu/dtannenb/www/documents/default%20information%20asymmetries.pdf を参照.

(32) Dinner et al., "Partitioning Default Effects," 5. 6（第5章注30）, http://ssrn.com/abstract=1352488

(33) Ibid., 12-14; Thaler and Sunstein, *Nudge*〔前掲邦訳『実践 行動経済学』〕(はじめに注2).

(34) N. Craig Smith, Daniel G. Goldstein, and Eric J. Johnson, "Smart Defaults: From Hidden Persuaders to Adaptive Helpers" (INSEAD working paper 2009/03/ISIC, 2009), 15, 16, http://ssrn.com/abstract=1116650 を参照.

(35) 16 C.F.R. §425(2012); Federal Trade Commission, *Negative Options: A Report by the Staff of the FTC's Division of Enforcement* (January 2009), 5, www.ftc.gov/os/2009/02/P064202negativeoptionreport.pdf を参照.

(36) FTC, *Negative Options.*

(37) Gopi Shah Goda and Colleen Flaherty Manchester, "Incorporating Employee Heterogeneity into Default Rules for Retirement Plan Selection" (working paper 16099, National Bureau of Economic Research, Cambridge MA, July 2010), www.nber.org/papers/w16099 を参照.

(38) Elizabeth F. Emens, "Changing Name Changing: Framing Rules and the Future of Marital Names," *University of Chicago Law Review* 74, no. 3 (Summer 2007): 761-863," を参照.

(39) 確かに，「〜したい」(want) という言葉は，重要な側面を無視している．多くの状況で，社会規範はかなりの影響力を発揮しており，夫となる人間が自分の望みを明らかにしていて，妻の選択に影響を及ぼしていることもあるだろう．社会規範はデフォルトと同じような作用をすることがあり，法的なデフォルトより強力であるかもしれない．多くの女性にとっては，こちらの方が背景説明として有効であろう．

(40) John Beshears et al., "The Limitations of Defaults" (paper prepared for the Twelfth Annual Joint conference of the Retirement Research Consortium, September 15, 2010, 8), www.nber.org/programs/ag/rrc/NB10-02,%20Beshears%20Choi,520Laibson,%20Madrian.pdf を参照.

(41) 特に関連する議論として重要なのは，Anuj K. Shah, Sendhil Mullainathan, and Eldar Shafir, "Some Consequences of Having Too Little," *Science* 338, no. 6107 (November 2, 2012): 682-85 である．

(42) Erin Todd Bronchetti et al., "When a Nudge Isn't Enough: Defaults and Saving Among Low-Income Tax Filers" (working paper 16887, National Bureau of Economic Research, Cambridge, MA, March 2011), 4, www.nber.org/papers/w16887 を参照．ただし，この論文では「デフォルト」は書式における単なる記載として扱われていることに注意．Ibid, 11. このような意味での「デフォルト」と能動的選択としてのそれとの違いは，非常に小さい．

(43) Lauren E. Willis, "When Nudges Fail: Slippery Defaults," *University of Chicago Law Review* 80, http://papers.ssrn.com/sol3/papers.cfm?abstract_id=2142989 を参照.

(44) Ibid.

(45) 有益な議論としては，Steffan Altmann, Armin Falk, and Andreas Gunewald, "Incentives

and Information as Driving Forces of Default Effects" (unpublished manuscript, April 4, 2012), www.ewi-ssl.pitt.edu/econ/files/seminars/120404_sem924_Steffen%20Altman.pdf を見よ.

(46) 詳細な議論については，Cass R. Sunstein, "Impersonal Default Rules vs. Active Choosing vs. Personalized Default Rules: A Triptych (unpublished manuscript, November 5, 2012), http://papers.ssrn.com/sol3/papers/cfm?abstract _ id = 2171343

(47) Susan Dynarski and Mark Wiederspan, "Student Aid Simplification" (working paper 17834, National Bureau of Economic Research, Cambridge, MA, February 2012), www.nber.org/papers/w17834 を参照．ここでの議論はこの論文に大いに助けられた．

(48) Eric Bettinger et al., "The Role of Simplification and Information in College Decisions: Results from the H&R Block FAFSA Experiment" (working paper 15361, National Bureau of Economic Research, Cambridge, MA, September 2009), www.nberorg/paper/w15361 を参照．

(49) Office of Information and Regulatory Affairs〔情報・規制問題室〕, Office of Management and Budget, *Information Collection Budget of the United States Government* (2010), 22, 32-33, www.whitehouse.gov/sites/default/files/omb/inforeg/icb/icb_2010.pdf を参照．

(50) このような手段の重要性については以下を参照．Bettinger et al., "Role of Simplification," 26-29; Council of Economic Advisers, *Simplifying Student Aid: The Case for an Easier, Faster, and More Accurate FAFSA* (September 2009), www.whitehouse.gov/assets/documents/FAFSA_Report.pdf.

(51) Dynarski and Wiederspan, "Student Aid Simplification" を参照．

(52) 29 C.F.R. §1926 (2003).

(53) 31 C.F.R. §208 (2004); Department of Treasury〔財務省〕, "Treasury Goes Green, Saves Green: Broad New Initiative Will Increase Electronic Transactions, Save More Than $400 Million, 12 Million Pounds of Paper in First Five Years Alone," press release, April 19, 2010, www.treasury.gov/press-center/press-release/Pages/tg644.aspx を参照．

(54) Cass R. Sunstein, Office of Information and Regulatory Affairs, Memorandum to Chief Information Officers, on Data Call for 2010 Information Collection Budget, April 20, 2010, 1,2, www.whitehouse.gov/omb/assets/inforeg/2010_icb_datacall_pdf を参照．

(55) このようなイニシアティブのリストは，Office of Information and Regulatory Affairs, *Information Collection Budget*, 23-123 (第 5 章注 49) にある．2011 年のリストにおける，小規模企業への負担軽減や連邦の支援プログラムの簡素化については以下を参照．Office of Information and Regulatory Affairs, Office of Management and Budget, Information Collection Budget of the United States Government (2011), 16-79, www.whitehouse,gov/sites/default/files/omb/inforeg/icb/2011_icb.pdf.

(56) Cass R. Sunstein, Office of Information and Regulatory Affairs, Memorandum to Chief Information Officers, on Minimizing Paperwork and Reporting Burdens, February 23, 2011, 1, www.whitehouse.gov/sites/default/files/omb/inforeg/icb/2011_ICB_Data_Call.pdf を参照．この要請に対する反応については，Office of Information and Regulatory Affairs, *Information Collection Budget*（第 5 章注 49）を見よ．

(57) Sunstein, Memorandum on Minimizing Paperwork and Reporting Burdens を参照.

(58) 31C.F.R. §208.6 (2004); Direct Express, www.usdirectexpress.com/（最終閲覧は 2013 年 1 月 3 日）.

(59) ARA Content, "Social Security Recipients Embrace Electronic Payments, Give High Marks to Treasury-Recommended Prepaid Card," *Dallas Weekly,* August 14, 2012, http://www.dallasweekly.com/online_features/senior_living/article_f5e96823-2c4e-5732-a603-4ab1cfaad4a1.html.

(60) Michael S. Barr, "Financial Services, Saving, and Borrowing Among Low- and Moderate-Income Households: Evidence from the Detroit Area Household Financial Services Survey," in *Insufficient Funds: Savings, Assets, Credit, and Banking Among Low-Income Households,* eds. Rebecca M. Blank and Michael S. Barr (New York: Russell Sage Foundation, 2009), 66, 76-77 を参照.

(61) Sheena Sethi-Iyengar, Gur Huberman, and Wei Jiang, "How Much Choice Is Too Much? Contributions to 401(k) Retirement Plans," in *Pension Design and Structure: New Lessons from Behavioral Finance*, eds Olivia S. Mitchell and Stephen P. Utkus (New York: Oxford University Press, 2004), 83, 84-87 を参照.

(62) Ibid., 88-91.

(63) Sheena S. Iyengar and Emir Kamenica, "Choice Proliferation, Simplicity Seeking, and Asset Allocation," *Journal of Public Economics* 94, nos.7-8 (2010): 530, 536-38 を参照.

(64) Florian Heiss, Daniel McFadden, and Joachim Winter, "Mind the Gap! Consumer Perceptions and Choices of Medicare Part D Prescription Drug Plans" (working paper 13627, National Bureau of Economic Research, Cambridge, MA, November 2007), www.nber.org/papers/w13627.

(65) 根底にある問題については以下を参照. Jonathan Gruber and Jason T. Abaluck, "Choice Inconsistencies among the Elderly: Evidence from Plan Choice in the Medicare Part D Program, *American Economic Review* 101, no. 4 (June 1, 2011): 1180-1210.

(66) 42 C.F.R. §422. 506 (b)(1)(iv) を参照. 関連の議論で, 特にメニューを作る側の力については以下を参照. David Goldreich and Hanna Halaburda, "When Smaller Menus Are Better: Variability in Menu-Setting Ability," (working paper 11-086, Harvard Business School, December 12, 2011), www.hbs.edu/research/pdf/11-086.pdf.

第 6 章

(1) Christopher Chabris and Daniel Simon, *The Invisible Gorilla: How Our Intutitions Deceive Us* (New York: Crown Publishers, 2010).〔木村博江訳『錯覚の科学――あなたの脳が大ウソをつく』文藝春秋, 2011 年〕

(2) Daniel Kahneman, *Thinking Fast and Slow*,〔前掲邦訳『ファスト & スロー』〕23（第 2 章注 3）.

(3) David Copperfield, Foreword, in Michael S. Sweeney, *Brainworks: The Mind-Bending*

Science of How You See, What You Think, and Who You Are (Washington, DC: National Geographic, 2012), 5, 9. マジックと脳の関係については，Stephen MacKnic and Susana Martinez-Conde, *Sleights of Mind: What the Neuroscience of Magic Reveals About Our Everrday Deceptions* (New York: Macmillan, 2010) を見よ.

(4) US Centers for Disease Control and Prevention, "Tobacco Use: Targeting the Nation's Leading Killer at a Glance 2011," (最終更新は 2012 年 11 月 16 日), www.cdc.gov/chronicdisease/resources/publications/aag/osh.htm を参照.

(5) US Centers for Disease Control and Prevention, "Videos," September 26, 2012, eee.cdc.gov/tobacco/campaign/tips/resources/videos/ を参照.

(6) R. J. Reynolds Tobacco Co. v. FDA, 845 F. Supp. 2d 266, 275 (D.D.C. 2012) を参照.

(7) R. J. Reynolds Tobacco Co. v. FDA, 696 F.3d 1205 (D.C. Cir. 2012)（ＦＤＡの規制を無効とする判決）と Discount Tobacco City & Lottery, Inc v. U.S. 674 F.3d 509 (6th Cir. 2012)（規制を支持する判決）を比較してみるといい.

(8) 以下を参照. Hunt Allcott and Sendhil Mullainathan, "Behavior and Energy Policy," *Science* 327, no. 5970 (March 5, 2010): 1204-05; Paul J. Ferraro and Michael K. Price, "Using Non-Pecuniary Strategies to Influence Behavior: Evidence from a Large Scale Field Experiment" (working paper 17189, National Bureau of Economic Research, Cambridge, MA, July 2011), www.nber.org/papers/w17189.pdf（社会で比較した情報の提供が水の使用量に大きな影響を及ぼすことがわかった）. 貯蓄の増加に対する事前通知の重要性，特に目立ちやすさに注目した議論については，Dean Karlan et al., "Getting to the Top of Mind: How Reminders Increase Saving" (working paper, Department of Economics, Yale University, New Haven, CT, April 23, 2010),23, http://karlan.yale.edu/p/Top-of-Mind-April2010.pdf を見よ. エネルギー節約について，消費者の無関心が政策に与える影響については，Hunt Allcott, Sendhil Mullainathan, and Dmitry Taubinsky, "Externalizing the Internality" (unpublished manuscript, July 24, 2011, 5, 6, 7), www.ncsu.edu./cenrep/workshops/TREE/documents/AMTJuly2011.pdf を参照.

(9) Ian Ayres, Sophie Raseman, and Alice Shih, "Evidence from Two Large Field Experiments That Peer Comparison Feedback Can Reduce Energy Use" (working paper 15386, National Bureau of Economic Research, September 2009), www.nber.org/papers/w15386.pdf.

(10) Allcott and Mullainathan, "Externalizing"; Richard B. Howarth, Brent M. Haddad, and Bruce Paton, "The Economics of Energy Efficiency: Insights from Voluntary Participation Programs," *Energy Policy* 28, no. 6-7 (June 2000): 477, 484-85 を参照.

(11) Tatiana A. Homonoff, "Can Small Incentives Have Large Effects? The Impact of Taxes Versus Bonuses on Disposable Bag Use" (unpublished manuscript, Princeton, University, Princeton, NJ, October 26, 2012) www.princeton.edu/~homonoff/Thomonoff_JobMarketPaper を参照.

(12) Claudia R. Sahm, Matthew D. Shapiro, and Joel Slemrod, "Check in the Mail or More in the Paycheck: Does the Effectiveness of Fiscal Stimulus Depend on How It Is Delivered ?" (workingpaper 2010-40, Finance and Economic Discussion Series, Divisions of Research

& Statistics and Monetary Affairs, Federal Reserve Board, Washington DC, 2011), 20-22, www.federalreserve.gov/pubs/feds/2010/201040/201040pap.pdf を参照.

(13) Ibid., 20, 21.

(14) Raj Chetty, and Adam Looney, and Kory Kroft, "Salience and Taxation: Theory and Evidence," *American Economic Review* 99, no. 4 (September 2009): 1145, 1163; Jacob Goldin and Tatiana Homonoff, "Smoke Gets in Yours Eyes: Cigarette Tax Salience and Tax Regressivity," *American Economic Journal: Economic Policy* (forthcoming), http://dataspace.princeton.edu/jspui/bitstream/88435/dsp01wm117n980/1/561.pf を参照. ゴールディンとホモノフは, 低所得層の人々は, 支払いの際に税金を気にするという, 面白い結果を発見した. 同様の流れで税の目立ちやすさについて論じたものとしては, Amy Finkelstien, "E-ZTAX: Tax Salience and Tax Rates, *Quarterly Journal of Economics* 124, no. 3 (August 2009): 969, 1008-09 を参照. フィンケルシュタインは, 高速道路料金については, 電子支払いでは料金が目立たないため, 電子支払いでない場合より 20 パーセントから 40 パーセント高い料金になっているという.

(15) 関連する議論としては, Lawrence Lessig, "The Regulation of Social Meaning," *University of Chicago Law Review* 62, no. 3 (Summer 1995): 943-1045 を参照.

(16) Micah Edelson et al., "Following the Crowd: Brain Substrates of Long-Term Memory Conformity," *Science* 333, no. 6038 (July 2011): 108-111 を参照.

(17) Robert B. Cialdini et al., "Managing Social Norms for Persuasive Impact," *Social Influence* 1, no. 1 (2006): 3, 10-12 を参照.

(18) Watts, *Everything Is Obvious,* 54-59〔前掲邦訳『偶然の科学』〕(第 3 章注 11)

(19) Matthew J. Salganik, Peter Sheridan Dodds, Duncan J. Watts, "Experimental Study of Inequality and Unpredictability in an Artificial Cultural Market," *Science* 311, no. 5762 (February 10, 2006): 584 を参照. また, Matthew J. Salganik and Duncan J. Watts, "Leading the Herd Astray: An Experimental Study of Self-Fulfilling Prophecies in an Artificial Cultural Market," *Social Psychology Quarterly* 71, no. 4 (December 2008): 338-55; Matthew J. Salganik and Duncan J. Watts, "Web-Based Experiments for the Study of Collective Social Dynamics in Cultural Markets," *Topics in Cognitive Science* 1, no. 3 (July 2009): 439-68 も見よ.

(20) Salganik and Watts, "Leading the Herd Astray."

(21) Sinan Aral, "Poked to Vote," *Nature* 489, no. 7415 (September 13, 2012): 212-14 を参照.

(22) Timur Kuran, *Private Truths, Public Lies: The Social Consequences of Preference Falsification* (Cambridge, MA: Harvard University Press, 1997); Susanne Lohmann, "The Dynamics of Informational Cascades: The Monday Demonstrations in Liepzig, East Germany 1989-91," *World Politics* 47, no. 1 (October 1994): 42 を参照.

(23) Tho Bella Dinh-Zarr et al., "Reviews of Evidence Regarding Interventions to Increase the Use of Safety Belts," *American Journal of Preventive Medicine* 21, no., supplement 1 (November 2001): 48 (シートベルトの着用率が, 1983 年の 14 パーセントから 2000 年には 71 パーセントに増加したことを指摘している).

(24) Federal Leadership on Reducing Text Messaging While Driving, Exec. Order 13,513, 74 Fed. Reg. 51, 225, 51, 225 (October 1, 2009)（「連邦職員は，（a）［政府所有車］を運転中，あるいは公務で［個人所有車］を運転中，及び（b）運転中に政府支給の電子機器を使用する場合は，メールの送配信を行ってはならない」）．

(25) Saurabh Bhargava and Vikram Pathania, "Driving Under the (Cellular) Influence: The Link Between Cell Phone Use and Vehicle Crashes," *American Economic Journal: Economic Policy* (forthcoming) 5, www.aeaweb.org/aea/2011conference/program/retrieve.php?pdfid2 を参照．

(26) US Department of Transportation（運輸省），"DOT Releases Distraction Guidelines for Automakers," news release, February 16, 2012, http://fastlane.dot.gov/2012/02/distracted-driving-guidelines-html を見よ．

(27) Anne M. Wolf and Graham A. Colditz, "Current Estimates of the Economic Cost of Obesity in the United States," *Obesity Research* 6, no. 2 (March 1998): 97-106. http:onlinelibrary.wiley.com/doi/10.1002/j.1550-8528.1998tb00322.x/abstract

(28) Dean Karlan et. al., "Candy or Fruit? Measuring the Impact of Michelle Obama on Healthy Eating Choices" (unpublished manuscript, Yale University, New Haven, CT, November 1, 2012), http://karlan.yale.edu/p/Michelle_2012.pdf を参照．

(29) Jamie Mulligan, "First Lady Michelle Obama Announces Collaboration with Walmart in Support of Let's Move Campaign," *Let's Move Blog*, January 26, 2011, www.letsmove.gov/blog/2011/01/25/first-lady-michelle-obama-announces-collaboration-walmart-support-lets-move-campaign を見よ．

(30) Walmart, "Walmart Launches Major Initiative to Make Food Healthier and Healthier Food More Affordable," press release, January 20, 2011, http://walmartstores.com/pressroom/news/10514.aspx.

(31) Ibid. さらに，Sheryl Gay Stolberg, "Wal-Mart Shifts Strategy to Promote Healthy Foods," *The New York Times*, January 20, 2011, B1.

(32) "Food Giants Pledge to Cut 1.5 Trillion Calories Out of Products," *USA Today* (May 21, 2010), www.usatoday.com/money/industries/food/2010-05-17-cutting-calories_N.htm を見よ．

(33) Grocery Manufacturers Association, "Food and Beverage Industry Launches Nutrition Keys Front-of-Pack Nutrition Labeling Initiative to Inform Consumers and Combat Obesity," press release, January 24, 2011, www.gmaonline.org/news-events/newsroom/food-and-beverage-industry-launches-nutrition-keys-front-of-pack-nutrition-/ を参照．

(34) McDonald's USA, "McDonald's USA Adding Calorie Counts to Menu Boards, Innovating with Recommended Food Groups, Publishes Nutrition Progress Report," press release, September 12, 2012, www.aboutmcdonalds.com/content/dam/AboutMcDonalds/Newsroom/Electronic%20Press%20Kits/Nutrition%20EPK/McDonalds%20USA%20Adding%20Calorie%20Counts&20to%20Menu%20Boards.pdf.

第 7 章

(1) このトピックについては，ダン・ケイハンと共著者たちが意義深い研究を行っている．Cultural Cognition Project at Yale Law School, www.culturalcogntion.net/kahan/（最終閲覧は 2012 年 1 月 3 日）．

(2) Russell Hardin, “The Crippled Epistemology of Extremism,” in *Political Extremism and Rationality*, eds. Albert Breton et al. (Cambridge, UK: Cambridge University Press, 2002), 3.

(3) ここでは，別のところで私が論じたものを参考にしている．Cass R. Sunstein, “Cognition and Cost-Benefit Analysis,” *Journal of Legal Studies* 29, no. S2 (June 2000): 1059-1103; Cass R. Sunstein, *Risk and Reason: Safety, Law, and Reason* (New York: Cambridge University Press, 2002); Cass R. Sunstein, *Laws of Fear: Beyond the Precautionary Principle* (Cambridge, UK: Cambridge University Press, 2005)〔角松生史，内野美穂訳『恐怖の法則――予防原則を越えて』勁草書房，2015 年〕.

(4) Thaler and Sunstein, *Nudge*〔前掲邦訳『実践 行動経済学』〕, 25（はじめに注 2）を参照.

(5) W. Kip Viscusi, “Alarmist Decisions with Divergent Risk Information,” *Economic Journal* 107, no. 445 (November 1997): 1657-58（「リスクに関する新たな情報が，そのリスクの大きさにふさわしくないほど用心深い反応を引き起こす」状況について研究している）.

(6) Paul Slovic, “Informing and Educating the Public about Risk,” in *Perception of Risk*, ed. Paul Slovic（第 7 章注 3）.

(7) Richard Elliot Benedict, *Ozone Diplomacy: New Directions in Safeguarding the Planet*〔小田切力訳『環境外交の攻防――オゾン層保護条約の誕生と展開』工業調査会、1999 年〕(Cambridge, MA: Harvard University Press, 1998) に面白い話が載っている.

(8) たとえば，W. Kip Viscusi, *Fatal Tradeoffs* (New York: Oxford University Press, 1995); Sunstein, *Risk and Reason*（第 7 章注 3）を見よ.

(9) W. Kip Viscusi and Joseph E. Aldy, “The Value of a Statistical Life,” *Journal of Risk and Uncertainty* 27, no. 1 (August 2003): 5-76 を参照.

(10) 環境保護庁と運輸省の二つの省庁が VSL についての公的ガイダンスを作成している. 2011 年更新版では, 運輸省（DOT）は（2011 年の価値で）620 万ドルという数字を採用し, 省内のすべての部署に対して，規制影響分析（Regulatory Impact Analysis）ではこの数字を用いるよう指示した．ポリー・トロッテンバーグ（運輸政策担当副長官）とロバート・リフキン（顧問）が，運輸省各部署の責任者にあてて書いた覚書を参照．Memorandum to Secretarial Officers and Modal Administrators, on Treatment of the Economic Value of a Statistical Life in Departmental Analyses – 2011 Interim Adjustment, July 29, 2011, www.dot.gov/sites/dot.dev/files/docs/Value_of_Life_Guidance_2011_Update_07_29_2011.pdf. 環境保護庁（EPA）は，VSL をさかのぼって（2000 年の価値で）630 万ドルに変更し，これをその後の実質所得の伸びに合わせて調整することにした．たとえば，二酸化窒素の初期水準に関する新しい規制影響分析では，通貨年度の違い（2006 年）と 2020 年までの所得増加を考慮して，VSL を 890 万ドルに調整した．US Environmental Agency, *Final Regulatory Impact Analysis (RIA) for the NO2 National Ambient Air Quality*

Standards (NAAQS) 4-8 n.11 (January 2010), www.epa.gov/ttn/ecas/regdata/RIAs/FinalNO2RIAfulldocument.pdf. 国土安全保障省（DHS）にはVSLについての公の政策はないが，税関・国境警備局（US Customs and Border Protection）の報告を支持し，最近のルール作成においては，その報告にある提言に基づいたVSLの数値を利用している．この報告では，VSLは（2008年の価値で）630万ドルとし，（環境保護庁のアプローチに似たような）実質所得の伸びに合わせて上方修正することをDHSに提言している．Lisa Robinson, *Valuing Mortality Risk Reductions in Homeland Security Regulatory Analyses* (June 2008), www.regulatory-analysis.com/robinson-dhs-mortality-risk-2008.pdf.

VSLをルール作成において使用している省庁としては他に，労働省職業安全衛生管理局や保健福祉省食品医薬品局がある．職業安全衛生管理局（OHSA）は六価クロムの被曝許容量を設定するルール作成の際，環境保護庁のガイダンスに従い，VSLを（2003年の価値で）680万ドルとすることを適当とした．このルールで規制される大気被曝のリスクのタイプが，環境保護庁のルール作成でのそれと類似していることが理由である．71 Fed.Reg. 10,000, 10,305 (February 28, 2006) (to be codified at various parts of 29 C.F.R.) を参照．食品医薬品局は，死亡リスクを金銭価値で示すルール作成では一貫して，500万ドルと(2002年の価値で)650万ドルという数値を使っている．68 Fed.Reg. 41434, 41490 (July 11, 2003) (to be codified at 21 C.F.R. pt.101); 68 Fed.Reg. 6062, 6076 (February 6, 2003) (to be codified at 21 C.F.R. pt.201) を参照．だが，別の政策によって救える余命期間の金銭価値も使用している．こちらは時に，「統計的延命年価値」（VSLY：Value of Life Year）と呼ばれる．Lisa Robinson, "How US Government Agencies Value Mortality Risk Reductions," *Review of Environmental Economics and Policy* 1, no. 2 (Summer 2007): 283, 293.

(11) Hannon Williams, "Statistical Children" *Yale Journal of Regulation*, (forthcoming), http://ssrn.com/abstract=2176463 を参照．

(12) Cass R. Sunstein, "Valuing Life: A Plea for Disaggregation," *Duke Law Journal* 54 (2004): 385-45.

(13) この問題については，*Laws of Fear*〔前掲邦訳『恐怖の法則』〕など他でも論じている．

(14) 温室効果ガスの排出削減の効果を測る際に重要なのが，「炭素の社会的コスト」(SCC: social cost of carbon) である．オバマ政権の立場については，Interagency Working Group on Social Cost of Carbon, *Technical Support Document: Social Cost of Carbon for Regulatory Impact Analysis Under Executive Order 12866* (February 2010), www.epa.gov/oms/climate/regulations/scc-tsd.pdf を参照．これに対する明快な批判は，William Nordhaus, "Estimates of the Social Cost of Carbon: Background and Results from the RICE-2011 Model" (discussion paper, Cowles Foundation for Research in Economics, Yale University, New Haven, CT, October 18, 2011), http://dido.econ.yale.edu/P/cd/d18a/d1826.pdf に見られる．

(15) "Obama's Rule-Making Loophole," *Wall Street Journal*, January 24, 2011, http://online.wsj.com/article/SB10001424052748704881304576094132896862582.html.

(16) Charles S. Clark, "Obama Regulatory Chief Draws Skepticism from GOP House Members," *Government Executive*, January 26, 2011, www.govexec.com/oversight/2011/01/obama-

regulatory-chief-draws-skepticism-from-gop-house-members/33169/.

(17) しかし，一つの研究は，大気汚染規制で最大の恩恵を受けるのは貧しい人々であるとしている．Matthew E. Kahn, "The Beneficiaries of Clean Air Act Regulation," *Regulation* 24, no. 1 (Spring 2001): 34-38, www.cato.org/sites/cato.org/files/serials/files/regulation/2001/4/kahn.pdf を参照．

(18) Medical Examination of Aliens —— Removal of Human Immunodeficiency Virus (HIV) Infection from Definition of Communicable Disease of Public Health Significance, 74 Fed. Reg. 56,547, 56,559 (November 2, 2009) (to be codified at 42 C.F.R. pt.34).

(19) Regulations to Implement the Equal Employment Provisions of the Americans with Disabilities Act, as Amended, 76 Fed. Reg. 16,977, 16,986 (March 25, 2011) (to be codified at 29 C.F.R. pt. 1630).

(20) Federal Motor Vehicle Safety Standard, Rearview Mirrors: Federal Motor Vehicle Safety Standard, Low-Speed Vehicles Phase-In Reporting Requirements; Proposed Rule, 75 Fed. Reg. 76,185, 76,238 (December 7, 2010) (as codified at 49 C.F.R. pts. 571, 585).

(21) National Standards to Prevent, Detect, and Respond to Prison Rape, 77 Fed. Reg. 37,105, 37,111 (June 20, 2012) (to be codified at 28 C.F.R. pt.115).

(22) Nondiscrimination on the Basis of Disability in State and Local Government Services; Final Rules, 75 Fed. Reg. 56,163, 56,170 (September 15, 2010)(to be codified at 28 C.F.R. pts.35, 36).

(23) Office of Information and Regulatory Affairs, Office of Management and Budget〔行政管理予算局情報・規制問題室〕, *2009 Report on Congress on the Benefits and Costs of Federal Regulations and Unfunded Mandates on State, Local and Tribal Entities* (2009), 42, www.whitehouse.gov/sites/default/files/omb/assets/legislative_reports/2009_fina;_BC_Report_01272010.pdf を参照．

第8章

(1) US Department of Labor〔労働省〕, "US Department of Labor's OSHA Withdraws Proposed Interpretation on Occupational Noise," news release, January 19, 2011, www.osha.gov/ols/oshaweb/owadisp.show_document?p_table=NEWS_RELEASE&p_id=19119 を参照．

(2) Dynarski and Wiederspan, "Student Aid Simplification"（第5章注47）を参照．

(3) A. Denny Ellerman et. al., *Markets for Clean Air: The U.S. Acid Rain Program* (Cambridge, UK: Cambridge University Press, 2000) を参照．

(4) Paul Voosen, "For Energy Efficiency, Chu's Law Is on the Way," Greenwire, June 14, 2012, http://eenews.net/publicc/Greenwire/2012/06/14/1; Energy Conservation Program: Energy Conservation Standards for Residential Refrigerators, Refrigerator-Freezers, and Freezers, 76 Fed. Reg. 57,516 (September 15, 2011) (to be codified at 10 C.F.R. pt.430) を参照．

(5) Winston Harrington, "Grading Estimates of the Benefits and Costs of Federal Regulation" (discussion paper 06-39, Resources for the Future, Washington, DC, September 1, 2006),

http://papers.ssrn.com/sol3/papers.cfm?abstract_id=937357.

(6) Winston Harrington, Richard Morgenstern, and Peter Nelson, "How Accurate Are Regulatory Cost Estimates?" (Resources for the Future, Washington, DC, March 5, 2010), http://grist.files.wordpress.com/2010/10/harringtonmorgensternnelson_regulatory_estimates.pdf.

(7) Office of Information and Regulatory Affairs, Office of Management and Budget, *Validating Regulatory Analysis: 2005 Report to Congress on the Costs and Benefits of Federal Regulations and Unfunded Mandates on State, Local, and Tribal Entities* (2005), 46, 47, www.whitehouse.gov/sites/default/files/omb/assets/omb/inforeg/2005_cb/final_2005_cb_report.pdf を参照.

(8) Office of Management and Budget〔行政管理予算局〕, *Validating Regulatory Analysis: 2005 Report*, 42. ハリントンの研究（第 8 章注 6）にもあるように，OMB の報告では，「正確さ（accurate)」を「規制実施後の計測が実施前のそれの前後 25 パーセント以内に収まっている場合」として用いている.

(9) Michael Greenstone, "Toward a Culture of Persistent Regulatory Experimentation and Evaluation," in *New Perspective on Regulation*, eds. David Moss and John Cisterno (Cambridge, MA: Tobin Project, 2009), 113.

(10) Ibid.

(11) 例として，US Environmental Protection Agency〔環境保護庁〕, *Improving Our Regulations: A Preliminary Plan for Periodic Retrospective Reviews of Existing Regulations* (May 24, 2011), 34, www.whitehous.gov/files/documents/2011-regulatory-action-plans/EnvironmentalProtectionAgencyPreliminaryRegulatoryReformPlan.pdf を見よ（「20 回シリーズで行われた公聴会では発言が奨励された. ……加えて，環境保護庁は（固形廃棄物や緊急時の対応など）具体的な分野や環境保護庁の管轄地域に従って 19 回の住民集会や公聴会を開催した」).

(12) Cass R. Sunstein, Office of Information and Regulatory Affairs, Memorandum to the Heads of Executive Departments and Agencies, on Retrospective Analysis of Existing Significant Regulations, April 25, 2011, www.whitehouse.gov/sites/default/files/omb/memoranda/2011/m11-19.pdf を参照.

(13) 最終案は，ホワイトハウスのウェブサイトで閲覧可能. "Regulation Reform," the White House, www.whitehouse.gov/21stcenturygov/actions/21st-century-regulatory-system（最終閲覧は 2013 年 1 月 3 日).

(14) US Environmental Protection Agency, *Improving Our Regulations,* 5, 14（第 8 章注 11）.

(15) US Department of Health and Human Services〔厚生省〕, *Plan for Retrospective Review of Existing Rules* (August 22, 2011), 3, 8-17, www.whitehouse.gov/sites/default/files/oter/2011-regulatory-actin-plans/healthandhumanservicesregulatoryreformplanaugust2011.pdf.

(16) US Department of Labor, *Preliminary Plan for Retrospective Analysis of Existing Rules* (May 2011), 10, 11, www.whitehouse.gov/files/documents/2011-regulatory-action-plans/Depart

mentofLaborPreliminaryRegulatoryReformPlan.pdf.

(17) このルールの提案計画については以下に記されている．Department of Transportation〔運輸省〕, *Plan for Implementation of Executive Order 13563: Retrospective Review and Analysis of Existing Rules* (August 2011), 2, 21, www.whitehouse.gov/sites/default/files/other/2011-regulatory-action-plans/departmentoftransportationregulatoryreformplanaugust2011.pdf.

(18) US Department of Labor, *Preliminary Plan*, 9. 10.

(19) Ibid., 32, 33.

(20) US Department of Commerce〔商務省〕, *Plan for Retrospective Analysis of Existing Rules* (August 18, 2011), 3, 4, 5, 6, www.whitehouse.gov/site/default/files/other/2011-regulatory-action-plans/departmentofcommerceregulatoryreformplanaugust2011a.pdf.

(21) Exec. Order 13,563, 76 Fed. Reg. 3821 (January 18, 2011).

(22) Regulatory Cooperation Council (Canada), *Joint Action Plan for the Canada-United States Regulatory Cooperation* (2011), http://actionplan.gc.ca/en/page/rcc-ccr/joint-action-plan-canada-united-states-regulatory（最終閲覧は 2013 年 1 月 3 日）を参照．"North America," Office of Management and Budget, www.whitehouse.gov/omb/oira_irc_north_america（最終閲覧は 2013 年 1 月 3 日）.

(23) 関連文書は以下で見ることができる．"North America," Office of Management and Budget, www.whitehouse.gov/omb/oira_irc_north_america#mexico（最終閲覧は 2013 年 1 月 3 日）.

(24) Cass R. Sunstein, Office of Information and Regulatory Affairs, Memorandum to the Heads of Executive Departments and Agencies, on Cumulative Effects of Regulations, March 20, 2012, www.whitehouse.gov/sites/default/files/omb/assets/inforeg/cumulative-effects-guidance.pdf を参照.

(25) Cass R. Sunstein, Office of Information and Regulatory Affairs, Memorandum to the Heads of Executive Departments and Agencies, on Reducing Reporting and Paperwork Burdens, June 22, 2012, www.whitehouse.gov/sites/default/files/omb/inforeg/memos/reducing-reporting-and-paperwork-burdens.pdf を参照.

(26) Internal Revenue Service〔国税庁〕, "Choosing the Simplest Tax Form for Your Situation," January 5, 2011, www.irs.gov/uac/Choose-the-Simplest-Tax-Form-for-Your-Situation を参照.

(27) Cass R. Sunstein, Office of Information and Regulatory Affairs, Memorandum to the Heads of Executive Departments and Agencies, on Final Guidance on Implementing the Plain Writing Act of 2010, April 13, 2011, www.whitehouse.gov/sites/default/files/omb/memoranda/2011/m11-15pdf を参照.

(28) Ezra Klein, "President Obama Lays Out His Second Term," Wonkblog, October 24, 2012, 4:09 p.m. www.washingtonpost.com/blogs/wonkblog/wp/2012/10/24/president-obama-lays-out-his-second-term/.

(29) 全般的には，Banerjee and Duflo, *Poor Economics*〔前掲邦訳『貧乏人の経済学』〕（第 3 章注 5）を見よ.

(30) Ibid.

(31) Charlottes L. Brace, Kristie L. Young, and Michael Regan, "Analysis of the Literature: The Use of Mobile Phones While Driving" (publication 2007: 35, Monash University Accident Research Centre, Victoria, Australia, April 17, 2007), www.nsc.org/news_resources/Resources/Documents/Analysis%20of%20the%20Literature,%20The%20Use%20of%20Mobile%20Phones%20While%20Driving.pdf を参照.

(32) Bhargava and Pathania, "Driving under the (Cellular) Influence"（第 6 章注 25）を参照.

(33) US Department of Treasury〔財務省〕, *Plan for Retrospective Analysis of Existing Rules* (August 22, 2011), 20, www.treasury.gov/about/budget-performance/annual-performance-plan/Documents/lookback%20plan%20final%208%2018%2011%20clean.pdf.

(34) US Department of Labor, *Preliminary Plan*, 22.

(35) US Department of Interior〔内務省〕, *Preliminary Plan for Retrospective Regulatory Review* (2011), 19, www.whitehouse.gov/files/documents/2011-regulatory-action-plans/DeparmentoftheInteriorPreliminaryRegulatoryReformPlan.pdf. さらに, US Department of Agriculture〔農務省〕, *Final Plan for Retrospective Analysis Pursuant to Executive Order 13563* (August 18, 2011), 23, www.whitehouse.gov/sites/default/files/other/2011-regulatory-action-plans/departmentofagricultureregulatoryreformplanaugust2011.pdf も見よ（「(農務省は）規制の効果の実証を促進するにあたって，ランダム化比較試験などの実験的，あるいは実験的に近い方法を用いることを考えているようだ」).

第 9 章

(1) Frances Martel, "Jon Stewart Rails Against Bloomberg's 'Draconian' Soda Ban with Piles on Gross 'Legal' Food," *Mediaite,* May 31, 2012, 11:24 p.m., www.mediaite.com/tv/jon-stewart-rails-against-bloomsbergs-draconian-soda-ban-with-piles-of-gross-lega-food/.

(2) ハードな温情主義とソフトな温情主義の違いや，その他この章で論じている問題については，以下も参照. Cass R. Sunstein, "Behavioral Economics and Paternalism," *Yale Law Journal*, 122 (forthcoming, May 2013).

(3) これについては，活発で有用な議論が数多くある. Riccardo Rebonato, *Taking Liberties, A Critical Examination of Libertarian Paternalism* (New York: Palgrave Macmillan, 2012); Joshua Wright and Douglas H. Ginsburg, "Behavioral Law and Economics: Its Origins, Fatal Flaws, and Implications for Liberty," *Northwestern University Law Review* 106, no. 3 (Summer 2012): 1033-90; Edward Glaeser, "Paternalism and Psychology," *University of Chicago Law Review* 73, no. 1 (Winter 2006): 133.

(4) David Benjamin et al., "What Do You Think Would Make You Happier? What Do You Think Would Choose?" *American Economic Review* 102, no. 5 (August 2012): 2083-2110.

(5) Daniel T. Gilbert et al., "Immune Neglect: A Source of Durability Bias in Affective Forecasting," *Journal of Personality and Social Psychology* 75, no. 3 (September 1998): 617-38, www.wjh.harvard.edu/~dtg/Gilbert%20et%20al%20(IMMUNE)t.pdf を参照.

(6) Joel Waldfogel, *Scroogenomics: Why You Shouldn't Buy Presents for the Holidays* (Princeton, NJ: Princeton University Press, 2009). 行動経済学については次を参照. George Loewenstein and Cass R. Sunstein, "Commerce Claus: The Behavioral Economics of Christmas," *New Republic*, December 20, 2012, www.tnr.com/article/politics/magazine/110860/commerce-claus.

(7) Jonathan H. Gruber and Sendhil Mullainathan, "Do Cigarette Taxes Make Smokers Happier?" *Advances in Economic Affairs and Policy* 5, no. 1 (2005) を参照.

(8) Jeff Strnad, "Conceptualizing the 'Fat Tax': The Role of Food Taxes in Developed Economies" (working paper 286, John M. Olin Program in Law and Economics at Stanford Law School, Stanford, CA, July 2004), http://papers.ssrn.com/sol3/papers.cfm?abstract_id=561321 を参照.

(9) Michael Lewis, "Obama's Way," *Vanity Fair*, October 2012, www.vanityfair.com/politics/2012/10/michael-lewis-profile-barack-obama を参照.

(10) 引用は, Susan Parker, "Esther Duflo Explains,"（第 2 章注 9）にある. デュフロがこうしたアイデアを詳細に展開したのは, 2012 年のタナーレクチャーにおいてである. http://economics.mit.edu/files/7904. さらに, Shah et al., "Some Consequences of Having Too Little,"（第 5 章注 41）も参照.

(11) Glaeser, "Paternalism and Psychology,"（第 9 章注 3）133, 151.

(12) この点は, Rebonato, *Taking Liberties*（第 9 章注 3）にわかりやすく論じられている.

(13) Antonio Damasio, *Descartes' Error: Emotion, Reason, and the Human Brain* (New York: Penguin Books, 2006), 37, 193-94.〔田中三彦訳『デカルトの誤り――情動, 理性, 人間の脳』筑摩書房, 2010 年〕

付録

2011年1月18日公布　第13563号

規制と規制見直しに関する大統領令

合衆国憲法及び法令により大統領に与えられた権限により、規制と規制見直しの改善を目的に、次のことを大統領令として公布する。

第1節　規制に関する一般的原則

（a）規制制度は、経済成長、イノベーション、競争力、雇用創出を目指すと同時に、人々の健康、福利、安全、環境を守るものでなくてはならない。最善の科学的見地に基づいたもので、一般の参加と意見交換を含むものとする。予測が可能で、不安定要因をなるべく排除する。規制の目的達成のために最適で、最も斬新で、しかも最も負担の少ない手段を見出し、用いることとする。質と量双方の費用と効果を考慮に入れたものとする。規制は守りやすく、一貫していて、わかりやすく、簡単明瞭な文章で書かれていなくてはならない。規制要件の実際の効果については、計測し、改善に向けて努力するものとする。

（b）この大統領令は、1993年9月30日に公布された大統領令第12866号で制定された、規制見直しについての原則、制度、定義を再確認し、それを補完するものである。この大統領令で定められ、法に定められた範囲内で、各省庁は、

（1）効果によって費用が正当化されると（効果や費用によっては量的に測ることがむずかしいことは認めつつ）合理的に判断できる場合にのみ、規制の採択を提案できる。
（2）規制を、社会に対する負担が最小限で、その目的に即したものとし、さらに、可能な限り、規制の累積的コストについて考慮したものにしなくてはならない。
（3）様々なアプローチの規制案から選択する際には、全体として最も恩恵の大きいもの（経済、環境、公衆衛生、安全、その他の利点や、配分のインパクト、公平性に関わりそうなこと）を選ばなくてはならない。
（4）実行可能な限り、規制対象者が規制によって取らなくてはならない行動や行為を具体的に示すのではなく、達成目標を提示するものでなくてはならない。
（5）規制の方法として、手数料や許認可など好ましい行動を奨励するための経済的インセンティブや、人々の選択に関係する情報の提供など、様々な案を見出し、評価しなくてはならない。

（c）上記の原則を守るにあたり、省庁は予想される現在、将来の恩恵やコストをできる限り正確に量的に評価するための、最善の技術を採用することが求められる。法的に適正で、合法である場合は、公平性、人間の尊厳、公正さ、配分のインパクトなど、量的に計測することがむずかしい価値についても配慮することが許される。

第2節　一般の人々の参加

（a）規制は、一般参加のプロセスを経て採用される。そのために、規制は、実行可能で法に合致している限り、州政府、地方政府、民族集団代表、関連の分野の専門家、民間部門で影響を受ける関係者、そして一般の人々の間で、情報や意見の公開での交換に基づいていなくてはならない。

（b）公開での意見交換促進のために、各省庁は大統領令第12866号と関連の法律に基づき、規制プロセスへの一般参加の機会を提供すべく努力しなくてはならない。実行可能で法に合致している限り、各省庁は規制案に関してインターネットを通じて人々がコメントを寄せることができる機会を用意し、その期間は通常、最低でも60日間と定める。実行可能で法に合致している限り、各省庁は規制案及びその最終案を科学的及び専門的検証結果とともに、検索やダウンロードが簡単なオープン・フォーマットでregulations.govの規制決定一覧に掲載することとする。提案については、実行可能で法に合致している限り、科学的、専門的検証結果も含めて、その一覧に掲載されたすべての部分についてパブリックコメントが可能な形にする。

（c）各省庁は実行可能で適切である限り、規制案作成発表の前に、その規制によって恩恵を受ける人々、また規制の対象となりうる人々の意見を求めることとする。

第3節　統合とイノベーションについて

産業分野やセクターの中には、多くの規制の対象となり、その中には無駄であったり、一貫性に欠けていたり、重複するものも出てくるかもしれない。省庁間の協力を拡大することで、そのような要件を削減し、コスト削減、規制の簡素化、統合を図ることができる。規制を発案し、その方法を探す際には、各省庁は調整、簡素化、統合を進めることに努力しなくてはならない。各省庁はまた、それが適当である場合には、規制の目標達成の手段としてイノベーションにつながるような方法を探し出さなくてはならない。

第4節　柔軟なアプローチ

規制の目的に関連し、実行可能で、目的に合致し、法的に許される場合には、各省庁は一般の人々たちから見て、負担を削減し、柔軟性と選択の自由を保持する方法を考えなくてはならない。こうしたアプローチには、警告、適切なデフォルトルール、情報開示、その他、一般にわかりやすく、明快な形での情報提供が含まれる。

第5節　科学的見地の利用

行政府省庁の長官に対する大統領の覚書、「科学的客観性」(2009年3月9日）とその実施原則に即して、各省庁は、規制案の根拠に用いられる科学的及び専門的情報やそのプロセスについては、客観性を確保しなくてはならない。

第6節　既存のルールについての見直し分析

（a）既存の主要規制の見直しを定期的に行うことを目的として、各省庁は時代遅れ、効果がない、不充分、過度の負担などの点から規制を見直し、その結果に即して、規制の修正、簡素化、拡大、廃止を実行するための最適な方法について考慮するものとする。根拠となったデータも含めて、見直し分析の結果は、可能な限りオンラインで公表するものとする。

（b）この大統領令の公布から120日以内に、各省庁は、主要規制について修正、簡素化、拡大、廃止の必要があるかどうか、定期的な見直しを行い、規制の目的達成のためにより効果的で、負担の少ない規制プログラムとするための指針となる暫定的プランを作成し、情報・規制問題室に報告するものとする。

[著者紹介]
キャス・サンスティーン (Cass R. Sunstein)
法学者、ハーヴァード大学ロースクール教授。専門は憲法、行政法、環境法。オバマ政権第1期では、行政管理予算局の情報・規制問題室室長を務めた。法学と行動経済学にまたがる領域から、多数の著作を執筆。邦訳に『賢い組織は「みんな」で決める』(共著、NTT出版)、『選択しないという選択』(勁草書房)、『実践 行動経済学』(共著、日経BP社)、『インターネットは民主主義の敵か』(毎日新聞社)など。

[訳者紹介]
田総恵子 (Keiko Tabusa)
翻訳家。十文字学園女子大学教授。主な訳書にサンスティーン他『賢い組織は「みんな」で決める』(NTT出版)、エーベンシュタイン『フリードリヒ・ハイエク』、スカウソン『自由と市場の経済学』(ともに春秋社)など。

シンプルな政府——'規制'をいかにデザインするか

2017年11月2日 初版第1刷発行
2021年11月18日 初版第4刷発行

著 者 キャス・サンスティーン
訳 者 田総恵子

発行者 東明彦
発行所 NTT出版株式会社
〒108-0023 東京都港区芝浦3-4-1 グランパークタワー
営業担当 TEL 03(5434)1010 FAX 03(5434)0909
編集担当 TEL 03(5434)1001
https://www.nttpub.co.jp

装 丁 小口翔平+山之口正和 (tobufune)
印刷・製本 株式会社光邦

ISBN 978-4-7571-2366-3 C0031